著 トーマス・シェリング

訳 村井章子

ミクロ動機とマクロ行動

keiso shobo

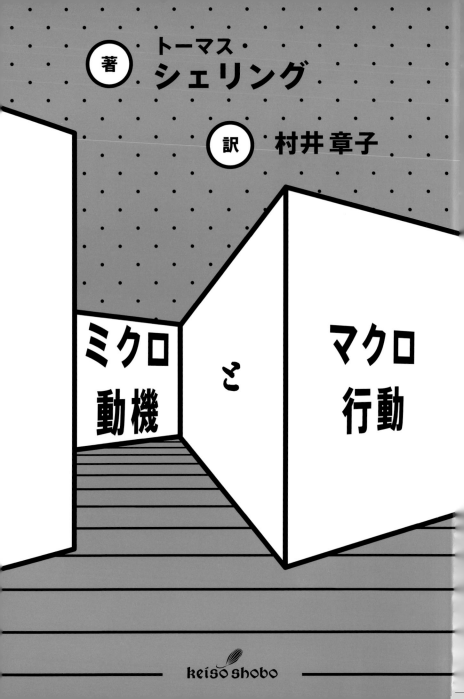

MICROMOTIVES AND MACROBEHAVIOR

by Thomas Schelling

Japanese translation rights arranged with W.W. Norton & Company, Inc.
through Japan UNI Agency, Inc., Tokyo.

新装版の序文

私はここ何年かの間に数冊の本を書いたが、本書を書くのがいちばん楽しかった。本書では当時興味をそそられたさまざまな社会現象を取り上げているが、この興味はいまも持ち続けている。W・W・ノートン社から新装版の刊行が提案されたのは、同じく興味を持ってくださっている読者が多いということだろう。

執筆したのはもう30年も前のことだ。それでも私はときどき取り出して懐かしくページを繰ることがある。予備知識なしにこの本を読む人は、著者が経済学者であるとは思うまい。こう想像すると楽しい気持ちになる。技術的なモデルや数学を使わずに重要なアイデアを提示できたと思うとうれしい。本書を読んだ多くの人が最初のパラグラフを長く覚えていてくださることには、いまだに驚かされる。

2005年に私がアルフレッド・ノーベル記念経済学スウェーデン国立銀行賞を受賞したことをご存知の読者は、本書が受賞になにがしかの貢献をしたのだろうと思われるかもしれない。だがはっきりしたことはわからない。ロバート・オーマンと私を選んだ委員会は、特定の著作を挙げなかったからだ。ただ、受賞発表の際に「ゲーム理論の分析を通じて対立と協力の理解を深めた功績に対して」授与するとの文言はあった。この本はゲーム理論と関わりがあるだろうか。

ゲーム理論とは、2つの可能性の間のよりよい選択、あるいは複数の可能性の間の最善の選択が他人の行う選択次第で変わる場合に、合理的な人間はどのように選択するかを追究する学問だと私は定義している。だとすれば、本書はまさしくそれを、すなわち「相互依存的な選択」を扱っている。ゲーム理論の研究者の中には、ゲーム理論とは意思決定の数学的分析であるというふうに、より狭い定義をする人もいる。一方、私は数学を多用したことはない。それもあって、ノーベル賞の選定委員会はあまり厳密な定義をしなかったのだろう。執筆中に、これがゲーム理論の本だと考えたことはなかった。だが本書が多人数ゲームの理論を扱った本だと受けとられることに異存はない。私自身の意見を聞かれたら、第7章はゲーム理論を扱ったと答えただろう。

ここで取り上げたゲーム理論に関心を持たれた読者は、ノーベル賞の受賞理由に関連する他の著作にも興味があるかもしれない。そこでこの場を借りて『紛争の戦略――ゲーム理論のエッセンス』（河野勝監訳、勁草書房、2008年）を挙げておきたい。同書にもあまり数学は出てこない。こちらは多人数ゲームではなく、主に2人が関与するゲームを取り上げており、ノーベル賞授賞式の際に行った記念講演といくらか共通性がある。私がどんな話をしたか、きっと読者が知りたがるにちがいないとの編集者の奨めにより、このときの講演も末尾に収録しておいた。

＊＊＊

ここに書かれているアイデアはどこでどんなふうに思いついたのですか、と質問されることがよくある。この質問に答えるのはむずかしい。どれも30年以上前のことだ。何かの行動を見ていて好奇心を刺激され、そこからアイデアが浮かんできたのだと記憶する。本の中に示された例を読むと、まずアイデアがあり、それをわかりやすく説明するために例を挙げたのだと考えたくなるかもしれないが、じつは実例からアイデアが導かれたことの方が多い。「協力」を説明するために交通信号の例を挙げたが、実際には信号のおかげで協力を理解することができたのである。高速道路上に落下したマットレスが渋滞を引き起こした例も使った。マットレスを迂回する渋滞の列に並んでいるドライバーは、何が起きたのだろうといらいらする。だがとうとう自分の番が来て通過してしまうと、誰もわざわざ車を停めてマットレスをどかそうとは考えない。これは私自身が経験したことだ。

多くの読者は、理論そのものよりも例の方を鮮明に覚えているだろう。そして例を手がかりに、理論の組み立てを思い出すのではないだろうか。アイスホッケーの試合で選手が負傷したという記事を読んだことがある。そうした怪我は、ヘルメットさえかぶっていれば防げたはずものだ。この記事が、競って自らを危険にさらす行動の動機を理解するきっかけとなった。読者はきっとホッケーの例を覚えていて、そこから理論を思い出すことだろう（いまだったら、私はステロイドを例に挙げたかもしれない）。

本書は、もともと本にするつもりで書かれたものではない。第1章は、全体の道案内をするために設けた。それ以外の章は、本の構想が形になる前に個別に書いたものである。だが最終的には、本としてうまくまとまったと思っている。最後の章としてノーベル賞受賞記念講演を新しく付け加えたが、ここでは半世紀にわたって考え続けてきたことを語った。この講演を収録した理由を聞かれたら、社会的・国際的な行動規範の進化を論じているからだと答えよう。規範に従う意思決定がその規範を一段と強化する、ということだ。

新装版がこの先30年もまた多くの人に読まれることを祈りつつ。

謝辞

振り返ってみると、私が楽しんで書いたことの多くが、誰かに促されて書いたことに驚きを禁じえない。ユリウス・マーゴリスが、これまでに発表したいくつかの論文を集めるにはフェルス講義録を使えばよい、と言ってくれた。講義録がなくても集めることはできたかもしれないが、これほど早くはできなかったにちがいない。エマニュエル・メッサニーは、思いついたアイデアは早く紙に書き残しておくように助言してくれた。それらが本書に含まれているのは、ひとえにこの助言のおかげである。また、第2章や第7章など本書のいくつかの部分は、きちんと整理するまでに、信じられないほど時間がかかったにちがいない。原稿整理に力を貸してくれ、口頭や書面でさまざまなアドバイスをくれるとともに、本書をよりゆたかなにするために情熱的に取り組んでくれた人たちがいなかったら、私一人では手に負えなかったことは確実である。彼らの名前をここで紹介しよう。グラハム・T・アリソン、フィリップ・B・ハイマン、マンサー・オルソン、ハワード・ライファ、チャールズ・L・シュルツ、エディス・M・ストーキー、A・マイケル・スペンス、リチャード・J・ゼックハウザーである。

この本が多くの読者を獲得できるとすれば、それは、ジョイス・ハントレー・ケルチによるところが大きい。彼女は秘書の仕事をすべてこなしたうえに、いやな顔ひとつせずに、すばらしいスピードで原稿を完璧にタイプしてくれた。おかげで私は、思う存分推敲するという贅沢ができたのである。

第3章と第4章の一部は、ロビン・マリス編集の『企業と社会の理論』（Robin Marris（ed.）, *The Corporate Society*（Macmillan, 1974））（今井賢一監訳、日本経済新聞社、1976年）に収録され、ハーバード大学の許可を得て本書に使用した。第5章の旧版は、ベラ・バラッサ、リチャード・ネルソン編集の『経済の進歩、個人の価値観、公共政策』（Bela Balassa and Richard Nelson（eds.）, *Economic Progress, Private Values, and Public Policy*（North-Holland Publishing Company, 1977））に収録された。第7章の完全版は、「ホッケー・ヘルメット、隠された兵器、サマータイム——外部効果を伴う二値選択の研究」（Hockey Helmets, Concealed Weapons, and Daylight Saving: A Study of Binary Choices with Externalities）と題する論文として、*Journal of Conflict Resolution*, Vol. 17, No. 3（September 1973）, pp. 381-428 に掲載され、出版社 Sage Publications, Inc. の許可を得て本書で使用した。

目次

ミクロ動機とマクロ行動

第1章　ミクロ動機とマクロ行動

以前、大きな講堂での講演を依頼されたことがある。講演会は午後8時に始まる予定だった。時間になると小型マイクを服に装着し、案内役の人に連れられて舞台の袖のところで待機する。その位置から見えるのは前方の12列ほどだが、そこは全部空席だった。8時というのは8時15分のことだと了解されているのかもしれない、と私は考えた。学会などではありがちなことである。だから、主催者が演壇の中央に進み出て無人の客席に向かってお辞儀をし、私を指し招くように腕を挙げたのを見て、狐につままれたような気分になった。すこしためらってから、私はおずおずと袖から出て演壇の中央に向かった。

するとそこには800人もの聴衆がいたのである。13列目からうしろの壁際までびっしり埋まっている。なんだか川向こうの群集に向かって話しているような感じだと思いながら、私は講演を終えた。後で主催者に、なぜあんなふうに坐ってもらったのかと質問した。

彼らは何もしていなかった。

席順などはいっさい決められていなかったし、誘導係もいなかった。みんな自発的にあのように坐ったのである。つまりあの坐り方は、聴衆の選好を反映したものにほかならない。いったいどういう選好だろうか。

前の12列を空けておいて残り24列にぎっしり坐ることを誰もが好んだという可能性はある。だが、先に来た人の席の選び方が後から来る人の手本になったとは言えるにしても、坐る場所を命令したり誘導したりした人はいない。もちろん席順を多数決で決めたわけでもない。来場者がやったことと言えば、通路を下りながら会場を見渡し、空いている席の中からどれかを選んで坐っただけである。

席を選ぶときに、人々が何かの方針や法則に従ったということはありうるだろうか。ちなみに私の見る限りでは、坐る位置による特徴のちがいはなかった。つまり前方（または後方）に坐った人の方が年をとっているとか、身なりがよいとか、男（または女）が多い、ということはなかった。いちばん前の列、つまりこの例では13列目に坐った人たちは、うしろの人たちよりも注意深かったかもしれない。だがそれはおそらく、目をつぶったり頭がこっくりしたりすれば、これだけ離れていても講演者から見えてしまうだろうと考えて、いくぶん緊張していたからだと考えられる。

この現象にすっかり夢中になっていた私は、席がどの順序で埋まっていったのか、主催者に訊ねるのを忘れてしまった。うしろから前へ順に埋まっていったのだろうか。それとも、後方24列の間ではランダムに席が選ばれたのだろうか。それとも最初に来た人が13列目に坐り、後から来た人は順にそのうしろに坐ったのだろうか。この最後の筋書きは、ありそうもない。最初に来た人の坐った列が、最終的にぎっしり詰まった聴衆の最前列になったのは、ただの偶然だろう。仮説を立てるなら、自分より後に何人来るのかを知らない人たちが狭いところにぎっしり詰めて坐る理由を説明できなければならない。

人々があのように着席したときに、彼らがしていたこと、あるいはしていると考えていたこと、あるいはしようとしていたことに、私が関心を持った理由はいくつかある。まず、あの坐り方は好ましくないことだ。前の方を空けるのではなく、前の24列に詰めて坐るか、でなければ講堂全体にほどよくばらけて坐ってほしい。聴衆の選好にできるだけ干渉しないよう、最小限の調整や誘導で行動パターンを変えたいと思ったら、どうしたらいいだろう。そのためには、あのように坐りたがる誘因をそれとなく変えるとか、講堂での好ましい坐り方の認識を変えるといったことをすれば、聴衆が「自発的に」好ましい着席パターンを示すようになるのかどうかを知る必要がある。

そうした工夫を考える前に、そもそも聴衆自身は自分たちの選んだあの坐り方が好きなのか、自分で選んだ席に坐ったからには結果に満足しているにちがいないと断言してよいのかも、知っておかねばならない。

私が関心を持ったもうひとつの理由は、あの行動から別の状況が想起されるからだ。それは、人々が自らあるパターンを選んで行動しても、それが当人にとってさえ好ましいとは言えない結果を招く状況である。居住地の選択は、その一例だ。講堂での着席パターンは、こうした他の状況を考えるヒントになるだろう。

　この着席パターンを導いた動機をこれからあれこれ推測しようというわけだが、それはもちろん講演会運営の手引きを書くためではないし、居住地の選択、群集のふるまい、駐車場での行動パターンなどとの類似性を探るためでもない。あくまで、本書で論じる内容のわかりやすい例を挙げるためである。本書で取り上げるのは、社会科学のとくに理論研究でよく行われる分析の一種で、全体を構成する個人の行動特性とその全体の特性との関係性の分析である。

　この種の分析では、個人の意志についてあらかじめ何かがわかっていて、それを利用して全体を予測できる場合がある。たとえば、来場者が誰かの近くに坐りたいが、隣ではなく席をひとつ空けたいと考えていることがわかっていれば、全員が着席したときのパターンをある程度予測できる。また、これから論じるように、観察結果が導かれたのは、個人のどのような意志あるいは行動様式によるのかを探る場合もある。観察結果を妥当に説明できるような行動がいくつかあるときには、そのうちのどれが最も妥当かを裏付ける証拠を探すことになる。

　中には、個人の行動から全体を類推できるようなわかりやすいケースもある。たとえば、どのドライバーも日没とともにヘッドライトを点灯するとわかっていれば、ヘリコプターから観察したとき、ある地域を走行中の車のライトは同時に点灯すると推定できる。マサチューセッツ・ターンパイクを上空から見下ろしたら、日没時刻に応じて東から西へとライトが点灯していくので、方位を知ることもできるだろう。だが大半のドライバーが、対向車の一定割合がライトを点灯していたら自分も点灯しようと考えているとしたら、ヘリコプターから見える光景はまったくちがったものになるはずだ。この場合には、ドライバーは互いの行動に反応し、互いの行動に影響を与えることになる。つまり人々は周囲の状況に反応するが、その状況は他人によって形成され、しかもその他人は彼ら自身を取り巻く状況に反応している。そしてこの他人にとっての状況も、他人の反応に反応する人々で形成されているのである。こうした行動は、逐次的に起きる場合もある。たとえば、Aがライトを点灯するとBが点灯し、するとCが点灯する、という具合に。だが、逐次的ではなく相互的に起きる場合もある。たとえば、Aがクラクションを鳴らすと、Bが鳴らし、それを聞いたAが一段と激しく鳴らす、という具合である。

このように、人々の行動や選択が他人の行動や選択に左右される状況では、個人の行動の単純な総和や単純な延長で全体を推し量ることはできない。個人の行動と全体とを結びつけるには、個人と周囲の状況との、言い換えれば個人と個人、個人と全体との相互作用の系に注目しなければならない。その結果は、予想外であったり、想像もできなかったものであったりするだろう。ときには分析が困難を極め、結論が出ないこともある。だが結論の出ない場合でも、全体の観察から個人の意図を軽率に結論づけるべきではないという教訓を得ることができるし、逆に、個人の意図についてわかっていることや推測できることから全体のふるまいを軽率に結論づけるべきでないという教訓を得ることもできる。

では、例の講堂のケースに戻って、あのような坐り方を導いた動機をすこしばかり推測してみることにしよう（なお、全員が同じ動機を持つと仮定する必要はない）。先ほど述べた結果につがなる行動を聴衆がとった動機としては、どのような推測、どのような仮説が可能だろうか。また、それぞれの仮説の結果はどう評価できるだろうか、望ましいだろうか、望ましくないだろうか。望ましくない場合、どうすれば結果に影響をおよぼすことができるだろうか。それぞれの仮説には、偶然の入り込む余地や何らかの工夫の余地がどの程度あるだろうか。複数の仮説を検討してどれかひとつが正しいとか、全部まちがっていると決めることは可能だろうか。

すぐ思いつくのは、誰もができるだけうしろに近いところに坐りたがっているという可能性である。この場合、いちばん早く来た人たちは、最後列に坐ることができる。後から来た人たちは、もっと早く来ればよかったと思っても後の祭りだ。席を交換してもらっても、全員にとっての結果は改善できない。誰かがうしろの人と席を交換してもらえば、必ず誰かが前に押し出されるからだ。もし聴衆に前の方に坐ってほしいなら、後方12列を着席禁止にすれば、全員が12列前方に坐ることになる。

2番目は、誰もが人よりうしろに坐りたがっているという可能性である。これは、先ほどの動機と同じではない。講堂のうしろではなく、他の人よりうしろということだ（たぶん、終わったときに、人より早く外に出たいのだろう）。この場合、自分を除く全員ができるだけ前の方に坐ってほしい、と人々は考えるだろう。そうすれば、全員の後方に坐りつつ、可能な限り前の方に坐ることができるからだ。これが成り立つためには、早く来た人が最後列よりかなり前に坐り、後から来る人がそれよりうしろに坐れるようにしてあげなければいけない。早く来た人が、遅く来る人がみなそうした行動をとると考えるなら、うしろからできるだけ遠くに坐らなければならない。さもないと、後方が混み合ってしまう。この場合にも、聴衆に前の方に坐ってほしいなら、後方12列を着席禁止にすれば、全員がそれより前に坐ることになる。おそらく聴衆自身もそれを好むだろう。彼らは講堂のうしろに坐りたいわけではないからだ。

3番目は、誰もが誰かの近くに坐りたがっているという可能性である。みな社交的だからかもしれないし、ひとりぼっちになりたくないからかもしれない。この場合、早く来た人たちがたまたまうしろの方に坐ったら、後から来た人たちはその周りに坐るので、最後列までぎっしり埋まることになる。この時点で、空いているのは前の方だけになる。そこで、さらに遅く来た人が他の人の近くに坐るには、すでに坐っている人たちのすぐ前の列に坐らなければならない。もし、最初に来る数人を前の方に坐らせることができるなら、いま述べたのとは逆の結果を誘導できる。遅く来た人は、前方がすでにぎっしり埋まっているので、そのすぐうしろの列に坐るわけだ。いずれにしても早く来た人たちは周りを取り囲まれ、誰もがまとまって坐ることになる。ちがいは、一方ではうしろから前へ、他方では前からうしろへ席が埋まっていくことだ。講演者としては後者が好ましい。もしかしたら、聴衆もそうかもしれない。

4番目は、ちょうど結婚式場のように、誰もが入ってくる人を見たがっているという可能性である。この場合、あまり首を伸ばさずにすみ、また自分自身がじろじろ見られるのを避けるために、できるだけ後方の扉から離れて坐ることになる。こうすれば、人々が入って来て通路を下りてくるのがよく見えるからだ。聴衆が着席してしまったら、他の人のうしろであれ、講堂のうしろであれ、後方に坐ることには何のメリットもない。来場者数を見越してうしろの方の列を着席禁止にしておけば、誰もが来場者をよく観察できるし、全体が前方へ12列ずれて、講演者と聴衆の間に気まずい空きができずにすむ。あるいは、講堂の後方ではなく前方の扉から入ってもらうようにすれば、早く来た人は前方に陣取ると同時に、後から来る人をじっくり観察することができる。

仮説はほかにも考えられる。多くの人が別の場所で別の機会に前方に坐って不快な経験をしたことがあり、自分の坐る場所を決めているのかもしれない。逆に、何も考えずにいつもうしろに坐る人もいるだろう。こういう人は、授業ではないのだから最前列に坐ったところで先生に指されるわけではないといずれ気づくかもしれないし、前の方に坐ればよく見えるしよく聞こえることにも気づくかもしれない。また、来場者は単に疲れていて、講堂に入ったときに空いていた手近の席に坐った、という可能性もある。ただし、この「最小努力」仮説で講堂での聴衆のふるまいを説明するためには、人々が礼儀上のルールに従わなければならない。つまり、後から来た人が他人の足をまたがなくてすむように、どの列でも最初に坐る人はちょうど真ん中の席に坐り、次の人は必ずその隣に坐らなければならない。

私が注目したのは、最小限であってかつ十分な仮説である。それは、自分が聴衆の最前列でさえなければ、どこに坐ろうと気にしない、というものだ。24列がおおむね埋まっていたとしたら、次に来た人にとって、そのうち23列はどうでもよい。とにかくみんなのいちばん前にだけは坐りたくない。

もっとも、すでに埋まっている席の最前列はいやだという条件だけに従うのなら、他の人から離れてはるか前方に坐りたがる可能性もありうる。だが人々は最終的に何人になるかわからないので、安全を期してうしろ寄りに坐る。そして、すでに大半がすでに着席したような状態になると、後から来た人は混み合っている列に空いている席を探し、坐っている人をまたいでその空席に坐る。がらがらの前方に坐ろうとはしない。

もちろん、最後は誰かが全員の最前列に坐ることになる。聴衆全体を12列分前へ移動したら、全員にとっての満足度は変わらないか、すこし高まるかもしれない。すくなくとも後方23列に坐っている人たちは、全体が前へ移動することを歓迎するにちがいない。

人々は、自分のすぐうしろの列が埋まっていて、自分だけが前の方でむやみに目立つのでなければ、最前列でもかまわないと思っているとしよう。このより控えめな仮説でも、同じ結果になる。

目的のある行動

以上のどの仮説でも、人々には何らかの選好がある、目的をめざしている、できるだけ労力や困惑を減らす、またはできるだけ視界や居心地をよくする、人の近くにいたい、離れたいなど、いわゆる「合目的的行動（purposive behavior）」をとると仮定していることに注意されたい。さらに、この目的が他人の存在や行動から直接影響を受けたり、やはり同じように目的をめざしている他人で形成された状況に制約されたりすることにも注意されたい。これは典型的な「仮想状況行動（contingent behavior）」、すなわち他人の行動に左右される行動である。

科学分野では、またときには社会科学でも、行動には動機があるものと考える。というのも、多くのものがあたかも目的をめざしているかのようにふるまうからだ。たとえば水は同じ高さをめざす。自然は真空を嫌う。泡は表面張力を最小化しようとする。光は、さまざまな物体を異なる速度で通過して最短距離を進もうとする、といった具合である。だがJ型の管に水を満たし、低い方の先端を閉じて管の中の水が同じ高さに到達できないようにしたら、水が困惑するとは誰も考えない。閉じていた先端を開いて水が噴き出し、床に飛び散ったら、同じ高さになろうとしてあわてるからだと非難する人もいない。同様に、光が最短距離を進むのは急いでいるからだ、とも考えない。なるほど近頃では、ひまわりは太陽光が浴びられないと悲しむと考える人がいる。また、木の葉は光合成を最大化するために、枝上で太陽光を分け合えるような位置を探すとも言われる。林業を営む人なら、木の葉がうまく位置取りしてくれたらうれしいだろう。だがそれは、木の葉のために喜ぶのではない。そもそも、木の葉が自分たちの利益になるようにふるまっているのか、単に酵素の命じるとおりにしているのか、あるいは「目的」とか「~をめざす」といった言葉がまったくそぐわないような化学的な系の一部に組み込まれているのかは、おそらくわかっていない。

だが、人間の場合は話がちがってくる。燃えさかるビルから逃げようとする人々の行動を分析する場合、「逃げようとする」という表現は比喩ではなく、文字通りの意味である。人々は「あたかも」燃えたくないかのようにふるまっているのではない。人間は光や水とは異なり、直接間接の目的をめざすに当たり、どうやって周囲の状況に対処するか、入手可能な情報や知識の範囲内で意識的に決定し適応する、と一般に考えられている。さらに、人間にはある程度の問題解決能力があるものとされている。つまり、いまの状況からめざす状況を実現するにはどうしたらいいかを計算できる、あるいは直観的にわかるとみなされている。そして、ある人が解決しようとしている問題が何かを私が知っていて、その人には解決可能だと思われるし、私自身にも解決可能だと思える場合には、その人の立場に自分を置き、彼が取り組んでいる（と私が思っている）問題を自分なりに解決してみて、彼がどうするかを予想することができる。これを「代理問題解決法（vicarious problem solving）」と呼ぶ。ミクロ経済学の大半は、この方法に基づいている。

同じ高さになろうとする水だとか、自分と同じ種族を守り、増やそうとする遺伝子といった具合に、意志を持たないものに「目的追求」行動を考えるやり方には、それなりに利点がある。そこで仮定した動機は、便宜的な表現や示唆的な比喩や有用な決まり文句以上のものになって、記憶に残ることだ。ただし人間が対象の場合、比喩が比喩でなくなり、目的をめざすとか問題を解決するといったイメージに安易に結びつきやすい。このため、およそ見当違いの目的をめざしているとか、目的を知らずに行動しているとか、意識せずに目的を取り違えている、といった可能性を忘れてしまうことがある。また、人々がめざしているとされた目的が達成された場合、その満足感を過大評価してしまうこともある。

それでも、こうした分析スタイルが研究意欲をかきたてることはまちがいない。人々の目的をもった行動の結果を分析する場合、その目的に照らして結果はよかったのか、悪かったのか、好奇心を持たずに評価するのは困難だ。ときには心配までしてしまう。だから社会科学者は、動物学者や植物学者よりも森林警備隊員に似ていると言えるだろう。前者は、ある種が絶滅するかどうかは気にせずに、絶滅の原因に関心を持つことがありうる（もちろん、百万年前に絶滅した種であれば、心配する必要はない)。一方、森林警備隊員にとっての関心事は、バッファローは絶滅してしまわないか、バッファローの生息環境をどうやって守るか、ということだ。

このスタイルが興味深いと同時に困難でもあるのは、一人ひとりが周囲の状況の制約下でどうふるまうかだけでなく、全体としての結果も評価しなければならないからだ。燃えさかるビルのケースでは、歩くよりも走って近くの出口まで行く方が賢明だろう。他の人がみな走っているなら、なおのことだ。この場合に評価すべきは、各自が自分にとって最善の方法をとった結果として全員が走った場合、どれだけの人数がビルの外に逃げられるか、ということである。講演会の聴衆のケースでは、講堂に入ってすぐに空いているよい席に坐れたら、その人にとっては上出来だろう(全員が坐った後に着席状況や来場者数を見て、もっと前に坐ればよかったと思う人はいるかもしれないが)。だがここで評価すべき問題は、他の人がどこに坐っているかを見てから席を変えたくなる人がどれほどいるか、ということではない。着席方法に何らかの工夫を施したら、聴衆の多く、あるいは大半、あるいは全員の目的によりよく応えることは可能か、ということである。

一人ひとりが社会環境にどれだけうまく適応できるかということと、全員が形成する社会環境をいかに満足できるものにするかということは、同じではない。

市場行動

社会科学の中で、先ほどの分析スタイルに最も適しているのは、経済学である。経済学において、

「個人」とは国民であり、世帯であり、農場や会社の持ち主であり、タクシー運転手、銀行や保険会社の管理職、医者や学校の先生や兵士であり、銀行や鉱山会社で働く人たちである。ほとんどの人は、タクシーの運転手であれ、航空会社の社長であれ、経済全体についてはごくわずかしか知らないだろう。自分が売ったり買ったりするものの値段は知っている。自分が貸したり借りたりするときの金利も知っている。自分の現在の仕事や、経営する事業や、お金の使途について、よりよい選択肢がないかどうかも、ある程度は知っているはずだ。牧場経営者は、バターを買う消費者がどこに何人住んでいるかとか、乳牛を育てる同業者が国内に何人いるかとか、ミルクを飲む赤ちゃんは何人いるかとか、ビールとミルクの消費量はどちらが多いか、といったことを知る必要はない。彼が知っておく必要があるのは、飼料の値段、乳牛の特徴、乳脂肪分の比率に応じた牛乳の価格、人間を雇う場合と機械を導入する場合のコストのちがい、牛を売って豚を飼うことにした場合の差引利益、憧れの都会で望みの仕事を見つけ、農場を売って転職する場合の差引利益等々である。

どういうわけか、人々のあらゆる活動はうまく調整されているように見える。空港へ行くにはタクシーがあり、機内食に使いたいバターやチーズは供給される。燃料を作る精油所があり、燃料を運ぶトラックがある。滑走路を造るセメントがあり、エスカレーターを動かす電気がある。そして何よりも肝心なのは、飛行機に乗って行きたいというお客がいることだ。

雨でタクシーに乗りたいのに1台もいないことがある。5万キロも飛ぶのだからもっと快適な乗り心地にしてほしいと思うこともある。オーバーブッキングで予約を取り消されることさえある。そして、こういうことが起きると、ものごとはうまくいかなくなるときもあることを思い出す。そして、このすばらしく複雑なシステムをもうすこしうまく擦り合せられないものか、と考えることになる。毎週、世界中の何億という人々が、何を買うか、何を売るか、どこへ行くか、いくら貯金するか、いくら借りるか決断を下している。何を注文するか、どの株は売らずにおくか、どこへ引っ越してどこの学校へ通うか、どの仕事を選ぶか、どこにスーパーを出店し、どこに映画館を建て、どこに発電所を建設するか、いつ工場に、鉱山に、あるいはトラックや船や航空機に投資するか、そういうことを決める人もいるだろう。もし読者が何か感動を求めているなら、世の中がこれほどうまく回っていることにぜひ感動してほしい。とはいえ、感動と称賛はちがう。読者がいまの世の中のしくみについて、もっとましなやり方があるとか、よりよく機能させるための方法があると考えるなら、多くの国、とくに比較的自由な経済運営をしている国のシステムがうまくいっているかどうか、システムが蟻のコロニーのように機能しているかどうか、ぜひ考えてみてほしい。

コロニーに属す蟻たちは、自分のコロニーがどんなふうに運営されているかを知らないと考えられている。どの蟻にも、仲間の蟻と協力して、何かしらやるべきことがある。だが全体のことを気にかけている蟻はいないし、コロニーのシステムを設計した蟻もいない。社会生物学の重要な役割は、1匹の蟻の世界と蟻のコロニーの世界を関連づけることだ。コロニーとして見ると、さまざまな活動、たとえば巣の修理・保守、食糧の調達から緊急時の動員に至るまで、すべてにパターンと規則性があり、バランスがとれている。だが1匹の蟻は、食糧探しに繰り出す蟻の数や、嵐の後の修復に従事する蟻の数や、死んだカブトムシを運ぶ蟻の数が、多すぎるのか少なすぎるのかはまったく知らない。どの蟻も自分の小さな世界の中で生きていて、すぐ近くにいる別の蟻や、どこから出されたかわからないシグナルに反応する。コロニーがなぜああなっているのか、なぜあのようにうまく機能するのかということは、社会の進化や種の進化における動学的な問題である。蟻のコロニーはどのように機能するのか。具体的には、蟻がそれぞれに自分のごく小さな世界で限られた選択肢の中から下す決定が、蟻の集団全体としてみると蟻の社会や経済を論じられるほど立派に意味のある行動パターンを、どうやって作り上げるのか。これは、飼育費から製品の包装費まですべてのコストをカバーできる値段で消費者にバターやチーズやアイスクリームを買ってもらうためには、どれくらいの乳を出したらよいか、牛はどうやって知るのか、と問うようなものである。

さきほど感動してほしいが必ずしも称賛するにはおよばないと書いたのは、集団全体としての行動の系は途方もなく複雑だとしても、これを形成する個人はそれについて何も知らなくてよい、それどころか気づいてさえいなくてもよいからである。ジャングルであれ、奴隷制度であれ、伝染病に襲われた村であれ、そこに何らかのパターンや秩序や規則性を目にしたら、それがジャングルなり制度なりのパターンや秩序なのかどうか、ひとまず判断を保留しなければならない。そしてまずは、全体を形成する個人の行動に注目し、個々の行動がどのように全体としてのパターンを形成しているのかを調べる。次に、個人がめざす目的に照らして、結果としてのパターンが彼らの意図に適っているかどうかを評価する。

経済では、誰も管理せず誘導もしないこうした個人の活動が、全体としてなかなか悪くない結果を招くということがひんぱんに起きる。いや、悪くないどころか、何をすべきかを誰かが考えて命令し、そのやるべきことを全員にやらせる手段を持ち合わせていた場合に予想される結果と、まず遜色のない結果に行き着く。200年前にアダム・スミスはこのことを、あたかも見えざる手がうまく調整してくれているようだと表現した。

実際には経済学者は、注意深く観察し、観察結果を他の可能性と比較したうえで、結果の善し悪しを判断するわけではない。通常は、人々の特徴的な行動から全体としてのシステムの特徴の一部を推定し、論理的推論により結論を出すという方法をとる。カナダの農家が大量のクリスマスツリーをオールバニに出荷し、バッファローには少ししか出荷しなかった。この場合、バッファローの売り手は、オールバニより高く売ることができる。すると誰かがオールバニでツリーを買って、夜のうちにトラックでバッファローに送り届けるだろう。そこで翌日には、両都市のツリーの流通量はより「均衡する」ことになる。この均衡は、どちらの町でも、人々がお金で買える他のものよりツリーを欲しがっていたことの証拠になる、という具合である。

こうした結果を指して、「市場が機能している」とよく言われる。ここで言う「市場」とは、人々が売ったり買ったり、雇ったり雇われたり、貸したり借りたり、取引したり、契約したり、あれこれ物色してお買い得品を探したりするさまざまなしくみや手段の複雑な集合体を意味する。経済学者が行う論理的推論にはまちがいが多いとしても、注意深く控えめに結論を表現するときには、一理はあるものだ。自由市場は、あなたや私が望むやり方で人々に資源や機会を分配することは、ほとんどできないか、全然できないかもしれない。また、やってほしいと思うことを人々にやらせたり、買ってほしいと思うものを人々に買わせたりすることも、できないかもしれない。また、社会の価値観の共有よりも個人主義を助長しがちかもしれない。さらに、人々が自らの先見性のなさや身勝手から不利益を被ることを防げないかもしれない。それに自由市場は、被用者と雇用主、借り手と貸し手の間に非対称の人間関係を出現させたり、物質的な成果を過大評価したりしがちかもしれない。それどころか市場は、インフレや恐慌に見舞われたときなどには、破滅的なふるまいをすることさえある。こうした重大な条件付きではあるが、その範囲内でなら、市場は無数の利己的な個人や組織の行動を調整し、調和させ、統合することをじつにうまくやってのける。

本書の目的に関する限り、「自由市場」が割り当てられた役割をどの程度うまくやっているか、あるいは相応の代償を伴うのか、といったことを判断する必要はない。ここでの関心事は、経済学の成果は経済学の外でもどの程度有効か、ということだ。経済学は200年前から市場を研究してきた。そして経済学者の多くが、規制のあまりない自由市場は、個人の相互のやりとりに多くの場合に有利であると結論している。だとすればこの結論は、経済学には分類されない他のさまざまな社会的活動、すなわち、自己利益を追求しようとしたら他人の権利を侵害してしまうような活動にも当てはまると考えてよいだろうか。以下ではそうした活動の例を（講堂での座席選びのほかに）いくつか挙げて検討していくが、まずはイメージをつかんでもらうために、社会的活動と呼ぶものがどういうものか、列挙しておこう。人と話すときにどんな言葉をどう使うか、どんな人と結婚するか、子供を持つか、自分の子供にどんな名前をつけるか、どんな人の近くに住むか、どんな人を友達に選ぶか、どんなゲームをするか、どんな習慣を身につけるか、どんな流行を追うか、外に出かけるか家にこもるか、どんなふうに車を運転するか、騒音を立てるか、人前で煙草を吸うか、ペットを飼うか、飼うとすればどのように飼うか、などが考えられる。食事や飲酒の習慣もそうだし、昼食を食べに行く時間もそうだ。ゴミ捨て、清掃、衛生の習慣、ジョークや噂やニュースや役に立つ情報の伝達、党派や運動の結成、順番待ちのときに列を作るかどうか、等々も該当する。

これらはどれも、他人の行動に影響されたり、他人の行動を気にかけたり、あるいはその両方であるような活動である。これらの活動の大半は、アメリカをはじめ多くの社会で、基本的に中央集権的な管理を受けていないか、せいぜい間接的な制裁や排除の対象になるだけだ（7歳の男の子が「ダイナマイト（超カッコいい）」と言ったら、その意味を辞書で知ることができるが、男の子は辞書でその使い方を知ったわけではない）。そして、自分の行動が全体にどのような結果をもたらすかを人々が気にかけることがあるとしても、彼らが自ら下す決定や彼らが自ら選ぶ行動は、おおむね彼ら自身の利益に動機付けられているのであり、全体のパターンのごく一部にしか縛られないことが多い。背の高い人と結婚するにせよ、低い人と結婚するにせよ、次世代の身長の度数分布がどうなるかを気にして選ぶ人はめったにいない。だが次世代の「背が高い」とか「背が低い」という概念は、現世代において背の高い人が高い人と、低い人が低い人と結婚するか、背の高い人は低い人と、低い人は高い人と結婚するか、無作為に結婚するかに影響されることになる。

均衡分析

いまから私は、個人の利己的な行動がだいたいにおいて全体にとって満足できる結果につながるという仮定は、成り立たないと主張する。経済学がカバーしているのは特殊なケースにすぎない。

範囲が広くて重要なケースであるとしても、特殊であることにちがいはない。以下では、経済学が特殊なケースを扱う学問となった理由を探る。

だがその前に、いま不当に重視されているあるものを片付けておかなければならない。それは「均衡」の分析である。経済学でも、生物学でも、生物以外のものを扱う多くの科学でも、均衡分析は広く行われている。均衡とは、何らかの運動や活動、あるいは調整や反応が完了し、もう動かず変化しない状態、休止状態、「釣り合った」状態を指す。言い換えれば、相互に作用し、互いの動きや互いの調整に対して調整していた複数のものが、ついに調整を終えて釣り合い、休止した状態である。たとえば、コーヒーにミルクを入れたとしよう。表面の小さな波がおさまったとき、クリームがコーヒー全体に均等に拡がったとき、あるいは表面に膜状に浮かんでいるときに、ある種の「均衡」が成り立っている。経済学では、クリスマスツリーの価格が、ある都市と別の都市、あるいは都市部と郊外の間でほぼ同じになり、オールバニからバッファローへ、あるいは都市部から郊外へツリーを運んでも儲けにならないような場合に、ツリーの供給は需要に対して「均衡」したという。ガソリン市場は、ある場所と別の場所との価格差が、運ぶコストをかけても利益が出るほど大きくない場合、あるいは平均単価が、消費者が買いたい量と生産者が利益を出して販売できる量とが釣り合う価格になっている場合には、均衡している。

均衡は、正確なときもあれば、近似的なときもある。起こりうる均衡状態自体が絶えず変化する場合には、均衡に近づくことは可能だとしても、けっして厳密には達成できない。また均衡は、部分的に成り立つこともあれば、全面的なときもあるし、短期にとどまることもあれば、長期的に成り立つこともある。クリスマスツリーの例で言えば、いくつかの都市の間で均衡することは可能だろう。だが全体として供給過剰になった場合には、ツリー業者はその年に損失を被り、次の年には出荷量を減らすだろう。すると市場は次の年、あるいはその翌年まで均衡しないかもしれない。

ここで重要なのは、均衡そのものにはさしたる魅力は何もない、ということである。均衡は単なる結果にすぎない。落ち着くものが落ち着けば均衡する、それだけだ。均衡というアイデアは、調整プロセスに対する関心に根ざしている。たとえば埃がど、、、のように落ち着くかに関心がないなら、埃が落ち着いた後のことだけに注意を集中して分析していたはずだ。マルサスの分析では、食糧その他の天然資源の供給が人口に比してあまりに乏しく、低い出生率と高い死亡率によって人口が横這い状態になったときに、人口は「均衡」する。夏の海は、あまりに混みすぎて、もともと来たがっていた人にとってもはや魅力はないが、すでに来ている人が嫌になって帰ってしまうほどではない場合に、均衡している。世界のクジラの生息数は、残ったクジラの数が少なすぎて大方の捕鯨業者には獲っても商売にならない状態だが、ほかに生計を立てる術のない少数の捕鯨業者が生息数の増加を打ち消す程度に捕鯨を行う場合に、均衡している。高速道路の制限速度は、スピード違反者を十分ひんぱんに検挙できて、もっとスピードを出したいというドライバーの衝動を抑えられるとき、警察にとっては均衡している。

「均衡分析」には、不適切な要素が少なからずあると考えられる。調整プロセスを無視して過度に単純化する、均衡を決定付ける要因の変化を見落として均衡の出現率を過大評価する、などだ。だが、もし何かが均衡していると認めたら、それで万事ＯＫだと認めたことになってしまうと心配して「均衡分析」をやめておくという人は、いないだろう。たとえば首吊り死体は揺れが止まったときには均衡しているわけだが、誰も死者が万事ＯＫだとは思うまい。経済分析が不必要に不信を招いているのは、経済学者が均衡を論じるとき、その状態を承認しているという前提にある。しかし均衡が好ましいという前提は、だいたいにおいて（いつもではないが）誤りだと私は考えている。

以上のように、経済学と他の社会科学との間で、分析手法にちがいはない。とくに指摘しておきたいのは、一方が正しいかどうかはともかく均衡を扱い、他方が全然扱わないというちがいは存在しないことだ。経済学者は講堂の着席パターンについて、エアコン市場を扱うときと同じように均衡を論じる。着席パターンは、全員が着席したと考えられるときに、誰も他の席に移ろうとしなければ、均衡している。これを均衡と呼ぶことは、全員が着席パターンに満足していることを意味しない。いや、誰かが満足していることさえ意味しない。単に、空いている席に移ったらより満足する人は誰もいないことを意味するだけである。また、まったくちがう着席パターンで均衡するものがほかにはないことも、意味しない。

交換その他の取引

経済学が、すべての社会現象のモデルではなく、範囲が広く重要とはいえ特殊なケースを扱うようになったのはなぜか。その理由を探るに当たり、これから取り上げる行動の系に固有の特徴をかんたんにまとめておこう。人々は他の人々に働きかけることもあれば、他の人々に合わせることもある。人々の行動は他の人々の行動に影響を与える。人々のやりたいことがうまくいくかどうかは、他の人々が何をするかに左右される。たとえば、あなたの運転の仕方は、他の人の運転の仕方に左右される。どこに駐車するかは、他の人がどこに駐車するかに左右される。あなたの言葉遣いや発音は、他の人の言葉遣いや発音に影響される。あなたが誰と結婚するかは、誰と出会うか、誰があなたと結婚できるか、誰がすでに結婚しているかに左右される。渋滞を忌々しく思っているあなたは、渋滞の一因となっている。群れに加わりたがる人は、群れを大きくする。生徒の質が悪いという理由で息子を退学させるなら、質の悪い生徒を1人減らしたことになる。大勢に聞こえるように声を張り上げたら、他の人たちも声を張り上げ、騒音を増やすことになる。あなたが髪を短くしたら、他の人は、自分の髪がずいぶん伸びたと気づくかもしれない。

ときにあなたは、他人がやっていることを気にする。たとえば渋滞がひどくなってきたら、みんな高速道路から出て行けばいいのに、と思う。ときには他人のやっていることにあなたの方が合わせようとする。たとえば、誰が道を知っているかがわかっていれば、自分が道を知る必要はない。だいたいにおいて、あなたは他人の行動を気にかけるし、それに影響されもする（もしあなたが気にもしないし影響もされないなら、この本はお呼びではない）。

さて、では、経済学はどこが特殊なのか。経済学が主に扱うのは取引であり、取引に関わる人はすべて自由意志による参加者であるとされている。典型的な例は、野菜と卵を垣根越しに交換する取引だ。一定の条件下では、これは「よいもの」である。農夫は、野菜より卵がほしいときだけ交換しようと考える。隣人も、卵より野菜がほしいときだけ交換しようと考える。お昼にゆで卵を食べるのか、レタスとトマトのサンドイッチにするのか、といったことは誰も気にしないし、知る必要もない。

もちろん、「誰も気にしない」というのは言い過ぎだ。

卵にはコレステロールが多すぎて、隣人の健康を害するかもしれない。

隣人は、野菜と交換できると見越して卵を盗んできたのかもしれない。

養鶏場は動物虐待だと考えている人々がいるかもしれない。

隣人は、卵が汚染されていることを承知のうえで野菜と交換したのかもしれない。

卵と交換で手に入れたキャベツを隣人がいためたら、上の階の住人が、匂いがひどいと文句を言うかもしれない。

それでも、経済学が伝統的に扱うテーマは自由意志による交換であり、その取引に参加しない人や取引を禁じる立場にない人には何ら重大な結果はもたらさないものとされている。影響を受ける人が必ず取引に関与できるなら、取引があくまで自由意志によるものであって、合法的な異議申し立てにより差し止めることが可能なら、取引の透明性が高く、自分の利害に関わると気づいた人は取引に参加するか取引を阻止して自分の利益を守ることができ、取引に関する利害を表明した人が盗みや強奪などから保護されるなら、市場に野菜を運んで来た人が盗みから保護され、他人の鶏肉を汚染して自分の商品の需要を高める不正行為から人々が法律で保護されるなら、「自由市場取引」をよいものとみなしてよい理由はたくさんある。すくなくとも、他人に犠牲を強いずにほしいものをより多く手に入れられることをよいとみなすのであれば、自由市場取引はよいものである。

自由市場をうまく機能させるには、いや、とにもかくにも機能させるだけでも、いろいろと条件がある。身体の保護や契約の履行が保障されることに加え、誰もが市場を自由に物色し、どんなものが取引されているかを知ることができなければならない。あるいは、いちいち物色しなくても何が売れ何を買えるかがわかるよう、十分な情報が提供されなければならない。典型的な自由市場では、財産権をはじめとする法整備が何世紀にもわたって辛抱強く続けられ、財やサービスの標準化や商品説明の用語の決まりなどが膨大に積み重ねられてきた歴史がある。いまや電話一本で自分のほしい品物が確実に買えること、まちがった商品が届いても一目で見分けられることを思い出してほしい。さらに、取引によって影響を受けるにもかかわらず、取引から締め出されている人々の権利を守る目的でも、多くの法律や制度が用意されている。

市場が万人の満足のゆくように機能できないのはなぜか。そこにはたくさんの理由があることに経済学者は気づいており、私自身もそのうちのいくつかを論じたことがある。たとえば人々は、医者や病院を見て回って比較検討する知識を持ち合わせていない。中古車のよしあしを見きわめるのはむずかしいし、修理がきちんと行われたかどうかを確かめるのも困難だ。また、秘密の中身を明かさずに秘密を売るのも至難の業である。ある種の市場は独占になりやすいが、独占市場はうまく機能しないと経済学者は考えている。経済学者は問題点を発見すると、なぜうまくいかないのかと反射的に考えるし、原因究明のための立派なチェックリストも用意している。勇敢なガードマンの市場は、非常事態に勇敢に立ち向かう義務に法的拘束力がなければ、うまくいかない。生命保険の市場は、加入者が自分はハイリスクだと知っているのに保険会社の方は知らなければ、立ち行かない。抗がん剤の市場は、誤った情報や迷信がはびこっていたり医者が診断をひんぱんに誤ったりするようなら、危険な機械の市場は、その危険性がよく周知徹底されていないなら、ニュースや天気予報の市場は、誰でもただで視聴できるサービスが存在するなら、公営プールの市場は、利用者が混雑状況をチェックできないなら、スポーツ賭けの市場は、賭けの参加者が選手の健康や安全性を知ることができないなら、電話サービスの市場は、電話会社が単一のネットワークに接続しなければならない状況、つまり独占であれば、いずれも成り立たない。交差点での優先通行権にしても、運転者が勝手に取り決めてよい状況では成り立たないのである。

いま挙げたどのケースも、始めは市場がうまくいくと考えられる理由が何かしら存在していたことに注意されたい。よく調べてみると、ある種の薬、情報、保険、出来高契約などの市場はうまく機能する可能性があるにもかかわらず、実際には機能していない、すくなくともうまくはいっていない。これらの特定の市場については、機能しない原因を分析し、解明できるはずだ。

また、あまりうまく機能しないでほしい市場というものも存在する。たとえば、盗品売買市場がそうだ。このような市場がうまくいくと、盗みを奨励することになる。さらに、投票権、交通違反切符、政治的便宜、偽造の検査証明書、誘拐された実業家の市場も、うまくいってほしくない。そもそもこれらのものは、売るべきではあるまい。

誰も私の本を買ってくれなかったら、とりわけ誰かがずっといい本を書いて読者を全部攫ってしまったら、私は愚痴をこぼすだろう。だが「市場そのもの」を非難すべきではあるまい。経済学が主に扱うのは取引であり、取引に関わる人はすべて自由意志による参加者だと私は書いたが、ここに条件をつけておくべきだった。もしあなたが私以外の人の書いた本を買ったら、その取引で私は「影響を受けた」と感じるかもしれない、ということだ。なぜなら、その本ではなく私の本を買ってほしい、と考えるからである。私が売るものをみんながほしがりお金を払う気になってくれること、私が買いたいものをみんながお買い得な値段で売ってくれることを、私は願う。だがこれは、誰かのやったことに抗議するというよりも、成立しなかった取引を空しく望むと言う方が当たっているだろう。

市場が多くの場合にうまく扱えるのは、実際に市場で起きたものの一部にすぎない。しかも市場は、さまざまな活動を効率的に調整する傍ら、所得の再分配をやってのけたりする。漠然とした理由から、あるいは自分が被る影響という具体的な理由から、みんなが大嫌いなあの再分配を、である。市場に感動してほしいが必ずしも称賛するにはおよばないと書いたのは、市場がこんなことをしでかすからでもある（仮に称賛するとしても、無条件に賛成するにはおよばない）。

ではここで、一見すると「市場活動」に見えるが、よく調べるとそうではないものに注目しよう。論点を明確にするために、多くの人がよく知っていて誤解が起きにくいものとして、クリスマスカードの「非市場」を取り上げる。クリスマスカードに関しては、カードを買うための文字通りの市場が存在する一方で、郵便で送るための国家の独占市場も存在する。これに対して私が「非市場」と呼ぶのは、誰にカードを送るか、どんな種類のいくらのカードにするか、いつまでに送るか、メッセージを書くか書かないか、キリスト教徒でない相手に出すか出さないか、といったことを選ぶ行動のことである。個人的に出すカードのほかに、先生から生徒へ、生徒から先生へ、当選した議員から地元の有権者へ、保険のセールスマンから加入者へ、あなたから新聞配達の少年少女へのカードでも、こうした選択を行うことになる。

私の印象では、そして読者にもご賛同いただけると思うが、クリスマスカードを送るのは「双方向の行為」であって、習慣や、相手の期待を見越すことや、相手がくれるかどうかや、去年受けとった(または受けとらなかった)カードや、今年すでに受けとったカードなどに大きく影響される。また言うまでもなく、カードの値段や郵便料金、カードを選んでメッセージを書く労力と楽しみにも影響される。

きっとカードを送ってくるだろうと予想される相手には、こちらからもカードを送る義務を感じるものだ。カードを送ってくれるのは、送った側も折り返しカードをもらえると期待してのことだとわかっている。何年もカードのやりとりが続いているというだけの理由で送ることもある。突然止めたら、相手に余計な気を揉ませることになるからだ。相手のカードを受けとってからあわてて出したと思われたくないので、多くの人が早めにカードを送る。生徒が先生にカードを送るのは、ほかの生徒たちもきっと送ると思うからだ。賢明な人々は、クリスマスカードでお互いにあれこれ悩むのをやめにしたいと内心思っているが、虚礼廃止の取り決めをするのは面倒だとか、そんな手間に時間をかける価値はないと考えているのかもしれない(もしそのような取り決めが成立したら、この人たちは喜びのあまりそれをお祝いするカードを「自由意志」で送り、元の木阿弥になるかもしれない）。

ざっと調べた限りでは、全員ではないにしてもかなり多くの人が、このシステムはなんだか罠のようなものだと考えている。全体としてクリスマスカードをよい習慣だと思う人たちでさえ、すくなくとも部分的にはばかばかしく、不合理で、じつに腹立たしいと感じる。中には、この習慣をそっくりなくしてしまえばいいと考える人もいる。あるいは、ある種の「破産」手続きをとったらよいと言う人もいる。カードの送付先リストをいったん完全消去し、義理やしがらみを排除して、純粋にお祝いの気持ちからほんとうの友人にだけ送るようにすればいい、というわけだ。

こんな具合だから、このシステムが最適の結果に達していると主張する人はいまい。自分が受けとるカードを全員が正確に予想でき、自分が送った相手、送らなかった相手に関してクリスマスシーズンの終わりに悔やまなかったとしても、それが理想の結果かと言えば、そうではあるまい。しかも、この件に関して打つ手はあまりなさそうだ。

だがありがたいことに、それはさして問題ではない。

クリスマスカードの交換は、一見すると「自由市場取引」のように見える。だが「取引」に喩えるのはずいぶんと皮肉だし、「市場」に喩えるのは実態からかけ離れているだろう。ものごとが最適の結果に達しないのは、ごく単純な理由からだ――最適になるべき理由がないのである。個人の対応を同調させ、全体として何らかの成果へと導くメカニズムがどこにも存在しない。

かといって、全体がうまくいっていないから必ず消滅するとは言えない。誰もが同じようにこのシステムを忌々しく思い、なくなってしまえばよいと考えているとしても、カードのやりとりの打ち切りを促すメカニズムもないからだ。

賢い人たちが、惑星の軌道は完全な円だと信じ込んでいた時代があった。天体を観察した結果、円ではないことが議論の余地なくはっきりしたとき、「なぜ円ではないのか」と人々は疑問に思う。そして、完全な円運動を妨げる要因は何か、突き止めようとした。そしてついに、運動と重力の法則に基づけば、円軌道を予想すべき理由はそもそも何もなかったのだ、ということが判明する。これらの法則からすれば、当然予想すべきは楕円であって、円ではなかった。

クリスマスカードの「自由市場」がなぜ最適の交換に行き着かないのかを疑問に思うなら、答はこうだ。市場ではないのだから、最適な結果を期待する理由がそもそもないのである。自由市場がうまく機能しているとすれば、それは、売買可能な商品を、情報が入手可能な状況で、自由意志に基づいて取引しているという特殊なケースである。天体にしても、ごく特殊な惑星に限れば円軌道を描いている。

人為的な市場と部分的な市場

ここで、市場というしくみに関して、但し書きを2つ付け加えておかねばならない。一方はこのしくみの拡大の可能性を、他方は縮小の可能性を示唆する。ひとつは、法や制度を大胆に変えれば、何らかの活動に市場特性を持たせられる可能性が高いことである。たとえば「著作権」という法律的な発明によって、著作物は市場で取引可能な商品になった。樵《きこり》が木を切り倒すそばから誰かがその木を持って行ってしまったら、樵は木を切らなくなるだろう。それと同じで、苦心して書き上げたすばらしい作品を誰でも自由にコピーできるなら、作家は書かなくなる。財産権法は、私があなたの野菜畑から盗んで友達にあげることを禁じているが、著作権法ではこの「財産」という概念を拡大して、あなたの書いたものを私が無断で複製して販売することを禁じている。そうしたかったら、私はまずあなたからその権利を買わなければならない。

　真夏の海があまりに混雑したら、行く気を失う人がいるだろうし、うんざりして帰ってしまう人もいるだろう（残っている人もあまり楽しくないにちがいない）。海岸に所有者がいるなら、入場料をとるしくみを作って入場者数を抑え、入場料収入は所有者の懐に入るようにすれば、より有効活用できるはずだ。あるいは全体として最も楽しめる人数を計算し、その分だけ入場券を配ることも考えられる。ぜひとも海で泳ぎたい人は、泳ぐより金をもらう方がいいという人から入場券を買えばよい。

　こうなったらもはや「自由市場制」ではない。誰か権利を持った人が介入して、運営のしくみを作らなければならないからだ。だがこのしくみは、市場の原理を手本にしている。市場に似たものを作るのは、だいたいにおいてきわめて有用である。だが、何にでもこの方法が使えるわけではない。公共の海岸に来る人には使えても、火事場に群がって消防活動を邪魔する野次馬には使えない。著作権法は、「あんなものに読む価値はない」といった悪意のある噂を防ぐことはできないし、サスペンス映画の結末を言いふらして見る価値を半減させる輩を口止めすることもできない。

　もうひとつは、市場は実際以上の調整効果をもたらしているように見えやすいことである。市場は、社会的な影響を無視しがちだ。たとえば家を探している人に家を提供することに関しては、市場は非常にうまくやっているように見える。だが市場は、家を探している人と住む場所とを引き合わせるだけで、隣人とのマッチングまでは考慮しない。居住地区の人口構成、人種や民族、文化などのパターンは、家・隣人・住む場所を選ぶ相互作用全体を通じて決まるものだが、市場取引が関与できるのは、地主と借家人、大家と店子の関係だけである。

市場は、香水や脱臭剤や携帯ラジオの生産と流通に関しては、非常にうまくやっているように見えるかもしれない。だが、取引参加者が実際に使うか使わないかには、市場は関与できない。

ペット市場は、ネコ市場に紛れ込んだ小鳥愛好家の利害にも、イヌ市場にいる愛猫家の利害にも、動物に邪魔されながら市場の通路を歩く人々の利害にも、関与しない。飼主同士の相互作用や、ペットの訓練・管理・管理不行き届きといった広範な社会現象のうち、ペット、ペットフード、獣医、ときに毒物の市場で取引されるのは、ごく一部にすぎないのである。

本書の守備範囲に属すさまざまな活動の中で、私は「市場制度」のボーダーライン上にある重要な活動のひとつに注目している。それは、結婚である。結婚にまつわるあれこれはさて措くとして、アメリカにおける結婚は、自由に相手を物色できる人同士が取り交わす自由意志による契約関係である。この関係に最も深く関与する当事者は、契約を結ぶ2人だ。どちらも何か補い合うものを相手に提供し、おそらくは経済的な分業が行われる。この関係はいろいろな意味で非対称である。とはいえ、子守り、家政婦、取引先、登山ガイド、家庭教師、パイロット、税理士との関係など、多くの関係が非対称だ。結婚には、長期専属双務契約にいくらか近いが、それ以上の何かがある。法的な位置付けとしては一種の契約関係であり、近年ではその傾向がより強まっている。世俗社会に関する限り、結婚は契約法に喩えてもおかしくない。感傷的あるいは宗教的な理由から、契約関係だと認めるのを拒絶するなら、結婚の重要な特徴を見落とすことになる。

ただし、結婚を単なる私的長期専属双務契約とみなすのは、もっと重要な特徴を見落とすことになりかねない。大金持ちや有名人、あるいは王族でもない限り、結婚はきわめて個人的な動機に基づいている。結婚の選択は、言語、宗教、居住地、教育などに制約されるものの、人が結婚するのは結婚したいからであって、遺伝や文化を考えて計画的に相手を選択するわけではない。それでも全体として見れば、結婚の選択は、次世代の遺伝、宗教、言語、社会経済、地理的分布に多大な影響を与える。生まれる子供は別にしても、結婚それ自体が、言語、宗教、社会的移動性、嗜好・習慣・習俗の分散・集中に影響をおよぼす。また、結婚しないという選択も、同年齢集団の既婚率に大きく左右される。さらに結婚したカップルの人種や宗教の組み合わせは、人々の分離や分居に決定的な影響を与えるし、結婚したカップルの所得水準、職業、スキル、才能、知性、身体条件の組み合わせは、経済的な階層区分や職業の流動性に影響をおよぼす。

結婚の社会的影響がこのように大きいことから、結婚は社会科学の領域で重要なテーマのひとつになっている。結婚がある面で市場プロセスであるということは、結婚が持つさまざまな側面の一面にすぎない。

相互作用的な行動

ではそろそろ、私が扱う種類の社会的行動をより幅広く挙げていくことにしよう。まずはあの講堂の聴衆に立ち戻り、そこから話を拡げていく。講堂の聴衆は、空間的分布の一例である。空間的分布は、講堂のほかにも、海岸やバスの中で人々が散らばっている様子、混雑した劇場から出て来た人たちがたむろして後から出て来る人たちの邪魔をする様子、立食パーティーや大宴会場で人々が群れる様子、集会や暴動や見世物で群集が形成される様子などに見られる。より大きな規模では、居住パターンにも見ることができる。また動いているものでは、野球場で人々が出口に殺到するときや、野球の試合が終わって大勢の車が駐車場から一斉に出ようとするとき、高速道路を走行中の車の間隔、搭乗口に並ぶ人たちや劇場で席を取ろうとする人たちがやって来る時間などにも見られる。

これらの行動を一括りに説明する方法はない。人々はときに近くにいたがり、ときに離れたがる。群集の端にいる人が中に入ろうとして、中にいる人がもみくちゃにされたりする。みんなが中にいたがったら、群集の密集度は高まる。みんなが端にいたがったら、群集は拡散し、群集ではなくなるだろう。

ある種の他人に近づきたがる、あるいは離れたがる人々の行動はさらに複雑だ。人々は、性別、人種、年齢、言語、服装、地位に応じて、また知人や友人のパターンに応じて、くっついたり離れたりする。個人の動機が、全体にとっては予想外の衝撃的な結果につながることもある。

最近になって共学に切り替えた大学や男女別学をやめた多くの大学では、こんな問題が持ち上がる。複数の寮や食堂について男女の割り振りを学生が自由に決めてよいとしたら、最終的な男女の分布はどうなるだろうか。１９７０年代のハーバード大学では、学生寮が12棟あり、学生の3分の1が女子だった。この場合に可能な振り分け方はそう多くない。4棟を女子専用、8棟を男子専用にする。12棟全部に女子を3分の1ずつ割り当てる。8棟は男女半々、残り4棟を男子専用にする。1棟を女子専用、4棟を男女半々、3棟を男女2：1、残り4棟を男子専用にする、等々。

2棟しかないと仮定した場合でも、興味深い結果が得られるだろう。ここでは、寮が2棟ではなく、食堂が2つあると考えてみよう。そしてどちらの食堂も、すし詰めでよければ、学生のほぼ全員を収容できるとする。もし学生が2つの食堂の男女比を見てどちらで食べるか自由に決めてよいとしたら、男女の分布はどうなるだろうか。

最もわかりやすいケースは、男子学生も女子学生も1：1の比率を好み、両者がほぼ同数になるように食堂を選ぶ場合である。ここで、女子が１２０人、男子が１００人いるとしよう。また、女子が先に食堂を選ぶものとし、全員が1：1を好むことを全員が知っているとする。

すると女子は、男子がどちらの食堂でも女子の数に釣り合うように分布すると予想し、すし詰めはいやなので、自分たちは2つの食堂に均等に分かれる。つまりどちらにも60人の女子がいることになる。

次に、男子が入ってくる。最初に4分の3、つまり75人が来る。彼らは、40人と35人に分かれる。

つまりこの時点で、一方には男子40人＋女子60人、他方には男子35人＋女子60人になる。やや遅れて来た男子10人は、両方の食堂を覗いて男女比がすこしばかりちがうことに気づき、１：１に近い方を選ぶ。その結果、一方は男子50人＋女子60人、他方は男子35人＋女子60人になる。男女比のちがいはいよいよ鮮明になったわけだ。そこで次に来た男子10人は、明らかに１：１に近い方を選び、一方は男子60人＋女子60人の１：１になり、他方は男子35人＋女子60人となる。最後の５人も１：１を選ぶので、最終的には一方は男子65人＋女子60人、他方は男子35人＋女子60人になる。

さてここで、女子の多い食堂にいる男子は移ってもよいとしよう。すると、10人ほどが席を立つ。いまいる方は男女比がほぼ１：２になっているが、別の食堂の方が１：１に近いからだ。こうして10人が移ると、一方は男子75人＋女子60人になり、１：１からさらに遠ざかる。他方には、男子25人＋女子60人が残される。すると、これでは１：３も同然だというわけで、また男子が席を移る。あちらの方が５：４で、まだ１：１に近いからだ。こうして15人が移ると、残された男子は10人になり、こちらの食堂の男女比は１：６になる。一方、混んできた食堂の方は、男子90人＋女子60人になる。そこで最後の男子10人も混んでいる食堂へと移動し、最終的にはそちらは男子１００人＋女子60人になる。

以上をおさらいすると、１：１を好んでいたはずの男子学生は、最後は男子１００人＋女子60人という結果を招くことになった。女子学生の半数は、１・６：１と男子がひどく多い食堂で、残り半数は男子が１人もいない食堂で食事をすることになる。

ここで強制的に男子40人を女子だけの食堂に移動させたら、男子全員がどちらも１：１にまずまず近くなったこの比率に満足し、女子全員も満足するように思われる。だが移動させられた40人は、元に戻りたがる。男子の多い食堂の方がより1：1に近く、魅力的だからだ。そんなことをすれば、男女双方にとって男女比が思わしくなくなるにもかかわらず、である。

すると最後は、男子のいない食堂に残っていた女子も席を移ると言い出し、全員がひどく混み合った食堂で食事をすることになる。

このかんたんな例（偶然にも「均衡分析」の事例である）を挙げたのは、結論を導き出すことが目的ではない。あくまで読者の好奇心を刺激することが目的である。居住地区や集会や職場や結婚では、人々が近づいたり離れたりする現象が広く見られる。後の章では、年齢、所得、性別、人種、言語などに基づいて人々が混ざり合ったり分かれたりするプロセスを取り上げることにしたい。

結婚は、いま論じている現象の一例としてすでに取り上げたが、ここでいくつかの特性を付け加えておかねばならない。結婚する年齢や結婚相手との年齢差は、他の人が結婚する年齢に影響されることだ。また離婚や、再婚の見込みは、ある年齢層の離婚率が高いかどうかに左右される。とくに、離婚者がやはり離婚者と再婚する場合には、離婚率が高い方が離婚後の見通しは有望になる。

言語は、ほぼ完全な適応行動の表れだと言ってよい。ある人が何語を話すかは、どの言語と出会うか、とくに家族の中でどの言語が話されているかによって決まる。だが2カ国語が話される国や地域によって言語がちがう国、たとえばカナダ、フィンランド、スイス、古い時代のイスラエル、あるいはアメリカなどはどうだろう。これらの国に見られる言語の集中と分散の傾向は、学校、政府、放送や標識などにある程度は誘導、刺激、束縛されているとしても、個人の決断や反応の結果だと考えられる。アクセント、文法、語彙は、さらに個人の選択に委ねられる面が大きい。スラングはその代表例である。

さまざまな分野の研究者は、その分野に固有の術語の発展過程を調べることができるだろう。術語の中には、定着するものとしないものがある。当座の急場しのぎに使われた言葉が、誤用だと指摘される前に真似され定着することがある。あまり的確でないと思いつつも、より適切な術語を考えるのが面倒でとりあえず使ってしまうことが繰り返されるうちに、大勢の怠慢により不適切な術語が定着することもある。かつては正確な意味だった術語が、広まるにつれていい加減に使われるようになり、正確な意味を失うこともある。稀には、まさにニーズに適ったどんぴしゃりの言葉が発見され、広く愛用されて定着することもある。ぜひ読者は神経を研ぎすませ、正しい言葉、まちがった言葉、見苦しい言葉に注意して読んでほしい。

言語と同じく情報伝達システムも、誰からも管理されない個人の行動の結果としてできあがったものである。たとえば、恋愛や料理や園芸や車の修理などについての噂やおしゃべり、ニュースや情報・誤報の拡散、ジョークやネタや都市伝説の流布、ゲームや紛争解決のルールなどがそうだ。この伝達システムに参加する人は、誰もがシステムの一部となる。人々の参加がシステムを維持し、修復し、変化させ、ときには衰退や崩壊を招くのである。人々は、株式市場や競馬の耳寄りな情報や、どこで安く買えるか、どの映画を観るか、行きつけのレストランはどこか、どうやってお巡りから逃れるか、誰とデートするか、誰が力を貸してくれるか、といったことを伝え合う。このとき人々は、2つの関連する役割を同時に果たしている。すなわちネットワークを介して情報を広めると同時に、ネットワーク自体を機能させている。

情報ネットワーク、人種の分離、結婚、言語の発達などは、往々にして重なり合い、互いに連動する。小売店やタクシー会社やモーテルの従業員を見ると、均質であることが多い。アイルランド人であれ、イタリア人、キューバ人、プエルトリコ人であれ、あるいは白人または黒人であれ、プロテスタントまたはカトリックであれ、均質であるということは、何らかの目的や設計の存在を示唆する。だが決定因は情報ネットワークである可能性が高い。空きポストに採用されるのは、空きポストが出たことを知っている人だ。空きポストが出たことは、その会社で働いている知人から教えてもらった。その人と知り合ったのは、同じ学校出身だから、近所に住んでいるから、家族を介して、教会あるいはクラブが同じだから、といった具合である。しかも以前からいる社員による推薦は、新規採用者が望みうる最善の保証に近い。

ここで少々脱線して、私がかつて経験した分離の例をお話ししたい。誕生日のイベントとして、私は子供たちを連れてよくレッドソックスの試合を観に行っていた。すると2度目、3度目に私はあることに気づき、4度目、5度目にも同じ現象を確認した。それは、同じ区画に坐っている人々が、みな驚くほど私たちによく似ていることである。肌の色も、アクセントも、ふるまいも、着ている服も、だ。観覧席には何も区別はなく、料金は均一である。だから、野球観戦に払える金額の同じ人だけが集まったわけではない。野球場にはチケット売り場が10個あって、そこに並んでいる人たちは年齢も人種も性別もまちまちだし、きちんとした人もいればだらしない人もおり、騒がしい人もいればおとなしい人もいる。それなのに、私たちの周りに同じような人ばかりがいるのはどうしたわけだろう。

理由がわかるまでには何年もかかった。誕生日のイベントだから、私はいつも前もってチケットを買っていた。買うのは、地下鉄のハーバードスクエア駅の売り場である。大方の人は連れと一緒に坐りたがるし、チケット売り場には最初はひとまとまりの席が用意されているものだ（やがて虫喰いのように妙な具合に空席が残るだろう）。だから私は、同じ区画のチケットを、それも事前にハーバードスクエア駅で買った人たちと、一緒に坐ることになったのである（私の話はここで終わりだが、同じ地区に住み同じコインランドリーを使っている若い2人にはロマンスが生まれたようだ）。

さて、社会的な行動の例を続けよう。ここには、礼儀、作法、社会的地位、階層のシステムも含まれる。また、「路上での行動」も社会的な行動である。路上に繰り出す、脇に避ける、前ばかり見て歩く、立ち止まって挨拶する、道を尋ねる、煙草の火を借りる、時間を聞く、小銭をねだる、武器を携行する、等々。群集や暴動の形成、パニック行動、交通の規則や慣習、人々がお互いを認識するための記号や記章もそうだ。さらに、生活様式や趣味、髪型や化粧、服装やアクセサリー、飲食のパターン、休憩や夕食前の一杯、煙草、マリファナ、ゴミのポイ捨て、信号無視の道路横断、法律を守るか守らないか、誰かが困っているときに近づいて行って助けるか助けないか、なども社会的行動に該当する。

これらの行動すべてが何らかの単一のメカニズムに基づいていると言うつもりは毛頭ない。まったく逆である。人々は、みんなと同じがいいと思うときもあれば、同じはいやだと思うときもある。

大勢で法律違反を犯したり、信号を無視したり、マリファナを吸ったり、二重駐車をしたりすることもある（違法駐車をする車が多すぎたら、警察官としては全員に違反切符を切るわけにはいかない）。大勢がどっと押し寄せて、せっかくのイベントが台無しになることもある。犯罪を自白する必要に迫られ、それに対する刑罰次第で運命が変わることがある。自分より年上、自分より金持ち、自分より地位が高い人、自分よりブリッジやテニスがうまい人と付き合いたいときもあれば、自分が年上で、金持ちで、地位が高いことで満足するときもあるし、大勢の中間あたりが心地よいと思うときもある。誰もがタイムズスクエアの群集をテレビで観たいと思ったら、タイムズスクエアには誰もいない。誰もが群集に加わってテレビに映りたいと思ったら、テレビを観る人はいなくなる。

次の第2章では、ある特殊な興味深い行動パターンを取り上げる。それは、全体を形成する個人の行動がどうあれ、全体として必ず実現される特徴を持つパターンである。その代表例が椅子取りゲームだ。子供たちがどれほど油断なく敏捷であっても、音楽が止まった瞬間に必ず1人は椅子に坐れない。ポーカーもそうだ。プレーヤーがいかに抜け目なくやっても、勝者の取り分と敗者の失う分を足せば必ずゼロになる（負けた方が一杯おごるならマイナスだ）。カナダのコインを他人に払ってしまえば自分の手元からはなくせるが、全員の手元からなくすことはできない。また、生徒の10分の1はどうがんばっても必ず下位10％になる。ボストンで黒人の隣に住む白人の数と、白人の隣に住む黒人の数は、等しい。ただし、「隣に住む」「ボストン」「黒人」「白人」の定義を厳密に統一すること、同時に両方を数えることが条件である。

第3章では、これらのプロセスを分析するときに社会科学者が使う一般的な行動モデルをいくつか取り上げる。行動のメカニズムは多種多様であり膨大な数に上るが、その中には広い範囲の行動に繰り返し現れるものがある。それらのモデルには固有の名前がついている（ここには、私が以前に論じた「ネーミング現象」が反映されている）。「予言の自己実現」、「クリティカル・マス」、「共有地（コモンズ）」、「レモン市場」、「加速度原理」などだ。本書の目的がまだよくわからなかった読者にも、第3章をお読みいただけば、テーマが明確になるだろう。この章では、このゆたかで複雑なテーマに取り組むために開発されたモデルに注目し、その有用性をあきらかにする。

第4章と第5章では「選別と混合」を扱う。人々が離れたり混ざり合ったりするプロセスを検討しながら、その分析手法をくわしく論じる。誰と付き合うか、誰と暮らすか、誰と仕事をするか、誰と遊ぶか、誰と食事をして誰と飲むか、誰の隣に坐るかといった選択は、きわめて相互作用的で相互依存的だ。第4章では人種、肌の色、性別、言語などの離散変数を、第5章では年齢、所得、技能レベルなどの「連続」変数を取り上げる。続く第6章では、子供の性別の選択など、まだ可能ではないが、これから可能になるかもしれず、かつきわめて相互依存度の高い選択を論じる。

そして最後の第7章で、それまでの章で論じたアイデアから理論を組み立てるやり方を示す。この章は他の章より厳密である。この章の図を読み取ることは、設計図を読むのに似ており、ほとんどの人にできるだろう。ただし真剣に臨まなければだめだ。この章で扱うのは誰にとっても意味のある広いテーマだが、このテーマに取り組むのに近道はない。読者が最後の章と格闘して征服しようという気になるほどの好奇心と関心を、それまでの章が十分にかき立ててくれることを切に望む。始めの6つの章では、第4章の終わりにあるいくつかの図と第5章に掲げたごく初歩的な数式を除けば、どんどん読み進むことができると思う。ときおり一息つく必要があるとしても、それは勉強し直すためというよりは考えるためだろう。だが第7章を読むときは、すぐにわかると期待したら落胆することになる。図を読んで理解するのは、外国語の学習といくらか似ており、辛抱強くやらないとうまくならない。経済学などの図表に慣れている人でも、第7章の図には手間取るだろう。慣れていない人は、もっと時間がかかるかもしれない。第7章の大半は読んですぐわかるようには意図していないことを最初に知っておくと、すこしは慰められると思う。

第2章　椅子取りゲームの数学

電話は、ある人の行動が別に人の行動に影響をおよぼす活動の代表例である。かかってきた電話から、別の電話をする必要が生まれたり、返事をする必要に迫られたりする。電話の内容を別の人に教えてあげようと思うこともあるだろうし、電話から取引が始まることもあるだろう。おそらく読者は、ここ数日の間だけでも、かかってきた電話をきっかけに自分から何本かかけたことがあるにちがいない。

この行動は調べることが可能だ。そして調べてみたら、かかってきた電話に応えるケースの多い人と、自分からかけるだけのケースの多い人がいることがわかるだろう。つまり、受けるよりかける方がずっと多い人もいれば、かけるより受ける方が多い人もいる。となれば、かける回数と受ける回数の比率で人間を分類することもできそうだ。

一国全体でこの比率を計算することもできる（通話相手からのデータ収集が困難なので、国際通話は除くことにする）。「かけた電話」と「受けた電話」の定義に関して明確にすべき点がいくつかあるものの、次の2つの理由から、比率は容易に求められる。第1に、電話会社は記録をとっていると考えられる。第2に、電話会社のデータは必要ない。というのも、ある人のかけた電話と受けた電話が完全に同数になることは、よほどの偶然以外にはまずないが、全体としては、かけた電話の数と受けた数は等しくなるからだ。

まちがい電話は、受けた電話としてカウントするのか、かけなかったことにするのか、注意しなければならない。また、クリスマスに祖父母にかける電話は、まとめて1回とカウントするのか、その都度カウントするのか、両方の側で統一する必要がある。受けた電話を内線に切り替える場合に1回とするのか2回なのかも、統一が必要だ。これらの定義を明確にすれば、閉じた系の中にいる全員の受けた電話とかけた電話の数は等しい。

クリスマスカードも、電話と同じ現象を示す。ただし、カードを送る行為が返事を促すという点で、動機はいくらか異なる（私はときたまタクシーを呼ぶために電話をするが、タクシーの側から私に電話してくることはない。一方、私がカードを送った人の大半は、私にカードを送ってくれる。もっとも、最初に送ったのがどちらの側かは、だいたい忘れているが）。カードの中には、返事が来ないものがある。もう出さないと決めた相手から来るカードもある。受けとるより送る数が多い人もいれば、送るより受けとる数が多い人もいる。どちらの人の方が多いだろう。返事をくれない人に出したカードと、送らなかった人から予想外に来たカードのどちらが多いかは、もちろん人によってちがう。だが、郵便システムの中にいる全員にとっては、両者は等しくなるはずだ。返事と対になっていないカードはどれも、誰かが送った（が、返事がなかった）のであり、誰かが受けとった（が、返事をしなかった）のだから。

　電話やクリスマスカードのやりとりに何か重要な意味があるのか、と思われた読者もおられよう。こんなふうに本章を始めた言い訳として、ある種の重要な行動がこれと同じ特徴を示すこと、電話のような慣れ親しんだ状況の方がその特徴を理解しやすいことを挙げておこう。ただし、受けた電話とかけた電話の数が等しくなることが電話という行動の特徴だと言ったら、それは正しくない。なぜなら、等しくなるという観察結果は、実際の行動とは何の関係もないからだ。人々がどう行動しようと、たとえば絶対に電話には出ない、日曜日には電話をしない、折り返し電話すると約束してかけない、電話で聞いた話をそっくり別の人に教える、といった行動をとろうとるまいと、またタクシーや救急車の派遣を求める電話が何回あろうと、選挙運動の際に電話を受けた5人が別の5人に電話する方式が採用されようとされまいと、ともかくも全員を足し合わせれば、受ける電話とかける電話の回数は等しくなる。個人の行動とは関係がない。

　観察結果と関係があるのは、電話のしくみの方である。適切に定義された通話には、1回ごとにかけた側と受けた側がいる（本章の目的に関する限り、「適切に定義された」とは、両者の不一致を排除するように定義されている、という意味にすぎない。内線電話の配線計画など他の目的であれば、別の定義が有効になるだろう。その場合には、かけた数と受けた数がちがうこともありうる）。電話をかけることと受けることは区別されており、料金請求の目的からすれば、「かけた電話」と「受けた電話」は同じではない。とはいえ理想的な記録方式は、複式簿記のように1本の通話をかけた電話と受けた電話に分けて各欄に記入することだ。こうすれば、2回にカウントする「運用上の定義」と等しくなる。

この電話の例は、ある重要な命題群を考えるヒントになる。それは、全体には当てはまるが個には当てはまらず、かつ個々人の行動とは無関係に全体には当てはまるという命題である。この種の命題は、行動の閉じた系には当てはまるが、個々人の行動には当てはまらず、必然的に、母集団より小さい集団にも当てはまらない。命題の中には、説明するまでもなく自明のものもある。「ボストンでは、サイズ8・5の左足のスニーカーとほぼ同じ数だけ右足のスニーカーがある」というのはその一例だ。「アメリカ全体では、盗んだ自転車に乗っている人の数は盗まれた人の数に近い」というのもそうだが、これは先ほどの例より少々わかりにくいかもしれない（盗んだ自転車を輸送中である、盗んだときに自転車が壊れた、盗んだ後でだめになった、盗んだ自転車を盗まれたなど、両者の数が一致しない原因をはっきりさせれば、命題はより正確に記述できる）。

社会科学の中でも経済学では、このように個別の例からの一般化が重要な役割を果たす。それは経済学が、価値が等しいものの交換を主に扱うことと関係がある。私が自転車を買うとしよう。私は自転車を手に入れて150ドルがなくなる。自転車屋は自転車がなくなって150ドルを手に入れる。自転車屋の主人は、そのうち90ドルを次の自転車の仕入れに、40ドルを家賃、給料、電気代などに充てる。そして20ドルが利益として自転車屋のものになる。仕入れに支払われた90ドルは、さらに部品、組立工場の賃金、賃貸料、電気代などに充てられ、電気代は燃料、人件費、発電所建設に伴う借入金の金利、配当、税金などに充てられる。こんな具合に他の項目についても内訳を調べることが可能だ。こうしてすべての項目を調べ上げて会計報告をしようとすると、私が自転車に支払った150ドルから生じる利益（所得税・利益課税・社会保障給与税を含む）を150ドルになるまで足さなければならないことがわかる。

利益を150ドルになるまで加算「しなければならない」理由や、重要な会計項目に関する利益や税金の定義は、国民所得計算を勉強したことがないと、いくらかわかりにくいかもしれない。私としては、少々わかりにくいことを望む。というのも、この種の命題の多くは一見してすぐわかるものではない、というのが私の主張だからだ。中には、一見どころか何度か見直さないと理解できないものもある。

経済学では、所得と成長、通貨供給量と信用、インフレ、国際収支、資本市場、公的債務の分析にこうした「会計報告」の類いが欠かせない。これらの数字は（分析目的でデータを収集する人に比べると）、実際に経済活動に従事している人にとっては、往々にして把握しにくい。

この状況は、別々の部屋にたくさんの椅子が置かれて大勢のプレーヤーが繰り広げる椅子取りゲームに似ている。人々は個別に行動しており、気づかれないうちに椅子が取り除かれたり、新しいプレーヤーが加わって新たな椅子が追加されたりする。プレーヤーにわかっているのは、すばやくやらないと、音楽が止まったときに坐る椅子がなくて退場させられてしまうことだけだ。だから誰もがせかせかし、のろくさい人がいると苛立つ。椅子の数が人の数より少ないことがつねに頭から離れないからだ。いかにうまくやろうと、音楽が止まったときに必ず何人かは椅子なしになること、どれほど俊敏でも、椅子なしになる人数は変わらないこともわかっている。椅子なしの人を退場させたとき、椅子を減らすのではなく退場者と同数のプレーヤーを加えていけば、退場までにプレーする平均回数を計算することができる。椅子取りが非常にうまくて最後まで退場させられないプレーヤーがいようと、初回で姿を消すプレーヤーがいようと関係なく、平均は数学的に求められる。

経済学で主に扱うのは、他の多くの社会科学同様、フィードバック系である。フィードバック・「ループ」は、系の一部分のアウトプットが別の部分のインプットになってループ状につながっていく状態を指し、人々がどう行動するかとは関わりなく維持される関係性の代表例である。私たちは、自分のお金を使わずに、みんなが金持ちになることはできない。これは、クリスマスに、誰もがもらったプレゼントより安いものしか人にあげなかったら、誰もあげたプレゼントより高いプレゼントをもらうことはできないのと同じである。

クリスマスカードのようにわかりやすい命題が、ときには忘れられてしまうようだ。たとえば、ある日の株式市場が「売り一色」、「買い一色」などと表現されるときがそうだ。買う人がいないときに株を売ることはできない（持っていない株を売るときも、である）。また逆に、売る人がいないときに株を買うこともできない。「売りの波」という表現は、何かを意味してはいるのだろう。だが「波」と呼ぶかどうかはともかく、同じだけの買いが入らない限り、売りの波は来ないことを忘れてはいけない。

用語の定義

これから、個人の行動とは無関係に全体に現れる「ふるまい」についての命題をさらに取り上げ、結婚や子供を持つかどうかの選択、住む場所や仕事選び、引っ越しや退職の決断について考えるヒントになることを示したい。だがその前に、命題の枠組みについて述べておく方がよいだろう。

命題を記述するとき、すくなくとも記述しようとするときは、何かしら自明の要素、数学的には「恒等式」と呼びうる要素が含まれることに注意されたい。恒等式は、どんな数値でも成り立つ等式である。たとえば $(a+b)(a-b)=a^2-b^2$ という式は、a と b が何らかの数値であるときに成り立つのではなく、a と b がいかなる数値であっても成り立つ。すなわち無条件に成り立つ式である。だから、a と b に何らかの数字を代入してこの式を証明することはできない。また一方の辺は、標準的な操作で別の辺から導き出すことができる。これを言葉で表現するなら、よく言われる「定義からして成り立つ」ということになる。もうすこし正確に言うなら、「定義や公理や仮定から論理的な操作によって導き出せる」という表現になる。

ときには、定義からして成り立つ命題、すなわち事実がどうあろうと無関係に成り立つ命題、あるいは考えうるあらゆる事実と両立可能な命題が、何の情報も伝えていないこともある。たとえば、「アメリカの住宅の居住空間（容積）は、床面積に平均天井高をかけたものに等しい」という表現は、容積の定義を思い出させる以外、ほとんど意味がない。

私がここで取り上げる命題は、定義に左右される面がある。とはいえそれは、実証データに基づいて組み立てられた命題も含め、ほとんどの命題に共通することだ。次の命題を考えてみよう。「都市部の世帯では、平均的に、所得が増えるほど支出に占める住居費の比率は減る」。この命題は、もし成り立つとしても、「定義からして成り立つ」とは言えない。成り立つかどうかは、「所得」「住居」「都市部の世帯」をどう定義するかに懸かっている。この命題を数式で表した場合には、とくにそう言える。まずここでは、「住居」とは本宅だけか、別荘も含めるか、ホテルでの滞在、学生寮や車庫はどうするか、土地も含むか、建物だけか、家族が居住する部分だけか、間借人に貸している部分も含めるか、また住居費には電気代・ガス代も含めるのか、純然たる住居費のみか、などを定義しなければならない。また持ち家の場合、「支出」に固定資産税や仮想賃貸料を含めるか、「所得」に仮想の「賃貸収入」や売却益を含めるか、などの定義も必要だ。働いている子供や祖父母が生計を共にする場合、それを「家族」に含めるのか、祖父母が年金を受給している場合、それを「所得」に含めるのか、といったことも注意深く定義する必要がある。このほかにも定義すべき点は多々あるだろう。一般に、よい定義であるほど命題は成り立ちやすい。さしあたっての目的は、行動に興味深い規則性を見つけることであるから、統計学的に妥当な命題を生み出す定義が「よりよい」定義となる。

本章で取り上げる命題群には、別の種類のものもある。たとえばある地方自治体にとって、「都市部の世帯の住居に割り当てる支出は、それに引き当てるために獲得した収入の総額に等しい」を考えてみよう。こちらも、「収入の総額」を注意深く定義するほど、成り立つ可能性が高くなる。

そのためには、住居支出の領収書について最終受領者や請求者別に明細を出すのと同じように、収入の明細も調べ上げる必要がある。修繕保守費や地方自治体の固定資産税「収入」を見落としたり、電気料金を「収入」から除外したりする一方で、「支出」には含めたら、命題は成り立たない（同様に電話の命題も、天気予報にかけた電話を1回とカウントし、受けた電話はゼロとしたら、成り立たなくなる）。

どちらの種類の命題も、等式の両辺について、すべての項を適切に定義することが肝心だ。この2種類の命題は、次の点で異なる。前者では、等式の両辺すなわち命題の2つの項が、提示された関係性（所得に占める住居費の比率は、所得が増えるほど下がる）を論理的に必ず成り立たせるという保証はない。後者では、命題（住居支出は、それに引き当てるために獲得した収入に等しい）が成り立つかどうかは、あらゆる可能性を洗い出して条件と照合することが決め手となる。また、住居費の比率が上がったら、他の項目の比率は必ず下がることを証明するために、食費など他の項目の支出をいちいち調べる必要はない。同じ理由から、あらゆる死亡に原因がある限りにおいて、死亡原因の中で結核が減少したら、他の原因の合計は必ず増える。

とはいえ命題にとって重要なのは、その妥当性が定義次第であるにしても、ともかくもそれまで私たちが知らなかったことを語っているかどうか、ということだ。あるいは、誰か（その誰かは定義のことなどよく考えないかもしれない）にとって、その人の知らなかったことを語っているかどうか、ということである。この点に関しては、誰でも自分で判断できる。ある命題が、あなたの知らなかったこと、あなたが経験していないことを教えてくれるなら、あなたは一歩前進したことになる。なぜならその命題を通じて、あなたは世界について何かをひとつ知ったことになるからだ――たとえそれが、実証的に裏付けられた科学的事実として普遍化することはできないとしても。たとえば、死亡原因に占める非感染性疾患の割合が50年前より増えたのは、感染性疾患による死亡が減ったからであって、必ずしも他の病気の死亡率が上がったからではない。このことをもしあなたが知らなかったとしたら、この命題に注意を払ったおかげですこし賢くなったわけである。こんなことも知らなかったのかと、少々いまいましく感じるかもしれないが。

多くのなぞなぞは、答を出すのに必要なデータをちゃんと公開していないように見える。しかしじつは、何かカギとなるヒントがあって、それが何なのかはっきりしないことがポイントだ（なぞなぞがおもしろいのは、答がわかってみると、そのカギが拍子抜けするほど「わかりきっている」からである）。

たとえばここに、ジンの入ったグラスとベルモットの入ったグラスがある。ジンのグラスからスプーン1杯をとってベルモットのグラスに移す。次に、ベルモットにジンが混ざったグラスからスプーン1杯をとって最初のグラスに戻す。では、いま、量が多いのは、ジンのグラスに混ざったベルモットか、それともベルモットのグラスに混ざったジンのどちらだろうか。

ボートを漕いでいる男が、コルク栓をした瓶を川に落としたことに気づかずに川上へ向かって漕ぎ続けた。30分後に落としたことに気づき、ボートを方向転換して同じペースで川下へ向かって漕ぎ、ちょうど堰の直前で瓶を拾い上げることができた。川の流れが時速2マイルとすると、瓶を落とした地点は堰より何マイル川上だろうか。

16フィート四方の床に2×1フィートのタイルを貼りたい。この場合、必要なタイルは128枚である。ただし、北東の角1フィート四方と南西の角1フィート四方は、暖房の配管や電気のコンセントのために貼り残す。2カ所の角を合計すればちょうど2平方フィートとなり、タイル1枚に相当するので、127枚のタイルで済ませたいところだが、そのためにはどんなパターンで貼ればよいだろうか。そもそも127枚で済ませることは可能なのだろうか。

すこし考えても答がわからない読者のために、この章の終わりにヒントを記しておいた。経験からすると、答のわからない人は大勢いる。本章の始めに掲げた電話の命題にしても、必ずしもわかりやすいとは言えない。もっと的を絞り込み、たとえば男女間で取り交わされる長距離通話に限定したら、ますますわからなくなるだろう。学生を長年教えてきた経験から言えるのは、経済学における最も基本的な「会計等式」は初学者にはわかりにくいし、文字で書かれたものを見てもよくわからない。ポーカーで勝者の取り分と敗者の失う分が等しくなることと同じだとか、カナダのコインをさっさと他人に押し付けても、全員の手元からなくすことはできないのと似ていると理解するまでには、注意深く学習しなければならない。

多くの命題が、成り立つかどうかすぐにわからないのはこのためだ。要するに命題の言っていることは、そこで扱われている事柄についての人々の実際の経験と対応していないのである。同じ日のうちに期限の過ぎた保険料を払い、銀行ローンの返済を完了し、月賦で買ったカラーテレビの最後の払い込みを済ませた人は、このうちどれがアメリカの通貨供給量を減らしたのか、たぶん知らないだろう。銀行も、テレビの販売店も、おそらく知らないはずだ。自分がクラスで上位半分になれるような大学または履修科目を選ぶ学生は、もし全員が同じことを試みたらどうなるか、考えてみようともしない。床屋に平均よりちょっとだけ多いチップをやろうと考えているお客も、である。また大方の人は、次のような問題を解く必要を感じたことがないだろう。「必ず男女が互い違いになる、カップル同士が隣同士になってはいけない、ホストとホステスはテーブルの短い辺に分かれて坐る」という条件の下で、長方形のテーブルに何組のカップルが坐れるだろうか。そして「人口が年3％ずつ増えている国で、男性が4歳年下の女性と結婚するとしたら、適齢期の女性の数は男性を12％上回らなければならない」などということは、ほとんどの人が（結婚式場で働く人も）考えたこともあるまい。さらに、大多数の人は、インフレが購買力を低下させることは知っていても、自分の給料が上がれば、それは他の誰かにとってインフレとなり、すくなくとも一部が打ち消されることは考えようとしない。

命題は、全体にとってのみ成り立つ場合や、取引の両当事者を考慮したときのみ成り立つ場合が多い。だがたいていの人は、取引の一方の当事者しか経験しない。あるいは、他人を出し抜こうと焦っていて全体を見る余裕がない。世の中にはいまだに有料道路や有料橋というものが存在し、そこを通過する車のほとんど全部が行ったきりではなく帰ってくるにもかかわらず、上りと下りの両方で料金を徴収する。だがこのやり方だと、コストも2倍かかるし、渋滞も2倍になる。

2つの母集団からのペアリング

互いに補集合を形成する母集団からペアを形成するケースを考えるときには、いくらか数学の助けを借りなければならない。そうした例で最もよく見かけるのが結婚である。男女がほぼ同数で寿命にもそれほど大きな差のない自然な人口構成においては、一夫一婦制は結婚の確率を高めると同時に、男女両性に均等に機会を与える点で、結婚に有利に働く。

一夫一婦制をとる母集団において重要な事実は、未婚の男女の人数差は、母集団の男女の人数差に等しいことである。結婚年齢（男女でほぼ重なるとする）の男女を数えたら、母集団が一定であれば、男女の差（パーセンテージ）は、その年齢層における平均余命の差（パーセンテージ）に等しくなる。[1] 女性の方が長生きするか、女性の方が早く結婚する場合には、いずれ女性が余ることになる。そしてそれと同数だけ、未婚の女性が未婚の男性より多くなる。女性の結婚開始年齢を17歳、余命をその後60年とし、男性の結婚開始年齢を21歳、余命をその後50年としたら、一定の母集団に占める成人女性の数は、6：5で成人男性より多くなる。男性の5分の1が結婚しないとしたら、女性の3分の1が結婚しないことになる。アメリカの場合のように、女性が男性より3年早く結婚し、7年長く生きるとしたら、女性が離婚後または夫の死後生きる年数は男性より10年長生きするとなれば、アメリカの結婚の慣習は寿命とずれていると言えそうだ。女性は男性より長生きするうえに、男性より若くして結婚するため、長く寡婦として生きることになると予想される。女性か

(1) 正確には、そうではない。アメリカでは、男の赤ちゃんの方が女の赤ちゃんより5％多く生まれる。しかし若い男性の死亡率は若い女性より高いため、25歳になる頃には、両者の差は3％未満に縮まっている。したがって本文の記述は、実際にはもうすこし複雑になる。

男性が別の人生を好むかどうかは定かでないが、もし好むとすれば、現在の差を縮め、さらには逆転させるにはどうしたらいいか、算術的に考えてみることができる。ここでは、一定の母集団における初婚のみを取り上げ、夫と妻の結婚年齢の差を10年以内にゼロにするとしよう。ゼロになった後は、すべてが同期するはずだ。すなわち、男性は女性と同時に結婚年齢に達するので、パートナー探しはかつてと同じように容易になる。だがその過程では、3年分のミスマッチが生じる。男性が早く結婚するか、女性が遅く結婚するか、あるいはその両方を行わなければならない。男性が3年早く結婚する場合には、10年間で13年分の男性が結婚することになる。しかし女性の数は変わらないから、過剰に供給された3年分の男性は結婚できない。女性が3年遅く結婚する場合には、女性は10年間で7年分しか供給されず、しかし男性は10年分いるため、やはり3年分の男性が結婚できない。どんな組み合わせにしても、同じことになる。

この計算は、結婚のみならず、2組の物体や個人のフローが同期している状況で、位相のずれが起きた場合すべてに当てはまる。

結婚の例では、寡婦が寡夫より多くなった。ということはつまり、男性に釣り合わせる女性はいることになる。しかし25歳の男性と70歳の女性はお互いにいやだろう。となれば、未婚男性の年齢分布における3年分の余剰は50年ほども続くことになる。

いや、必ずしもそうとは言えない。なるほど、誰もが早く結婚し離婚がめったにないなら、この3年分の余剰男性は失われた世代となるだろう（ちょうど若い男が戦争にとられた国の女性のように）。だが離婚があり、また誰もが若くして結婚するわけではないとすれば、どの年代にも未婚の女性がいくらかはいることになる。となれば、若い男性が年上の女性と結婚するケース、年長の男性がさらに年長の女性と結婚するケースも出てくるだろう。なにしろ3年分の男が余っているのだから。このように、位相を3年ずらすことは、結婚可能な男性3年分を未婚のままにするか、または年上の女性と結婚させることになる。しかし、若い男性を若い女性と結婚させることはできない。3年分の供給過剰は、どこか別のところで埋め合わせるしかないのである。ちょうど、サマータイムのために早めた1時間を最後はどこかで調整するように。

ペア形成の算術は、人種や異言語にまたがる結婚にも適用できる。人種、民族や言語のように家族の中でほぼ均質な特徴に関する限り、その特徴を備えた母集団における初婚年齢の男女の数はほぼ同じと考えられる。外部の相手と結婚する男女の数に差がある場合、たとえば英語を話す男性がフランス語を話す女性と結婚する機会（すなわちフランス語を話す女性が英語を話す男性と結婚する機会）は多いが、その逆（フランス語を話す男性が英語を話す女性と結婚する機会）は少ないとしたら、どれほど大勢が結婚しようと英語を話す国では未婚女性が、フランス語を話す国では未婚男性が余ることになる（外国に派遣された軍隊ではこのようなことが起きる）。

集団にまたがる結婚をすべて考慮すれば、定義からして（一夫一婦制とし、母集団には白人と黒人しかいないとする）、黒人と結婚する白人の比率と白人と結婚する黒人の比率は、母集団の反比になる。アメリカの現世代では、黒人は白人の8分の1なので、白人と結婚する黒人の比率は、黒人と結婚する白人の比率の約8倍になる。白人と黒人のカップルが何組誕生しようと、これは変わらない。

2つの母集団の分布比

結婚はペア形成の特殊なケースであるが、2つ以上の施設や部屋で2つの母集団の比率をどうするかという問題には私たちはひんぱんに遭遇する。ひとつの例として、寮が12ある大学で、母集団の4分の3が男子学生であるケースを考えてみよう。組み合わせを考えるに当たっては、数値的制約を1つ設けるものとする。たとえば全部の寮の男女比を同一にするなら、3：1だけが可能である。女子学生を必ず男子学生の半分にするなら、分け方は1通りしかない。6つの寮を半々に、残り6つは男子のみにすることだ。2つの寮を女子のみにするなら、他の寮に共通する男女比は必ず平均9：1になる。2つの寮を男女半々にし、2つの寮を女子のみにするなら、等々。この原則は、新入生、黒人学生、既婚学生などの集団についても当てはまる。黒人学生が全学生の12分の1だったら、全員が1つの寮に入る、2つの寮を黒人・白人で半々にする、4つの寮で黒人と白人の比率を1：3にすることなどが考えられる。白人学生全員が12の寮で平均して1人以上の黒人学生と暮らす方法はない。

より規模が小さい場合には、人間は割り切れないことが重要な意味を持つようになる。4人部屋を割り当てる場合には、1つの部屋で1人の人間が占める比率は必ず25％以上になる。黒人学生が全体の12分の1だったら、白人学生の11分の3しか黒人のルームメートを持つことはできない。黒人学生がみなルームメートの1人は黒人であることを好み、白人学生もそうだったら、可能な組み合わせは2人＋2人しかない。そして全室の12分の10は、白人学生のみとなる。このことは、病院の病室、軍隊の班、さらに極端なケースとしては、2人乗務のパトカーのペアにも当てはまる。パトカーの場合には、白人と黒人が乗り組むとすれば必ず1：1となり、自分と同じ肌の色の警察官とペアになることはできない。

こんな当たり前の算数を理解できない人間がいるとは信じられない、と読者は思われるかもしれない。だが実際には大方の人は、算数で解けることとさえ気づいていないのである（たしかにこれらの問題は、算数を知っている必要もないほどかんたんに解けそうに見えるのではあるが）。これらの命題がひどくありきたりであることを考えると、男子学生と女子学生にせよ、黒人と白人にせよ、新入生と2年生にせよ、寮の比率を決めるために会議で何時間も費やされるのは驚くべきことだ。学生をどう分けるにしても、全部の寮に割り当てる人数の合計を入寮希望者と一致させなければならないが、彼らはどうしてもこの単純な原則に反するような方法で割り当てたいらしい。

年齢のダイナミクス

人口統計学は、どうしても破ることのできない数値関係に縛られている。その多くは、誰でも生きている限りは1年経てば1歳年をとるという事実と関係がある。去年の20歳人口から死んだ人を差し引けば、今年の21歳人口になる。21歳から22歳になる方法は、ひとつしかない。1年待つことである。

さきほど、2つの同期する母集団における結婚年齢という特殊なケースを取り上げ、位相がずれたときにどうなるかを検討した。同様の現象は、単一の母集団でも起こりうる。(2)

そこで今度は、何らかの活動に参加する年齢が1歳か2歳変更された場合に何が起きるかを考えてみよう。たとえば、軍隊の徴兵年齢や小学校の入学年齢が変更された場合、高校の課程が1年延長または短縮された場合などがそうだ。

ここでは、200万人の兵士で構成される軍隊が、毎年21歳になった男性100万人を徴兵し、2年間兵役に就かせていたとしよう。そしてこの徴兵年齢が、20歳に変更されたとする。この場合、可能性は次の3通りある。

第1は、1年分の召集をスキップする。変更前は、21歳になった人全員が徴兵される。変更後は、20歳になった人全員が徴兵される。だが変更の年は、お恵みの年となる――この年に21歳になった男性だけは徴兵を免れ、2年間の自由を謳歌する。

第2は、変更の年に20歳と21歳の両方を徴兵し、軍隊は2年間にわたり300万の兵士を抱える。第3は、20歳と21歳の両方を徴兵するが、22歳の兵士の兵役を1年早く解除する。次の年は、前年に徴兵した兵士の半数の兵役を1年で解除する。

言い換えれば、100万人を2年間兵役免除とする、200万人を1年間兵役免除とする、通常より100万人多い兵士を2年間抱える、の3つの選択肢しかない。

アイスホッケーリンクでサマータイムへの移行時間を迎えた場合も、これとよく似た現象が起きる。ここでは、リンクが1時間単位で貸し出されるとする。真夜中から午前1時までリンクを借りているチームは、11時45分にやって来て、スケート靴を穿いて準備する。そして15分が経過すると、もう午前1時だ！　彼らが予約した時間は終了である。このほかの対処法としては、午前1時から2時まで借りているチームと一緒に練習するか、リンクを30分ずつ分け合うことが考えられる。時計の針は同じ速度で動いていても、時間が1時間ずれることで、1回限りの需要と供給の重複が起きる。

同様に、徴兵年齢が引き上げられたら、2年間にわたり100万の兵士を減らすか、2年分の兵士の兵役を2年から3年に増やすか、どこか別の年齢層から100万人を徴兵するか、どれかしかない。算術的には他の選択肢はありえない。

ここで、3つの変数、すなわち徴兵年齢、兵役期間、母集団の規模の関係に注目してほしい。毎年200万人が徴兵年齢に達するとして、全員の兵役期間を同じにし、かつ軍隊は200万人規模を維持したいなら、兵役を1年にするしかない。200万規模を維持すると同時に兵役期間を2年にしたいなら、徴兵数を100万人にする。つまり半数は兵役を免れる。200万規模を維持すると同時に、毎年200万人を徴兵し、かつ兵役期間を2年にしたい場合には、何か新種の算術を発

（2）　人口増加のダイナミクスからは、一見したところでは理解しがたいような興味深い統計結果が生まれる。現在のアメリカでは、65歳になるまでに25％が死亡する。そして死亡者の3分の1以上が65歳より若い。この齟齬は、人口増加に起因する。ここでは、50歳で25％が、75歳で75％が死亡するとし、出生率は年2％のペースで伸びるとしよう。すると、75年前に生まれた100人につき75人が今年死ぬことになる。また、75年前に100人生まれれば、$100\times(1.02)^{25}$すなわち164人が50年前に生まれるので、その25％に相当する41人が今年死ぬことになる。よって今年死ぬ合計116人のうち41人つまり35％が50歳となる。

明するほかない。

同じことが、たとえば訴訟処理をスピードアップして裁判日程を消化するケースについても成り立つ。そうなったら、刑務所が平均服役期間と同じ期間だけ混み合う、無罪判決を増やさざるをえない、既存の囚人を早く釈放せざるをえない、のいずれかになる。病院の空き病床待ちにも、同じことが当てはまる。

もしいまただちに、出生数と死亡数が等しくなって「人口ゼロ成長」状態になるとしたら、１９７８年に人口の43％を占めていた25歳以下の年齢層は、２０００年までには22％に低下するだろう。その後は、現在の年齢別死亡率に変化がなければ、徐々に33％まで上昇することになる。

加速度原理

私の友人に、薪割りが大好きだという男がいる。ふつうの人がテニスボールを打つのが大好きというのと同じ感覚で薪割りが好きらしい。この男の悩みと言えば、薪を手に入れないと薪割りができないことだ。

彼は暖炉で薪を燃やすのも好きである。だが、彼が割りたい量と燃やしたい量との間には何の関係もない。両者は無関係であって、たまたま片方は燃料を作り、片方はそれを消費するというにすぎない。じつのところ、彼は燃やすより割る方がずっと好きだ。それでも、割った薪を捨てるわけにはいかない。単に早く朽ちさせるために薪を割っているのだと認めたら、薪割りの楽しみは一気にしぼんでしまうからだ。売ることもできないし、人にあげることもできない。

別の友人は、子供が大好きだ。ティーンエイジャーもきらいではないが、とりわけ好きなのは小さい子供である。だが小さい子供は必ず大きくなる。友人は、大きくなった子供はそんなにたくさんは要らないという。幼児が7歳になるまでに15年かかるとしたら、この友人は2人か3人の子供で満足できるだろう。だが、これから20年にわたって7歳以下の子供をつねに2、3人育てたいとすれば、養い切れないほどの大家族を抱えることになる。

住宅建設は重要な事業である。もちろん住宅の補充や追加が必要だからだが、裾野が広いという理由も大きい。住宅産業には多くの人々の生計が懸かっている。セメントや木材、塗料や配管などの産業で働く人はもちろんのこと、住宅関連産業の従事者に車や野球のチケットを売り込む人の生計も懸かっている。だが、住宅というものは長持ちする。住宅産業が今後5年間で完成在庫を25%増やすと決めたら、この産業には何が起きるだろうか。これまでこの産業は、既存住宅の建て替え（年1%増）と新規着工（年2・5%増）で成長を支えてきたとしよう。しかし今後は、年5%のペースで完成在庫を増やさなければならない。従来の3・5%ではなく、新規着工を倍にして6%相当の新築・改築を手がけるのだから、5年にわたりおおむね従来の2倍の仕事量をこなすということだ。しかもその後に、「もとの」ペースに戻すのである。要するに従来年2・5%だった在庫拡大ペースに2・5%上乗せするのだから、住宅建設業界はただちに100%近く事業を拡大しなければならない。そして5年後には以前の年2・5%増のペースに戻るとなれば、これは大幅な縮小ということになる。

同じことが、マイノリティーの新規雇用にも当てはまる。たとえば郵便局の職員が、毎年5％の離職者の分だけ補充されるとしよう。職員は合計50万人、うち5％すなわち2万5000人が黒人で、この比率は一定とする。毎年の通常の新規雇用数は、黒人が1250人、白人が2万3750人である。ではここで、今後4年間で黒人の比率を全体の5％から11％へ引き上げることが決まったとしよう。すると、4年間で黒人職員の数を3万人増やさなければならない。だが4年間で5000人が離職するから、3万5000人を雇用する必要がある。一方、新規雇用数は変わらず、4年間で10万人である。よって新規雇用者に占める黒人の比率は、現行の5％から35％へ、一気に7倍に跳ね上がる。こうして初めて、4年目の終了時点で全職員に占める黒人の比率は11％に落ち着く。

もし離職数が2倍だったら（勤続年数が20年ではなく10年だったら）、毎年の新規雇用数も2倍だったはずだ。つまり4年間の新規雇用数は20万人、黒人は4万人である。比率で言えば、さきほどの5％から35％ではなく、5％から20％となる。このように、母集団の一定だった比率を変えることが新規雇用の比率におよぼす「レバレッジ効果」は、母集団の勤続年数と同じ向きに、離職数とは逆向きに変化する。同様に、4年制の大学でマイノリティーの学生の比率を5％から15％に引き上げようとしたら、2年間で実現するなら新入生の4分の1を、1年間なら45％をマイノリティーにしなければならない。

同じことは、さきほどの200万人の徴兵にも当てはまる。この軍隊では6カ月ごとに50万人を徴兵し、6カ月間訓練し、2年間の兵役を終えた兵士と交代させていたとしよう。よって、訓練済みの兵士の数は常時150万人になる。さて緊急事態が発生し、訓練済みの兵士の数を6カ月間で2倍にしなければならなくなった。すると6カ月の間に、50万人の交代要員のほかに150万人を訓練しなければならない。年初からこの措置を始めたとすれば、6月末までに従来の4倍の人数を徴兵し、4倍の人数を訓練することになる。兵役期間が従来と同じく2年のままであれば、6月末の時点で徴兵数を200万人から50万人に減らすことになる。訓練中の兵士の数もそうなる。

さらに複雑なケースも考えられる。新兵は、2カ月間の指導教官コースを終了した兵士から訓練を受けるとしよう。教官と新兵の比率は1：11とし、教官（こちらも徴兵されている）は22カ月にわたってこの役割を果たすとする。通常通り50万人の新兵を訓練するだけでも、約4万5000人の教官に加え、指導教官コースで訓練中の兵士が月4000人必要だ。さらに教官を終える兵士が毎月ほぼ2000人いる。訓練済みの兵士の数を6カ月間で2倍にするために4倍の新兵を訓練するとなれば、教官の数も4倍にしなければならない。つまり、通常の4万5000人から18万人に増やす。それも、いますぐだ。従来は4000人しか受け入れていなかった2カ月間の指導教官コースに13万7000人を新たに押し込むわけである。これは、35倍近い！（誰もそんなことはしたくないだろう。）

ここでも重要な変数は、(1)在庫水準や人数の増加、(2)その増加のペース、(3)勤続年数や耐用年数など増加ペースが適用されるものの回転率の3つである。経済学では、このように増分に依存する関係性を「加速度原理」と呼ぶ。この加速度原理は、互いに独立した2種類の活動で、一方の変化が他方の増加要因になるという具合に従属的に関連付けられる場合には、つねに成り立つ（たとえばジョギングシューズの生産量は、ふつうは売れ行きに応じて調整される。ジョギング速度が一定であれば、走行距離に応じて調整されるとも言える。しかし新規ジョギングシューズ工場の建設は、生産の増加ペースに応じて決められることが多い。このように増える速度と関連付けられるため、加速度原理と呼ばれる。経済学では、投資と消費の定量的関係において、この原理が重要な意味を持つ)。この原理は、個人のエネルギー収支にも反映される。すなわち、食事と体重は互いに独立しているが、一方が他方の変化におよぼす影響の度合いには密接な関係がある。

分布における位置付け

「自分の運転の腕前は平均よりうまいと思うか、それとも下手だと思うか」という質問を手近な人にしてみよう。するとまず大方の人が、平均よりはうまいと答える。そのことを指摘されたら、みんな苦笑するにちがいない。

こうなる理由は3つ考えられる。第1は、みんなが思い浮かべる平均とは算術平均であり、桁外れに運転の下手な人がすこしばかりいれば、残り大多数は「平均以上」になると考えていることだ。第2は、誰もが自分が重視する項目についてのみ自分を評価していることである。注意深いドライバーは注意深さを、運転のうまいドライバーは運転技術を、運転が下手であれ何であれ自分は交通マナーを守るというドライバーはマナーを、という具合に、自分に都合のいいものさしで評価する（どの子供も町内最高の犬を飼っていることになるのはこのためだ）。そして第3は、自分で自分をだましていることである。

ではもうすこし具体的に、「運転しているときの注意深さの度合いは中央値の上だと思うか、それとも下か」と質問してみたらどうだろう。この質問に対しても、半分を大幅に上回る人が自分は中央値より上だと答えたら、それを指摘して苦笑させてやらねばならない（もっとも、苦笑すべきなのは他の人だとみな思っているかもしれないが）。

要するに、全体の20％は必ず最も貧しい20％になるのだし、15％は最も背が高い15％になる。そして新入生の10％は必ず最も成績の悪い10％になる。これが事実だ。

いや、事実と言うのは正しくない。定義と言わなければならない。下位10％が誰なのかを特定できたら、それは「事実」である。全員の成績をパーセンタイル（100人中何番目に相当するか）で位置付けられるような平均点は「事実」である。シーズン第1週目の打率トップテンは「事実」である。「アメリカ最高の万能スポーツ選手」が1人であれば、あるいは誰も該当者がいなければ、あるいは2人が拮抗していれば、その人数は「事実」である。だが、「背の高い方から数えて3分の1は次の3分の1より背が高い」というのは、単なる定義にすぎない。

この種の記述は、クラスで最下位から10分の1や高齢者施設で最年少から5分の1が出て行ったり、いなくなったり、退学になったりしても、引き続き有効である。最も若い5分の1を追い出したところで、最も若い5分の1はつねに存在するからだ。

より重要な「事実」は、多くの活動や状況において、自分が年寄りの方なのか若い方なのか、貧しい方か裕福な方か、背が高い方か低い方か、などを人々が気にかけることだ。とりわけ、下から

3分の2か、下半分か、下から4分の1か、下から10分の1か、といったことをひどく気にする。たとえば草野球チームを編成するとき、高齢者が施設に申し込むとき、テニスクラブのメンバーになるとき、ロースクールに入学するときなどがそうだ。

「人々の必ず5分の1は最も若い5分の1になる」という記述は、情報としてはとるに足らないが、その意味するところは、とるに足らないとは言えない。注意してほしいのは、この記述が特定の誰かに当てはまるわけではないということだ。これは個人についてではなく、集団の構成にのみ当てはまる。人々が下から20％に入るかどうかを単に気にするだけでなく、「自分は下位20％に入っている（または入っていない）と判断する」、「母集団の中で自分は若い方（または年をとっている方）だと推定する」というなら、それは事実の記述となる。すなわち、科学的に意味があり実証的に検証可能な記述となる。テニスクラブに入った人はみな、メンバーの90％が自分より下手なら辞めてしまうとしたら、そのクラブはほどなくつぶれてしまうだろう。うまい人が次々に辞めて、「いちばんうまい」の水準がどんどん下がるからだ。そのペースは、自分は上位10％だと考える人が上位2％だけなのか、それとも上位15％なのかによって異なる。あるいは、上位10％のうち最もうまい5人だけがさっさと辞めて、そこまでうまくない人はしばらく迷うかによっても異なる。あるいは、満足した80パーセンタイルのメンバーが、自分よりうまい人たちがごっそりいなくなってしまった事実に気づくのが早いか遅いかによっても異なる。

本書の冒頭で取り上げた講堂のような空間的な関係は、いま論じたことの特殊なケースと言える。全員が群集の中心誰かが必ず最年長になるのと同じように、誰かが必ず最前列に坐ることになる。

にいたいと思っても、それは叶わない。全員が群集の端にいたいと思ったら、それも叶わないし、そもそも群集が形成されないかもしれない。このような希望は個人のレベルでは妥当でも、集団のレベルでは成り立たない。

このことは、人々の位置付けだけでなく、行動にも当てはまる。誰もが平均よりすこし多くチップを上げたいとか、平均よりすこし長いレポートを書きたいとか、ほとんどの人が集まってからおもむろに到着したい、などと考えているのかもしれない。これらの記述は、言うまでもなく、平均値、中央値、上位3分の1、下位4分の1、上位10%といった数字で表現できる。詰きつめれば、人々は自分がいちばん若い、いちばん背が低い、いちばん貧しいのはいやだとか、最初に立ち上がりたくない、最初に拍手したくない、最初に話したくない、最初に裸で泳ぎたくないと思っているのだろう。

待ち行列と処理量

スキー場でリフト待ちの長い行列に並んでいたら、「もっとリフトを速く運転すればいいのに」と誰かが文句を言うのが聞こえた。そのためには馬力の大きいモーターに替えなければなるまいが、リフト会社にはそのくらいのことはできるだろう。このお客の不満はもっともではあるが、その方法ではうまくいかない。リフトを高速で運転しても、行列は長くなるだけだ。

この状況では、母集団が一定で循環している。全員が、順番は同じではないが繰り返し循環している。２人用リフトにスキーヤーが坐って出発し、次の２人が腰をかけるまでには一定の時間が必要だ。スキーヤー２人が乗車するのに要する時間は、運転速度とは無関係である（運転速度を速めるなら、しっかり坐ることがより重要になるため、むしろ椅子の間隔を少し拡げるべきだろう）。これを仮に６秒とすると、このリフトには毎分20人が乗車できる。

スキー場の母集団は、４つの場所に分かれている。リフトで上っている人、斜面を滑り降りている人、行列で待っている人、どこかで暖まっている人である。暖まる時間はリフトの待ち行列とは無関係だとすれば、上る人、滑る人、待つ人の３種類を分析すればよい。毎分20人乗車するなら、リフト終点でも毎分20人降車することになる。斜面を滑るスピードはリフトの運転速度とは無関係だとすれば、リフトの運転速度は滑っているスキーヤーの数には影響を与えない。一定の母集団から一定数を差し引いても、残りの人数の合計は変わらない。ところが運転速度を速めると、リフトに坐って上っている人の数は減るのである。スキーヤーは同じペースでリフトに乗るが、乗っている時間は短くなる（椅子の間隔が拡がったのと同じことになる）。滑り降りる人の数が同じで、上っている人の数が減るとなれば、行列に並んでいる人が増えることになる。こうしたわけで、リフトの運転速度を上げても、待ち時間を短縮することはできない。リフトに乗っている時間を短縮できるだけである。

連続的な渋滞の中を通勤する場合も、これと同じようなことになる。１時間に８キロしか進まず、ボトルネック（隘路）を通り抜けるまで止まったり進んだりを繰り返していると、誰かが道路の幅を拡張してくれないかとか、右折をなくしてほしいとか、道路の凸凹を修繕してもっとスピードを出せるようにしてほしいなどと考えるものだ。さてある朝のこと、ありがたや、道路の幅が広くなっている。そこで気持ちよく車を走らせる——次の渋滞の列につかまるまで。自分より前を走っている車も、みな同じである。最初の渋滞箇所の道幅を広くしたために、次の渋滞箇所の待ち行列はいつもの2倍長くなっているはずだ。

ここで扱っているのは「保存量（conservative quantity）」である。物理学や化学では、エネルギー、質量、運動量などについて「保存の法則」というものが存在する。もしスカッシュのコートを宇宙に発射して軌道に載せたら、その重心が描く軌跡はコート上のプレーには一切影響されない。内部の運動は打ち消される。物理学における保存則は、経済学における会計システムの役割を果たす。いや実際、複式簿記による会計システムそのものだと言える。ギャンブルをするときには、言わば「財産保存」の法則が働く。財産の合計は、この法則に従い、増えもしなければ減りもしない。週末に競馬などに賭ける場合も、勝ちと負けは等しい。物理学者や化学者に劣らぬ細心の注意を払って、あらゆる例外や「漏れ」も見逃さずに帳簿に記帳すれば、必ず等しくなるはずだ。ポーカーの賭け金の一部が店のものになるのは、ポーカーの「損」ではなく「コスト」と扱うべきである。もしポーカーに国が税金をかけるなら、国を「勝者」として扱うか、支払税額を損失に計上する。同じように、力学系におけるエネルギーの保存では、摩擦による損失を見込まなければならない。摩擦は失われた力学的エネルギーと等しい熱を発生させるので、収支はバランスする。

件《くだん》のリフトにも「保存則」が当てはまる。スキー場にやってくる人、帰る人がいるが、途中から来る人、途中で帰る人、昼食や休憩中の人等々をすべて数え上げれば、会計システムに記帳すべき全員がそろったことになる。リフト待ち行列の循環の3局面（上る人、滑る人、待つ人）は、半ば閉じた系を形成している。「半ば」なのは、出入口の数が限られており、その気になれば増えた人数と減った人数をカウントできるからだ（混雑した交差点も含め、ほとんどのものが半閉鎖系だと考えられる。だが半閉鎖系として扱うことがばかげているほど回転率が高い場合には、この限りではない）。

移住も、半ば閉じた系である。都市や州は、生活保護受給者に対して給付を打ち切るとか出て行くように誘導するといった方法で、受給者数を減らすことは可能だ。だが受給者が死ぬか他国へ行かない限り、すべての州で減らすことはできない。すべての都市でそうすることは不可能ではないが、それは、途方にくれた受給者が別の都市へ引っ越す途上であるか、全員が田舎に移住した場合に限られる。10年ほど前、都市政策に関して広く読まれたある本は、低所得者向け住宅の建設を止めれば、その都市は平均所得を押し上げることができると主張した。低所得者向けの住宅が少なければ、低所得者は出て行くし、入って来ないというわけだ。この種の方策は、個々の都市では功を奏するかもしれない。だがある都市が成功すれば、別の都市にしわよせが行く。すべての都市でこの方法が功を奏するのは、よからぬ住宅政策が原因で都市部の貧困層が減った場合だけである（そういうことは起こるかもしれないし、起こらないかもしれないが、ともかくも提案の意図するところではない）。

多くの母集団は半閉鎖系の中で循環しており、その一部は特殊なパターンを示す。サンフランシスコ湾にかかった橋は、朝は一方の方向へ、午後は逆の方向へ渡る車が多い。ニューハンプシャー州間ハイウェイ93号は、冬の週末にはまず北へ、そして帰りは南へ向かう車が多い。北へ行く時間はまちまちだが、南へ帰る時間はほぼ同じであるため、日曜の午後は大渋滞になり、料金所の長い列で30分以上待たなければならない。サンフランシスコ湾の橋の場合は、行き（サンフランシスコへ入る方向）に往復料金を徴収し、帰りは料金をとらない。ほぼ全員の収支が釣り合い、ドライバーは時間の節約になる。稀にシアトルからロサンゼルスへ行くだけの車は倍の料金を払うことになり、逆にロサンゼルスからシアトルへ行くだけなら得をする。いずれにせよ料金徴収コストは軽減される。だがニューハンプシャーのハイウェイは、スキー場がだいぶ前から知っていることにとんと気づいていないようだ。リフトで上る客から料金をとったら、滑り降りる客から改めてとるにはおよばない。ハイウェイ93号の運営者が保存の法則に気づいたら、北行きの車から倍の料金をとり、南行きの車は無料にするはずだ。(3)

半閉鎖系を循環する「母集団」としては、ほかにはリターナブル（回収再使用）瓶、レンタカー、DDTなどがある。すべての新車に「処分税」を課し、最終的に廃車にする際のコストをカバーするという提案は、製造された車は遅かれ早かれ必ず廃車になること、かつ廃車になるのは1回だけであるという認識に基づいている。

（3） この問題と、次の別の問題とを彼らが混同しないとよいのだが。連続する交差点の信号機が東から西へ時速35マイル（時速56キロ）を想定して同期されているとき、西から東へも同じ時速で同期してよいか？

漏れと減衰

テニス大会の準備をする場合、選手の数が32や128のように2のベキ乗であればやりやすい。1試合につきボールを1缶使う場合に、試合数をかんたんにカウントできるからだ。選手が128人なら、1回戦の試合数は64である。2回戦はその半分に、3回戦はそのまた半分になり、これが決勝戦まで繰り返される。だがエントリーした選手が129人の場合には、1人が1回戦を免れる。この選手は2回戦から登場するが、次にまた誰か1人が3回戦をしないことになる。となると、ボール缶はいくつ用意すればいいだろうか。

これは、計算するまでもない。どの試合でも必ず1人が敗退する。そして1人を残して全員が敗退したとき、大会は終わる。もし選手の数が129人なら、128人が負けるわけだ。1試合で2人が負けるということはない。したがって、128人が負けるためには128試合が必要になる。よって必要なボール缶の数は、128個である。一方、選手の数が128人の場合には、64＋32＋16＋8……と数えていってもきれいに答にたどり着く。もうすこし問題が複雑なら、いちいち2で割る計算を回避するために、何か計算式を見つけたくなるだろう。

湯沸かし器が195ドルで売れたときの収益計算も、これと似ている。湯沸かし器に使う鉄鋼のために採掘された鉄鉱石の量、石炭を製鉄所へ、鉄鋼を加工工場へ運ぶ鉄道に供給された石油の量、表面塗装用のノズルに供給された化学品の量、卸売業者と小売業者の利幅、工場で働く人たちの賃金と生産性、このすべてのプロセスで支払われた金利や固定資産税といった数字は見積もることが可能だし、どこで誰が収入を得たかを知りたいなら、これらすべてを見積もる必要がある。だが全体としていくら収入があったかを知りたいだけなら、テニス大会と同じように考えればよい。いくつか条件を付ける必要はあるが、支出から得られた収入の合計は、１９５ドルでなければならない。

最初に１９５ドル受けとった人は、一部を取り、残りを払い出す。賃金として払うにせよ、金利、税金、家賃として払うにせよ、あるいは問屋から新たな湯沸かし器を買うために払うにせよ、収入として手元に残さなかった分は「支出」として払ったことになる。どの「支出」もその一部は、収入として取る人のものになる。この人も残りを「支出」として払い出すが、ここでもまた、それが税金、賃金、金利、運送料、原料費、何であってもかまわない。収入として手元に残した分以外が払い出されるということだ。次の段階でも誰かが収入として一部を取り、残りを払い出す、という具合に続く。このプロセスを辿っていって、ついに何も払い出せなくなったとき、途中で大勢が取った金額が合計で１９５ドルを超えることはない。また途中で何か見落としていない限り、１９５ドルより少ないこともない。

この取引で誰か損を被ったら、その人は受けとるよりも多く支出したことになる。これをマイナスの収入として扱えば、合計は変わらない。つまり「保存量」である。誰かが手元にあった塗料を使ったら、その分の支出はない。だがこの人は、一度はお金を出して買ったものを使ったのだから、このときの節約を「収入」と呼ぶことはできない。このようなケースをどう扱うかには、何通りか選択の余地がある。この人が塗料を買った時点で収入が発生したと考えてもよいし、手元の塗料を補充した時点で収入が発生したと考えてもよい。または先行投資を、それに見合う在庫（塗料）の取り崩しで相殺してもよい。テニス大会の場合でも、選手自身がボールを持参した場合の処理を考える必要がある。

同じことが次の問題にも当てはまる。どのカップルでも生まれてくる赤ちゃんの男女比は50％だとする。そしてどのカップルも男の子だけを欲しがっており、男の子が生まれた時点で、もう子供は生まないとする。すると、男の赤ちゃんと女の赤ちゃんの比率はどうなるだろうか。夫婦の半数は最初の赤ちゃんが男の子なので、そこで生むのを止める。女の子が生まれた夫婦だけが次の子供をもうけ、男の子だった時点で止める。再び女の子だった夫婦はさらに次の子供を生む。出産にこうした偏りがある場合に、最終的な男女比に影響はあるだろうか（一部地域で男の子が女の子よりやや多いのは、こうした男の子願望のせいだと説明されることがある。女の赤ちゃんを間引きする習慣がある地域なら、たしかにそうした結果になる）。

よく考えてみれば、男の赤ちゃんが生まれた時点で止めるといった「ストップ・ルール」は、最終的な比率に何ら影響をおよぼさないことがわかる。第1ラウンドでは、生まれた赤ちゃんの半分が男の子だ。第2ラウンドでは夫婦の半数が子供を生み、その半分が男の子である。ここで女の子が生まれた夫婦は第3ラウンドに進むが、ここでも半分が男の子になる。つまりどのラウンドでも半分が男の子で半分が女の子なら、どのラウンドで止めようと、男女比は半々になる（当然の帰結として、足し算をしなくとも生まれる子供の数がわかる。最終的には、どの家族にも男の子が1人いる。男女の生まれる比率は1：1であるから、平均的にはどの家族にも2人の子供がいることになる）。

遺伝子にも同じようなことが当てはまる。ある劣性遺伝子が、同型の遺伝子と対になった場合に生後間もなく致死作用を示すが、それ以外には最終的な再生産に何ら影響をおよぼさないとしたら、一定の母集団においては、その母集団からこの致死遺伝子を最終的に排除するために必要な死亡数は、その遺伝子の数の半分に等しい。この条件は、既婚者の集団におけるこの遺伝子の分布状態とは無関係である。母集団が一定ではなく数が増える場合にもこのことはおおむね当てはまるが、より複雑な条件が付く。

パターンと構造

これまでに挙げた例は、社会科学で扱う数や量の多くに見られるパターンや構造を示している。これらのパターンは、いつもではないがひんぱんに出現し、変数にある種の制約を課す。その結果として本来の「自由度」を減らし、数学的にはありうる配置や結果を制限し、一見すると互いに独立しているように見えるが実際には相互依存的な事象や活動や分布をある種の等価関係で結ぶことになる。

閉じた系、保存量、ペアの形成、双方向のフロー、会計報告、遷移行列、対称性や相互依存性に基づく法則、定義からして成り立つ法則等々、多様なパターンや構造のすべてについて、何らかの論理体系や網羅的な分類法があればじつに役に立つだろう。だがそうしたものは私の知る限りでは存在しないし、仮に試みたところで、どこまでそれが可能かもはっきりしない。

気候とエネルギーを心配する人は、大気、海洋、植物（枯れたものも含む）、これから燃やされる化石燃料に含まれる炭素の総量は、ほぼ閉じた系の中のほぼ一定量であることに注意しなければならない（火山から噴出する分や岩石の風化により吸収される分はあるが）。植物の腐敗、燃焼、代謝から発生する二酸化炭素は、新たに育つ植物を通じて再循環すると考えてよいだろう。だが石炭や石油の燃焼から発生する二酸化炭素は、海洋に溶け込む分や植物の総量が増えて吸収される分を除いた残りが大気に付加され、大気中で地球の太陽エネルギー収支に影響をおよぼすことになる。二酸化炭素を化学、地質学、気候学のいずれの分野で扱うにせよ、すでに述べた保存の法則に従う環境の重要な一部であることに変わりはない。水銀を川に捨てても、高齢者を別の州に移しても、汚い紙幣を他人に押し付けても、なくしたことにはならないのである。

「二酸化炭素収支」は、もうひとつの保存系である「エネルギー収支」と接点がある。地球に降り注ぐ太陽エネルギーは、光合成を介して化学的に植物に保存されたり、蒸発あるいは雪や氷の融解に吸収されたり、大気・海洋・地表の温度上昇に消費されたりしても、最後はすべて宇宙空間に戻るのである。太陽エネルギーが南西部の砂漠で「回収」され、電気に変えられ、東部で電気自動車のバッテリーに使われた場合でも、穀物に保存されたエネルギー同様、いずれは大気中に放出される。また風車は、発電すると同時に風を減速させており、ある位置エネルギーを別の位置エネルギーに変換している。

エネルギー収支で興味深いのは、「水収支」だ。すべての水は、海洋、湖沼、河川、万年雪や積雪、雲や湿気、雨滴、植物の水分、含水土壌、地下水、動物の体を通じて循環している。すなわち炭化水素（およびすこしばかりの自由水素）を通じて循環し、やがて酸素と結びついて再び水を形成する。

社会科学以外の科学の世界では、閉じた循環系、等しい作用と反作用、ある量の増減に比例する量、ある量がなくなるにつれて現れる量といったものがきわめて多いため、何らかの理論体系は、保存量のような何らかの不変の数に依拠していないと、信用されないことが多い。だからデータ・サイエンティストは、変換処理をして不変の値を見つける訓練を受けている。貨車の経路や航空機やスクールバスのスケジュールを組むロジスティシャンが扱うのは半ば閉じた系なので、修理保守のため運行スケジュールから外される機材、未納入の新機材、貸し出されていなかったりどこかで乗り捨てられたりして貸出可能なレンタカーなどを見落とさないように注意しなければならない。

すでに述べたように、経済学は複式、複々式で記帳されるような取引で成り立っている。インプットとアウトプットの行列には価値の双方向のフローがあり、ある量の増加に比例する量がある（住宅の新規着工が増えれば完成在庫が増え、商業貸付が増えればマネーサプライは増える）。またギャンブルの賭金や企業の債務と保有債券のように、プラスとマイナスを相殺して差引を計上できる量もある。さらにまた、売り手と買い手の能力や意図とは無関係に、買われた量と売られた量が（適切に定義すれば）必ず等しくなる単純な「市場」もある。

物理学では、こうした等値性や不変性には法則とか原理といった立派な名前がつけられている（もちろん、修正や拡張の余地はある。たとえば熱はある一定の変換率で機械エネルギーに変換されるが、同じ変換比率で摩擦を介して熱に変換されることが判明した)。経済学や他の社会科学では、もうすこし控えめな名前がついている。「市場均衡式」、「会計報告」、「社会会計」といった具合だ。人口統計学は、取引、遷移、持続的な量、対で発生する事象、相互または対称の関係で組み立てられている点でも、系に入る量・出る量・系の中で変化する量が計数・計測可能であって、その系の入口・出口・遷移点の数が少ない点でも、きわめて経済学に近い。経済学も人口統計学もともに計数可能な実体を扱い、その多くは識別属性を系の中で維持する。また、結婚と離婚、販売と購入のように、計測可能な量や活動を扱う。これらの量は離散的かつ明確に定義されており、多くは対称で、ときに可逆的である。他の社会科学では、母集団の循環や取引がどのような数値的・定量的制約に従っているか、といったことはあまり問題にしない。

さまざまなパターンや構造を説明する論理体系も系統的な分類法も存在しないため、ここでは私にできる最大限のこととして、数値的・定量的な制約の枠組みにはどのようなものがあり、どのように出現するか、かんたんにまとめておくことにしよう。

第1に、大多数の現象は対(ペア)で起きる。これは、取引の多くが2種類の参加者の間で行われ、活動の多くに二面性や双方向性が備わっているためだ。借り手がいれば、必ず貸し手がいる。借家人がいれば家主がいる。送り手がいれば、受け手がいる。売り主がいれば買い主がいて、払う人がいれば受けとる人がいる。生産活動には相応する収入が発生し、窃盗が発生すれば被害が生じる。対で起きる現象の両方の側が必ずしも関心の対象になるとは限らない。だが両者ともに関心の的であって、どちらも明確に定義され計数可能な場合、とくに多種多様な理由から関心の対象となる場合は、これまで論じてきた等価関係に従うケースが多い。だがときには、予想外の関係性に従うケースもある。

第2に、一部の母集団や一部の計測可能な量は、閉じた系における「保存の法則」に従う。貨幣は、ある人から別の人に渡されても、買い手から売り手に、貸し手から借り手に渡されても、壊れることはない。人間は、ある都市から別の都市へ移住しても、消え失せることはない。熱は煙突から放出されても、より上位の系から失われるわけではない。DDTは、浴びた動物が別の動物に食べられたからといって、生態系の中から消えるわけではない。ゴミは、他人の裏庭に投げ捨てたところで、けっしてなくなったわけではない。

第3に、一部の計測可能な量や計数可能な母集団は、「半ば閉じた」系の中に存在するか、そうした系を通過する。最も単純なケースは「自動改札機」だ。ここで行列する人の数は、到着した人の累計から通過した人を差し引いた数に等しい。また通過した人の合計は、到着した人から行列している人を差し引いた数に等しい。これよりいくらか複雑なのは、ボトルネックが連続するケースである。この場合、人や物は同一方向に通行し、一定区間内を走行しているか、料金所で列を作っている。このほかに、(1)一時滞留する系がある。小学校のように全員が通過する系もあれば、徴兵による軍隊のように、一部が回避し、一部は入ってしばらく滞留するが出て行く系もある。(2)通勤時間帯の橋のように方向性が交互に逆転する系、スキーリフトのように循環する系がある。(3)母集団の年齢構成や階層組織の地位のように、入って来て一方方向に移動するが、死亡や退職など途中での脱落がありうる系がある。(4)刑事司法制度のようにきわめて複雑な系もある。この制度では、服役中、裁判中、仮釈放中、執行猶予期間中、保釈中、保護観察期間中の人がいる。これらを何度も繰り返す人もおり、全員が同じ経過をたどるわけではない。一部の人が系の一部の箇所を繰り返す「ループ」が存在する場合としない場合がある。(5)境界内を自由に移動する系がある。移動の方向性に制限はないが、限られた出入口しかない境界の内側で行われる（その一般的な形態は「遷移行列」と呼ばれる）。

第4に、補集合が関与する活動や関係がある。男と女はその一例で、一夫一婦制のように「一対一」の組み合わせが形成されるケース、兄弟姉妹関係のように「多重」の組み合わせが可能なケースがある。また、男女の結婚年齢、死亡年齢、離婚年齢のように、男女のほぼ同期するフロー同士の位相関係がある。白人の母集団と白人以外の母集団、人々と住んでいる家、人々と所有する車のような結合分布（同時分布）もある。

第5に、個別に関心の対象となる変数の間に、一方が他方の発生率である、死亡率である、差引増加率である、といった関係性が存在することがある。たとえばある母集団で感染症の免疫を獲得した人の増加数は、感染症にかかった人の数からそれによる死亡数を差し引いた数になる。これは、製造から1年未満の新車の台数が、今年の製造台数から去年の製造台数を差し引いた数に等しいのと同じことである。

第6に、何らかの行動の系の中では、独立変数がその系の従属変数の総和であることが多い。車で行くかどうかは道路がどの程度混んでいるかによって決まるかもしれないし、誰に投票するかは多数派になりたいかどうかによって、手に入りにくい品物を買い溜めするかどうかはその商品の売れ行きによって、海へ行くかどうかは混み具合によって、ユナイテッド・ファンドにいくら寄付するかは他の人の寄付額によって決まるかもしれない。それでも、各自の決定が積み重なって、道路の混み具合も、海岸の混み具合も、コーヒーの売れ行きも、ファンドの寄付総額も、多数派の得票数も決まるのである。私があなたの問題の一部であるように、あなたも私の問題の一部になることもあれば、ならないこともある。周囲の環境に対する私の反応が環境の一部になることもあれば、ならないこともある。私が反応したある量や数値が、私と同じように反応した他の人々の反応の総和だったということもあれば、そうでないこともある。だが、渋滞する道路に乗り入れる、大流行に乗る、さびれてきた地区から引っ越す、他人より早くスキー場に急ぐといった行動を何が誰にさせているのかを調べていくと、人々は自分が一部をなす全体に対して反応しているのだということがわかる。

第7に、いまのことと密接に関係するが、独立変数が、その変数が誘発した行動の平均値あるいはその他の統計値だったということがある。生徒に平均よりすこし下の評点をつけるとか、ウェイターに平均よりすこし多いチップを渡す、駐車スペースを確保するためにすこし早く着く、他人を待たなくていいようにすこし遅く着く、自分が4人中2番目にうまいプレーヤーとなるようなダブルスの試合に参加するといったことが、その例である。

第8に、2種類の従属変数が共通成分を持っていることがある。すでに挙げた例で言えば、同一母集団内の既婚男性と既婚女性がそうだ。経済計算では、企業が企業へ売った額は企業が企業から買った額に等しい。その結果として、売上高合計と仕入高合計の差は、最終消費者へのモノやサービスの売上高から、個人、政府および企業以外のサプライヤーに直接支払った額を差し引いた金額に等しくなる。

第9に、「網羅的な下位区分」も挙げておくべきだろう。あらゆる死亡について原因を網羅できているなら、ある死因が減った場合には、必ず他の死因の合計が増えることになる。

ジンとベルモットの問題では、ベルモットの入ったグラスにジンをスプーン一杯入れ、その混ざった液体をスプーン一杯分すくった。どの程度混ざっているのかはわからないが、それは問題ではない。すくったスプーンに入っているベルモットの量がどうあれ、ともかくも残りはジンである。よってベルモットのグラスに残ったジンの量は、スプーンに入ったベルモットの量に等しい（同様に、バスを男子生徒で満席にして女子校に運び、帰りにやはり満席の子供を載せて戻ってくる。すると、帰りのバスに座っている女子生徒の数は、女子校で降りた男子生徒の数に等しい）。

また、ボートから瓶を落とした問題では、川は湖と何ら変わらない。川の流れは瓶にとってもボートにとっても同じなので、打ち消されるからだ。だから、男がボートを漕ぐスピードを知る必要はない。男が瓶から離れて30分漕ぎ続けたとしたら、同じ速度で瓶まで戻るのに30分かかるだけのことだ。川の流れは時速2マイルだから、瓶は2マイル運ばれたことになる。

次のタイルの問題では、タイルを割るしかない。その理由を説明しよう。まず16×16フィートの床がチェッカーボードのように1フィート四方の正方形256枚に分割されている様子を思い浮かべてほしい。そして、縦列と横列に1から16まで順番に番号を振り、正方形1枚ごとに縦列の番号と横列の番号の合計を書き込む。すると、隣同士の正方形には2、3、4……というふうに1つちがいの数字が並ぶはずだ。したがって、正方形の半分は奇数、半分は偶数になる。かつ、隣り合う正方形は必ず片方が奇数、片方が偶数になる。では、隣り合う奇数と偶数の正方形2枚に、2×1フィートの長方形のタイル1枚という具合にタイルを貼っていこう。するとタイルは、奇数と偶数を同じ数だけカバーすることになる。ところが貼り残す右上（北東）の角は1＋16＝17で奇数、左下（南西）の角も16＋1＝17で奇数である。つまり偶数と奇数を1枚ずつカバーするタイルを貼るのに、偶数の正方形が128枚、奇数の正方形が126枚になってしまう。あるいは、こう考えてもよい。256枚の正方形を1枚ずつチェッカーボードのように白黒に色分けするとしよう。まず、左上を白にする。すると右上（北東）の隅は黒だ。そして、左下（南西）の隅も黒になる。タイル1枚は必ず白黒1枚ずつをカバーするが、右上と左下の隅は貼り残すので、白が128、黒が126となる。これを社会科学に近い状況設定として、256枚の正方形を講堂に並んだ座席に見立てることもできる。最前列右端と最後列左端は係員専用とし、どの列も男、女の順で、また前後も男、女の順で坐るようにする。ここに127組のカップルを招待することはできるだろうか。

第3章 サーモスタット、レモン、クリティカル・マス・モデルなど

サーモスタットは、なかなかに学ぶところの多い装置である。サーモスタットは家庭用セントラルヒーティング・システムの頭脳部であり、温度に反応して温度を調節する。サーモスタットを内蔵した系は、人間、植物、機械などの行動系を表すモデルだと言えるだろう。というのもサーモスタットは、これらのもののふるまいの基本的特徴をわかりやすく再現してくれるからだ。

ボイラーは水を温める。これには時間がかかる。水はラジエーターの中を循環し、室内の空気を暖める。こちらにも時間がかかる。室温が上がると、サーモスタットの金属片（感熱体）が膨張し、電気的接点を開いてボイラーをオフにする。室温が下がったら、感熱体が収縮し、接点を閉じてボイラーを再びオンにする。外気温、風、建物の断熱性などの要素が建物の熱損失を決め、それによ

って、温まったラジエーターが温まった空気のフローを介してサーモスタットの作動に影響をおよぼす速度が決まる。

オンオフが設定温度に達したかどうかで決まるよう設計されている場合、循環的なプロセスが生じる。朝、室温はサーモスタットの設定温度まで上がり、さらに上回る。必ずそうなる。それから室温は設定温度まで下がり、これを下回る。再び上がって設定温度を上回る。これが繰り返され、室温がちょうど設定温度になってそれを保つことはけっしてない。

朝、最初のピーク温度（設定温度以上）に達したときに、誰かがサーモスタットの設定温度を下げたとしよう。すると、2種類の影響が出る。温度はどのみち下がるはずだったのだが、それ以上に下がって望みの温度を下回ってしまう。そして逆説的なことに、これでは寒すぎるとばかりサーモスタットを元の設定温度に戻すと、次のピークでは、何も操作しなかった場合よりも上がってしまうのである！

サーモスタットはスマートな装置ではあるが、ものすごくスマートというわけではない。もっとお金を出す気があれば、まるで先回りして考えているのではないかと思えるほどスマートな装置を手に入れることができる。その装置は、たとえば20度に設定しておくと、室温が18度以下だった場合には、18度になった時点でボイラーをオフにする。一方、室温が22度以上あった場合には、22度になった時点でオンにする。つまりこの賢い装置は、温度だけでなく、温度の方向性に反応する。

このシステムは、さまざまな循環プロセスのモデルとなる。それは、アップ&ダウンを交互に繰り返すプロセスだ。そこでは、変数の上昇を行き過ぎにしてから下降も行き過ぎにするメカニズムが働いている。行き過ぎになるのはある一定水準に対してであり、システムは自分なりにその水準を「探す」とも言えるだろう。

サーモスタットのしくみは単純なので、行き過ぎになる理由を理解するのはむずかしくない。ボイラーの作動状態は、オンとオフしかない。オンのときにはフル稼働で燃焼し、サーモスタットの設定温度に達するまでこれが続く。ボイラーがオンの間はラジエーター内の水はどんどん熱くなり、ボイラーがオフになったときにピーク温度に達する。この時点では、当然ながら室温は引き続き上昇する。しかし室温が上がり続ける一方で、ラジエーターは冷えていくので、やがて室温の上昇は止まる。室温が設定温度を上回っている間、ボイラーはオフになっている。ラジエーターは冷え続け、室温も下がって、やがてサーモスタットの設定温度に達する。そこでサーモスタットはボイラーをオンにする。だがラジエーター内の水が温まるまでは、室温は下がり続ける。そこで室温は下がり過ぎになるのである。このプロセスが繰り返される。このシステムが「正常に動作している」とき、上下動は小さくなり、最終的には安定した波動に落ち着く。この波の振幅は、システムのタイムラグに左右される。

そもそも循環プロセスが発生するのもタイムラグがあるからだ。もしボイラーがラジエーターのないただのストーブだったら、望みの温度に達した時点で火を消せば家はすぐに冷えるだろう。そして室温を一定に保つには、のべつ火をつけたり消したりしなければならない。

高価なサーモスタットは、行き過ぎに先回りして自動的に対処する。温度が上昇中は、設定温度の20度ではなく、その手前の18度でボイラーをオフにする。すると、26度までは上がらず、23度前後で上がり過ぎが止まる。温度が下降中は、22度で再びオンにするので、おおよそ20度になったときにラジエーターが暖まり始める。だから、ほとんど下がり過ぎずにすむ。

家庭用にはもったいないほど高性能のセントラルヒーティングの場合には、ボイラーを高速運転と低速運転の2通りに設定できる。室温が設定温度を大幅に下回っている場合には、フル稼働で燃焼する。そして室温が設定温度に近づくと、低速運転に切り替わる。この方式により、温度の振れ幅を完全になくすことはできないが、かなり小さくすることができる。

では今度は、観光船の乗客を考えてみよう。みんな、イルカの群を見るために右舷の手すりにもたれている。ところがこの船は定員以上に客を乗せており、右舷側に傾き始めてしまう。右舷側の手すりが沈みそうになっているのを見て、乗客は大慌てで傾いた甲板をよじのぼって避難する。もちろん危険から逃れるためだが、そうすれば船が元に戻るだろうという希望的観測もある。乗客のうち何人かは左舷の手すりまでたどりつき、船はいくらか元に戻り始める。甲板の傾斜が前ほどきつくなると、もっと大勢の乗客が甲板をよじのぼる。やがて船は水平に近づく。乗客はみな左舷寄りに陣取って、船が立ち直るのをほっとして見守る。ついに甲板はほとんど水平に戻る。だが乗客の安心は長くは続かない。船が水平になった瞬間に、安定を脅かす2つの力が働くからだ。第1に、乗客は全員さっきとは逆の側に寄っているので、船はそちらに傾き始める。第2に、たとえ乗客が船のバランスをとるべく瞬時に甲板上に散らばったとしても、船は横揺れの勢いで左舷側に傾く。そこで乗客は「安全」のために右舷側に殺到する。ほんの1分前に右舷側のイルカが見たシーンを、今度は左舷側でウィンドサーフィンをしている連中が見ることになる。

ある友人は、貧困国の子供たちのために麻疹（はしか）ワクチン・プログラムを実施した。当初、このプログラムはとてもうまくいった。麻疹は重大な病気だったから、母親たちはワクチン接種のために遠くから子供を連れてやって来た。すぐにほとんどの子供がワクチンを受け、未接種の子供は非常に少なくなって、大流行の恐れはなくなる。その後1年以上にわたって麻疹の流行はなかった。すると、ワクチンを受けていない子供の集団が新たに出現し、大流行を引き起こすだけの規模に達する。かくして何人かが死亡する事態となった（死ななかった子供は免疫を獲得した）。パニックになった母親たちは、遠くから子供を連れてワクチンを受けに来た。やがて数年が過ぎて麻疹は忘れられ、母親たちはワクチン接種を怠る。すると未接種の子供が増えて、また新たな流行を引き起こす。

この麻疹の流行サイクルでは、増え方と減り方が異なっている。麻疹が減る方は流行発生後の母親たちの反応時間と関係があり、麻疹が増える方は新たな未接種者集団の麻疹に対する疫学的反応時間と関係がある。前者は数カ月単位、後者は数年単位になるだろう。したがってこのパターンは、波動というよりは独立した急上昇の連続に近い。富裕国におけるポリオには、いまだにこのパターンが見受けられる。さらには天然痘も、ほんとうに絶滅しない限り、貧困国では麻疹と同じパターンを繰り返しかねない。

行き過ぎ現象は、個人のレベルでもよく見かける。子供はチョコレートを、大人はアルコールを、「もう十分」と感じるまで食べたり飲んだりする。だが「もう十分」と感じたときには、だいたいにおいてもう食べ過ぎ、飲み過ぎなのだ。胃の中のアルコールはラジエーターの中の温水のようなものである。すでにシステムの中に存在するが、まだサーモスタットに感知されていないだけだ。食べるのをやめてからも5分間は、まだ口の中にチョコレートの味が残っている。そしてそれはもう、前ほどおいしくは感じられない。

社会現象の多くは、循環的なふるまいを示す。それは、波のような動きのこともあれば、単発的な急上昇や急増のこともある。サーモスタットの例は、タイムラグに注意すること、ラジエーター内の温水のように積み上がった在庫を認識することを教えてくれる。旧ソ連が人類初の無人人工衛星スプートニクの打ち上げに成功したとき、アメリカでは科学者と技術者不足が喫緊の課題となり、育成プログラムが次々に発足して潤沢な予算がつけられた。だがこのプロセスはきわめてのろい。若者を科学や工学分野に送り込み、大学さらには大学院で教育するには時間がかかるからだ。この「パイプライン」は高校の頃から始まり、その出口は最短でも6年先になる。高性能サーモスタットを備えて、科学者不足とされたものが完全に解消される数年前にプログラムを中止し、パイプラインを通常の水準に復帰させない限り、科学者の製造（科学者の数ではない）は、サーモスタットが「そこまで」と言った時点でピークに達することになる。ラジエーター内の温水と同じく、パイプラインには6年分の科学者と技術者が入っている。となれば、6年分の余剰が積み上がって突出した「科学者過剰」となり、新規募集には歯止めがかかるだろう。そして数年を要してようやく供給が通常の水準に戻る頃には、今度は科学者が十分に補充されない状況となる。この「科学者不足」はすくなくとも6年間にわたり深刻化し、その後にようやく事態は改善される。そして、このサイクルが繰り返されることになる。

社会科学におけるモデル

循環的なふるまいを表す身近なモデルがあると、社会的行動を理解するうえで役に立つ。「モデル」と言うとき、私は次の2つのうちどちらかを意味している。第1は、分析対象の現象を生じさせる関係性を正確かつ経済的に記述できるモデルである。第2は、生態系、力学系、社会制度などに分析対象の現象を生じさせる関係性がきわめてわかりやすい形で内在しており、こうした系そのものがモデルとなるケースである。「モデル」のこの2つの意味は、まったく別物というわけではない。セントラルヒーティング・システムがモデルとして役に立つのは、そのしくみを正確かつ簡潔に記述できるので、数学的な形式にほぼ直接変換できるからだ。セントラルヒーティング・システムを考えるとき、誰もが何らかの特定の家やラジエーターを思い浮かべるだろう。だが家の形や立地、部屋や窓の配置、ボイラーの燃料、家のある地域の気候といったものは、実際には問題ではない。思い浮かべた家のイメージが同じでなくても、モデルには同意することができる。

ボイラーは、オンとオフという2つの状態だけを持つ単なる物体に過ぎない。ラジエーター内の水の温度は変数であり、ボイラーがオフのときは室温に近づき、オンになると上昇する。室温も変数であり、ラジエーター内の水温が低いときは外気温に近づき、水温が高くなると、外気温によっては上限まで上昇する。サーモスタットは動作ルールそのものであり、室温が設定温度を下回るとボイラーを「オン」に、上回ると「オフ」にするよう定めている。

ここで外気温を変数に追加して「モデル」を拡張することが可能だ。この場合、建物の熱損失は室温と外気温の差に比例すること、ラジエーターの熱損失は水温と室温の差に比例することに注目して、水温の限界値を外気温と関連付ける。「水温」「室温」「ボイラーがオン」「ボイラーがオフ」などとせずに、x、y、zといった無味乾燥な代数の記号で表すなら、抽象的な数学の系ができあがる。言い換えれば、いま取り上げているセントラルヒーティング・システムの特性を数学的に正確に記述できたことになる。そして私たちがモデルで表現したいのは、まさにこの特性にほかならない。ここでは具体的には、分析対象の循環的なふるまいを説明する特性だけを表現しようとする。

さらに一歩進んで、セントラルヒーティング・システムとは無関係の数学的な記述を得ることも可能だ。変数xは変数yの水準に応じて増減し、変数yは「オン」または「オフ」の2通りの値をとる変数zに応じて増減する（zの変数はxの値が設定値を上回るか下回るかに応じてオンかオフになる）というふうに定義すれば、これらの変数は件《くだん》のセントラルヒーティング・システムのようにふるまうことになる。セントラルヒーティング・システムは、こうしたx、y、zの関係を持つ系のひとつの「表現」にすぎない。このモデルで記述できるものは何でも、モデルがふるまうようにふるまうはずだ。

これが役に立つかどうかは、言うまでもなく、モデルで記述可能な興味深い事象があるかどうか、またモデルが必要かどうかに懸かっている。モデルが、その事象を生じさせたメカニズムを気づかせてくれ、実際の現象を説明するときに何を探せばよいかを教えてくれて、有利なスタートを切ることに貢献するなら、そのモデルはぜひとも必要である。非常に単純なモデルは、非常に単純な事象しか説明できないし、そのように単純な事象にはモデルは必要ないだろう。一方、あまりに複雑なモデルは、そのモデルを導き出すもとになった事象以外には当てはまらないかもしれない。そのようなモデルは、すでに分析済みの特定の事象をコンパクトな数式で表すという効用しかないだろう。役に立つのは、さまざまなふるまいに当てはまる程度に単純であると同時に、モデルの助けを借りないと説明しがたいふるまいにも当てはまる程度に複雑なモデルである。

いま挙げた基準を満たすモデルは、サーモスタット制御のセントラルヒーティング・システムのような物理系・力学系をはじめ、社会現象、動物・人間の行動、科学の原理、家庭の活動などを記述する場合が多い。たとえば「臨界質量《クリティカル・マス》」がそうだ。原子炉はひとたび「臨界状態」に達せば、核分裂連鎖反応が自律的に維持されるようになる。しかし原子炉でも原子爆弾でも、必要最小限の核分裂性物質が集積されていないと、反応の減衰を防ぐことはできない。だがそんなことは、ボーイスカウトは半世紀前から、人類はもっとずっと前から知っている。なぜなら焚き火も、たった1本の薪から火をおこすのはほとんど不可能だという点で、原子炉と同じだからだ。クリティカル・マスの原理は単純明快であり、伝染病、流行、種の存続と絶滅、言語体系、人種統合、信号無視、パニック行動、政治運動などに広く使われるのもふしぎはない。

社会科学で使われるモデルの大半は、個別に存在するのではなく、共通性のあるモデルがまとまりを形成している。循環モデルとか、クリティカル・マス・モデルというものが存在しない代わりに、いくつかの特性は異なっても基本特性は共通するモデル族が存在する。麻疹ワクチンは、重要な特性の一部がサーモスタット・システムと共通するが、他の重要な面では異なっている。ワクチン接種を行わない場合の麻疹の流行モデルも、いくらかちがいはあるが、同じ族と認められるだろう。ファッションや第一子の名前の周期的流行、寄生生物集団と宿主集団の循環的な相互作用、造船産業の景気循環といったものを表すモデルは、異なる面もあるが、重要な点で似通っている。同じことが、クリティカル・マス現象にも当てはまる。

モデルというものは道具にほかならず、調節可能でないと、ものの役に立たない。でなければ、必要に応じて適切なものを選べるような部品がセットになっていなければならない。モンキースパナは汎用的な道具だが、ただのスパナは一種類のボルトにしか対応しない。これでは、多くの秘密の扉を開けることはできないのである。

本章では、社会科学で広く活用されているいくつかのモデル族を取り上げる。その多くには、動物生態学、疫学、物理学などの分野に対応するモデルが存在する。これから論じるのは完成された理論ではなく、ひんぱんに発生する行動パターンのモデルにすぎない。親しみやすいモデルの助けを借りれば、パターンの認識や比較が容易になる。モデルが共有され、名前がつけられれば、コミュニケーションにも役立つ。

私の知る限りでは、こうしたモデルを集めた標準コレクションのようなものは存在しない。一部のモデルは経済学者がよく使い、一部のモデルは社会学者がよく使うといった具合に、疫学専門家、交通技術者等々、それぞれに使い慣れたモデルがある。人種差別の研究者がよく使うモデルがあるが、同じようなモデルが動物生態学で使われていることを彼らはたぶん知らないだろう。また人口統計学では、経済学で使われるモデルとよく似たモデルが使われている。自分の専門分野の外でも同じようなモデルが使われていることを知ったら、そのモデルを改めて評価し、一段と活用するようになるのではないだろうか。モデルが広く応用されていることを知ったら、特殊で固有な事象だけでなく、もっと一般的あるいは基本的な事象にも活用できると気づくかもしれない。

よく使われるモデル族をここで列挙するつもりはない。本章では、さまざまな研究分野やさまざまな問題領域にわたって活用できる一連のモデルがあることを紹介し、そうしたモデル族は単に有用な道具であることにとどまらず、多様な事象への応用を通じていっそう価値が高まり、またいっそうなじみやすいものになりうることを示したい。また、社会科学の研究者はそうしたモデルの出現に注意を払い、見つけたらすぐに自分のレパートリーに加えて活用すべきであることも指摘しておこう。

モデルは、重なり合うことが多い。麻疹の流行は、だいたいにおいてクリティカル・マス現象である(4)。また、ワクチン未接種者が増えていく中断期間を経て再び流行する現象は、循環モデルに相当する。さらに、第2章で取り上げた加速度原理も絡んでくる。ウィルスに感染して実際に発症した人の数は、保菌者の減少分に等しい。またそこから死亡者の数を差し引けば、免疫獲得者の増加分に等しくなる。

第4章で取り上げる「区切られた居住区モデル」は、一定地域内の人種の混合・分離や2種類の

(4) 麻疹の流行を研究するための初歩的なモデルと、都市別のデータの比較結果については、以下にわかりやすく解説されている。Maurice S. Bartlett, "Epidemics," in *Statistics: A Guide to the Unknown*, eds. Judith M. Tanur and Frederick Mosteller (Holden-Day, Inc., 1972), pp. 66–76.

母集団の流入・流出の研究に活用できるだろう。同じ分析スキームですこし見方を変えれば、2種類の種の増減にも応用できそうだ。生物学者なら、競合する種、互恵的な種、捕食者と被食者の繁殖・衰退、存続・絶滅を研究する目的で活用できるだろう。経済学者のケネス・ボールディングは、そうした生態系モデルを使って紛争の解決を研究している。(5)

クリティカル・マス、レモン、ティッピング

ハーバード大学の教授陣の間でよく起きる現象に、「立ち消えになるセミナー」がある。勉強熱心な25人ほどが集まり、誰かが世話役になって、全員が興味を持つテーマについて定期的に議論することになる。会合は、みんなが集まりやすい時間に設定される。初回の首尾は上々だ。メンバーの4分の3以上が出席し、不満の声はほとんど聞かれない。ところが3、4回目には参加者は半分程度になり、それからすぐに5、6人になってしまう。最後はこの5、6人が合意して、あるいは嫌気のさした世話役が次の会合の手配をせずに、セミナーは消滅する。

すると当初のメンバーは、セミナーがうまくいかなかったことを口々に残念がる。ほかの人がこのセミナーに意義を見出せなかったのは嘆かわしい、と言うのだ。そして、みんなが興味を持てなかったのが原因だという結論に達する。

だが最初の時点では興味はあったはずである。だから、興味はあったにもかかわらずセミナーは消滅したと考えるべきだ。もし質問されたらほぼ全員が、ほかのメンバーがちゃんと出席して会合

が意味のあるものになるなら、自分だって何とか都合をつけて参加したはずだと言うだろう。

これと関連する（すくなくとも私はそう考えている）社会現象が、私の家の裏手にある草地で、まるで定期的な実験のように毎年秋に出現する。誰かがネットを張り、友達を集めてバレーボールを始めるのである。するとまた何人かが加わる。ここで、次の2つのうちどちらかが起きる。2日目か3日目には、バレーボールの試合ができるだけの人数が集まる。みんなが顔見知りになり、何曜日の何時に集まろう、と話がまとまる。通りすがりに飛び入り参加する人も現れる。この企画はうまくいき、雪が降る季節まで続く。もう1つの可能性は、「立ち消えになるセミナー」の経過をたどることだ。バレーボールは楽しいけど、ものすごく楽しくはない、だってちゃんと来ない人がいるから、というわけだ。これでは不参加率を抑えるだけの意欲や情熱を盛り上げ、十分な人数を維持することはできない。

このバレーボールのことを思い出させるような出来事に、私は1日のうちに5回も6回も遭遇することがある。ケンブリッジの混雑した交差点では、車が次々に往来するなか、歩行者用信号が赤なのに渡ってのけるすばしこい歩行者がいる。だがそういう歩行者はほんの一握りほどで、たいていの歩行者は尻込みする。大勢が渡り始めたら尻馬に乗る気はあるのだが、十分な人数が集まらないといやだと思っている。彼らはきょろきょろ左右を見渡すが、それは車に注意するためではなく、

（5） とくに以下を参照されたい。J. Maynard Smith, *Models in Ecology*（Cambridge University Press, 1974）, Chapter 5, "Competition", Kenneth E. Boulding, *Conflict and Defense*（Harper and Brothers, 1962）, Chapter 6, "The Group as a Party to Conflict: The Ecological Model".

他の歩行者の様子をうかがうためなのだ！　ある時点で、これだけ頭数が揃えば十分だと何人かが判断し、集団を形成して近くの人をさらに呼び込む。こうなると、まだ迷っていた人も加わり、ついには臆病な連中まで参加して大集団になる。これほどの数になると、車もあきらめて止まらざるをえない。さほど混雑していない交差点であれば、向こう見ずな連中がまず道路に踏み出せば、尻込みしていた人たちもすぐに追随する。もっとも、先陣を切る人が少なすぎると、運転者を威嚇するには不十分であり、臆病な集団に追随させることはできない。そこで渡り始めた連中もすごすごと歩道に戻ることになる。

学期の最後の日、教官が資料をまとめて教室を出ようとするとき、何人かの学生が義務や礼儀や感謝の気持ちから拍手をすることがある。この拍手が十分に力強ければ、クラス全体が追随して大喝采になる。だが自信なげな拍手だと、やがて立ち消えになり、気まずい沈黙に終わってしまう。最後の日を除くふだんの講義では、終了時間を過ぎても教官が話し続けていると、一部の学生がさきほどの歩行者のような行動をとり始める。そわそわした様子でドアの方をちらちら見て、机の上の本を片付け、ちょっと中腰になってみたりする。自分の退出があまりめだたないように、誰かまねしてくれる仲間が現れるのを期待しているのである。

もし他の人もやっていたら、私も芝生の上を歩く。みんなが二重駐車をしていたら、私もやってしまう。みんなが礼儀正しく列を作っていたら、私も並ぶ。だがみんながチケット売り場に殺到し始めたら、乗り遅れないようにする。ただし、先頭集団には入らないように気を配る。禁煙区域で何人かが煙草を吸ったにもかかわらず、管理者がたまたま別のことに気を取られていて注意しなかったとしよう。それを見ていた大勢がさっそく煙草に火をつける。かくして事態は手の施しようがなくなり、もはや誰も注意しないし、注意されても誰も煙草をやめない。ある古い住宅地区が荒廃してきたと新聞で報道される。理由は、家をまめに手入れして整えていた人たちが引っ越してしまったからだという。だが彼らが引っ越した理由は、隣近所が荒れてきたからだ。その理由は、この地区を愛していた人たちが引っ越してしまったからで、その理由は近隣が荒れてきたからだ……。一部の学校では、白人の生徒が転校していく。というのも、白人の生徒が少ないからだ。出て行く生徒が増えると、白人の生徒はますます少なくなる。すると、昨日はあまり気にしていなかった生徒も、今日になると気になってくる。こうして彼らが転校すると、白人生徒はさらに減り、残った生徒も明日には転校することになる。逆に別の学校では、まったく同じ動機から、黒人の生徒が転校していく。黒人が少なすぎて、居心地が悪いからだ。こうして転校者が増えると、残った黒人生徒はますます居心地が悪くなる。

いま挙げた例すべてに共通するのは、人々の行動が、どれだけ多くの人がその行動をとるか、あるいはどれだけの頻度でその行動をとるかに左右されることである。どれだけ多くの人がどれだけの頻度でセミナーに出席するか、どれだけ多くの人がどれだけの頻度でバレーボールに参加するか、どれだけ多くの人が喫煙するか、二重駐車するか、どれだけ多くの人がどの程度力強く拍手するか、どれだけ多くの人がさびれた地区を離れるか、どれだけ多くの生徒が転校していくか、といった具合に。

これらの行動を総称して、クリティカル・マスと呼ぶ。社会科学者はこの名称を原子力工学からとった。原子力工学では、原子爆弾に関連してこの言葉がよく使われる。ウラニウムのような物質の中で放射性崩壊が発生すると、中性子が大気中に放出される。中性子が他の原子核に衝突すると、核が分裂して2、3個の中性子が飛び出し、それがまた同じことを繰り返す。ウラニウムが少量の場合には、中性子からすれば空間はほとんど「空っぽ」で他の原子と衝突する可能性はごく小さいため、新たな中性子の放出はごく少量にとどまる。だがウラニウムが大量であれば、衝突する可能性が高くなり、2個以上の中性子を生み出すことになる。さらに、中性子の半分以上が新たに2個の中性子を生み出せるだけの量のウラニウムが存在すれば、この分裂反応は自律的に維持されるようになる。このときのウラニウムの量を「臨界質量《クリティカル・マス》」と呼ぶ。臨界質量を上回るウラニウムが集積されれば、1個の中性子が平均して1個以上の中性子を生み出す。爆発的な連鎖反応が起きると（密閉空間の中で火薬1粒の爆発が他の粒の爆発を誘発する現象と似ている）、ウラニウムは一瞬で全部消費される（ウラニウムがばらばらに飛び散って反応が止まる場合を除く）。

「質量《マス》」には「塊」という意味もある。この意味でとりあえずいま思いつくのは、大勢の人間がかたまって発する熱の例だ。1人の人間は、熱を空間に放射する。2人なら互いの熱を反射する。室内に大勢の人がいれば、お互いをずっと温め合うことができる。みんながぎゅっと肩を寄せ合っていれば、たとえ寒空の下でも、十分に熱いかもしれない。

じつは原子爆弾の場合であっても、「質量」という言い方は厳密には正しくない。「臨界」に達するかどうかを決めるのはウラニウムの質量だけでなく、密度、純度、形状、被膜も関わってくるからだ。さらに質量が原子の数に比例することを考えれば、臨界数という表現も適切だと言える。

当面の目的に関する限り、臨界質量とは臨界数、臨界密度、臨界比率の簡略表現と考えることにし、二酸化炭素など特殊なケースに限っては実際に質量を表すと考えることにしよう。すべてのクリティカル・マス・モデルは、ある最低水準を超えたら自律的に継続するような活動を表している。この最低水準が活動の参加人数であれ、活動の頻度や期間であれ、しない人とする人の比率であれ、1平方フィートまたは1日または1回当たりの線量であれ、それを超えたら自律的に継続するような活動を「クリティカル・マス」活動と呼ぶ。以下ではもうすこしくわしく説明したい。なお「活動」とは、単にどこかにいる（またはいない）ことも含めた意味であることに注意されたい。十分な数の人がその場に残るなら誰もが残り、全体の数が「十分」を上回れば全員が残る。十分な数が残らないなら、誰もが出て行く。同じ地区に住む、あるいは学校に入学する、あるいは社交行事や政治活動に参加する白人と黒人、男と女、英語を話す人とフランス語を話す人といった場合には、数よりも比率が問題になることもある。

クリティカル・マス・モデルにはさまざまな種類がある。たとえば、実際の数に基づいて意思決定が行われるケースがある。多数派になりたいとか、20人以上が参加するなら自分も参加するとか、出席者がたくさんいるなら自分も出席するとか、陪審員の評決で「有罪」に賛成する、といった具合である。数そのものではなく、数の効果が重視されるケースもある。みんなが二重駐車をしていれば、罰を免れるので誰もがやる。周囲がうるさければ、相手に聞こえるように負けじと声を張り上げる。大勢が自転車で車道を走っていれば、車の運転者はやむなく対応するので、自転車乗りは安全になる。また、連鎖反応における中性子のように、活動が個人同士の接触に関わるケースもある。たとえば耳にしたばかりの噂を言いふらしたくても、ちょうど伝染病と同じで、関与する母集団が十分に大きくないと、うまく誰かに出くわして話すことができない。母集団が大きくない場合には、噂は拡がらずに立ち消えになる。

活動の中には反復的かつ可逆的なものがある。暗くなってからも大勢の人が歩いているなら、自分も家まで歩いて帰る。あまり人がいないと感じたら、自分も歩かない。これに対して、タトゥーを入れるとか自殺するなど、不可逆的な活動もある。また、1回限りの活動もある。たとえば、ほんとうはジーンズで会議に出たいが、大半の人がきちんとした服装をしているならやめる、というときがそうだ。また選択には、右側通行か左側通行かなど二値選択もあれば、どの外国語を学ぶかなど複数の選択肢から選ぶものもある。ネクタイを着用するかしないかなど、有無や可否を選択する場合もあれば、他人のラジオをかき消すために自分のラジオの音量を上げるなど、速度・強度・頻度などを選択する場合もある。

社会的な反応の場合、物理や化学の反応とは異なり、「臨界数」が人によってちがうことが多い。ある程度の人数が正装すれば自分が正装しても悪目立ちしないなら自分もするという人もいれば、ほとんどの人が正装するので自分もしないとおかしいときだけ正装するという人もいる。学校を選ぶとき、女子が男子の3、4倍程度ならかまわないと考える男もいれば、大半が男子でなければ行かないという男もいる。候補者が当選する見込みがいくらかでもあるなら投票するという人もいれば、他の候補者より当選の可能性が高い場合しか投票しないという人もいるし、絶対当選すると確信できるときだけ投票するという人もいる。

このように、一般的なモデルでは全員の臨界点が同じケースもあれば、臨界点が異なるケースもある。後者は、たとえばこんなふうになる。全員のうち5人は、10人が出席するならセミナーに定期参加するつもりだ。別の5人（これで合計10人になる）は、15人が出席するなら出席しようと考えている。30人にとって30人の出席が条件だということもあれば、50人にとって40人の出席で十分ということもある。

人によってこのように臨界点が異なる場合、かなり広範囲の人数について、その人数が揃えば大方の人にとっては満足だが、ごく少数の人にとっては不十分だということが起こりうる。そして、不十分だと感じた少数が出て行けば、さらに出て行く人が増え、結局はみな出て行く結果になる。よって、最終的に誰もいなくなったという事実だけでは、どれほど多くの満足していた人が途中で出て行ったのか、ということはわからない。

ハーバード大学の「立ち消えになるセミナー」は、次のような経過をたどった可能性がある。何人が出席したとしても、この人数では不十分だと2、3人が感じ、次に出席しない。すると別の2、3人が、これでは不十分だと考えて参加しなくなり、するとまた別の2、3人が参加しなくなる。途中の時点で説得または強制により何人を引き止めることができれば、セミナーは存続できただろうか。その数は意外に多いかもしれないし、少ないかもしれない。最終的にセミナーが消滅したという事実だけからは、存続の可能性がどれほどあったのかはわからない。

このモデルは、母集団の一部は人数に関係なくやる、一部は人数に関係なくやらない、という状況にも問題なく当てはまる。たとえば、ロースクールの成績判定方式を考えてみよう。5段階評価か単位認定の可否のみかを学生が自由に選べるとしたら、たいていは、どれほど大勢が5段階評価を選ぼうと可否判定を選ぶ学生、逆にどれほど大勢が可否判定を選ぼうと5段階評価を選ぶ学生、そして中間グループができる。中間グループは、大勢が可否判定を選ぶなら自分も選び、大勢が選ばないなら5段階評価を選ぶ。ここで、第1グループと第2グループの行動は、中間の第3グループの選択には左右されないことに注意してほしい。しかし、その逆は成り立たない。つまり他人に影響されない人の行動は、他人に影響を与える。だから、他人の行動を気にしない2つのグループを分析対象から外して、クリティカル・マス現象を示した第3グループだけを分析するわけにはいかない。他人に左右されずに無条件の選択をする2つのグループがどちらも少人数だった場合、次のいずれかの結果が起こりうる。他人に左右される人がそろって可否判定を選んだ場合には、その人数（無条件に可否判定を選ぶ人を含む）は自律的に維持される。他人に左右される人がそろって5段階評価を選んだ場合には、その人数（無条件に5段階評価を選ぶ人を含む）は自律的に維持される。

だが、別の可能性もある。無条件に可否判定を選ぶ学生の数が十分に多かったら、他人に左右される学生たちも可否判定を選ぶようになり、その数が増えればますます多くの学生が可否判定を選ぶ。そして最終的には、無条件に5段階評価を選ぶ学生以外、全員が可否判定を選ぶことになる。この場合、必ず1つの結果に収斂する。他人の選択に左右されない人たちがクリティカル・マスを生み出し、連鎖反応を通じて残りの人を呑み込むからだ。

モデル自体は、どの結果が好ましいといったことは何も語らないことに注意してほしい。ここではわかりやすくするために、どの人の選択も、どれだけ大勢が選ぶかに左右されるとしよう。この場合には、すくなくとも3通りの状況が考えられる。第1は、誰もが本音では合否判定が好きだが、十分な数の人がそれを選ばないと、自分が選ぶのは居心地が悪いと感じている。第2は、誰もが本音では5段階評価が好きだが、十分な数の人がそれを選ばないと、自分が選ぶのは居心地が悪いと感じている。第3は、一部の人は本音では合否判定が好きだが、十分な数の人がそれを選ばないと自分が選ぶのは居心地が悪いと感じ、残りの人は本音では5段階評価が好きだが、十分な数の人がそれを選ばないと自分が選ぶのは居心地が悪いと感じている。すると、誰もが好む結果になる、誰も好まない結果になる、一部は好み一部は好まない結果になる、のどれかになるはずだ。

つまり、全員が好む結果になる場合もあれば、ならない場合もあるということだ。たとえある結果が満場一致で選ばれたとしても、全員に選ばれたという事実からだけで、それが好まれていると推断することはできない。みんながサマータイムやメートル法に従うなら、みんなが女性をミズと呼びかけ先生はファーストネームで呼ぶなら、みんなが交差点で信号が緑になるのを待つなら、私もそうする。そして誰もが私と同じような考えの持ち主なら、結果的に誰もが同じことをするわけだ。だが、笑顔でやるとかしかめ面でやるというのでない限り、喜んでやっているのか渋々やっているのかは外からはわからない。また、ある人は笑顔である人はしかめ面だというのでない限り、誰が好み誰が好んでいないのかもわからないし、誰が単に習慣に従っているだけなのかもわからない。

さて、クリティカル・マス現象の下位区分には、特別な名前をつけられているものがある。ひとつはレモン（lemon）、もうひとつはティッピング（tipping）である。

レモン・モデルはある特殊な相互依存行動を表しており、それにふさわしい名前がつけられている。この名前は、共有地（コモンズ）のように古い概念や制度を表す言葉に新しい意味を与えたわけではないし、原子力工学や生態系や園芸学からの借り物でもない。また、いつの間にかみんなが使うようになったルーツのはっきりしない言葉でもない。なにしろ経済学者のジョージ・アカロフという、れっきとした名付け親がいるのだから。アカロフは、「レモン市場」には興味深い特徴があり、他のさまざまな状況を解明するヒントを与えてくれることに気づいて、この名前をつけた。この「レモン」とは、レモネードの材料になるあの酸っぱい果実ではなく、粗悪な中古車を意味する[6]。

アカロフの主張は、こうだ。中古車の売り手は、ある車が欠陥車かどうかを知っているが、買い手の方は平均に基づいて行動するしかない。というのも、欠陥車が混じっていることは承知しているが、自分の買いたい車がそうかどうかはわからないからだ。そこで買い手は、中古車市場における平均的な欠陥車出現率を考慮した値段しか払うまいとする。平均に基づくこの値段は、欠陥車にとっては高いが、上質な中古車にとっては安すぎる。上質な中古車の持ち主としては、他人の売る欠陥車の価値まで見込んだ値段では売りたくはない。そこで上質な中古車はあまり市場に出てこなくなり、欠陥車の出現率は押し上げられる。客はこのことを察知し、欠陥車をつかまされる可能性をより多く見込んだ値段で買おうとする。すると、当初の市場では並みだった中古車にとっても、値段が安すぎることになる。よって並みの中古車の持ち主も、売りたくなくなる。かくして欠陥車の出現率はますます高くなる。そして最終的には、市場取引は消滅する。ただし、よい車を扱うと評判の業者が保証や検査証といった制度的なしくみを用意するなどして、中古車市場そのものは存続するかもしれない。

　アカロフはこのモデルを一般化し、両当事者間で情報が非対称であるような市場に当てはめた。たとえば保険会社は、一般に加入者についての情報が本人より不足している。つまり、事故を起こしやすいとか、家系に遺伝病があるとか、ひそかに自殺を考えている、といったことを知らない。そこで、たとえば65歳の人の保険料率は、この年齢の人の大半は以後そう長くは生きないという前提で設定されている。すると、自分は健康で、長寿の家系で、ほとんどリスクのない生活を送っていると自覚している人まで、リスクの高い人と同じ料率で保険料を払い込まなければならない。こうした人にとって生命保険は魅力に乏しいから、保険に入ろうとしない。すると加入者の平均余命が短くなって、保険料率は一段と高くなる。すると、ごくふつうの平均余命が見込まれる人にとっても、保険は魅力的でなくなる。するとまた……という具合になる。

　このプロセスは、老人ホームにやや「若い」高齢者を募る例として、第5章でも取り上げる。これは、平均を下回る人または上回る人が退場するか、そもそも参加しないことによって潜在的な市場や制度が消滅する状況とよく似ており、ときには完全に一致する。こうしたケースでは、人々の選好の多様性や平均重視の傾向などの理由から、クリティカル・マスが維持されない。そして全体

（6） George A. Akerlof, "The Market for Lemons: Quality Uncertainty and the Market Mechanism", *The Quarterly Journal of Economics*, 84（August 1970）, No. 3.

を解体させるような行動が始まるか、そもそも活動が軌道に載らないことになる。この経過は、ほとんど実現しかかったが完全には実現しなかったクリティカル・マスと見かけがよく似ている。したがってこれは、クリティカル・マス・モデルとは別物だが同類ではあると言えるだろう。

さきほどアカロフのレモン・モデルには、相互依存行動にふさわしい名前がついていると書いた。その種明かしをしておこう。「レモン」というこのモデル名は紆余曲折の末に定着しつつあるが、もし定着しなかったときには、読者の後押しを頼りにしている、ということである。

ティッピングという名前は、住み分けモデルで最初に使われた。もともと均等に混ざり合っていた母集団に数人のマイノリティーが引っ越してくると、もとの集団から一部の人が出て行くか、出て行く気配を示す。出て行く人がいれば空き家ができるので、さらに多くのマイノリティーが入って来られる。新入りが増えるにつれて、以前からの住人が出て行く数が増える。こうしておなじみのプロセスが続く。出て行く人の中には、マイノリティーの流入を嫌った人もいるだろうし、この流れは一旦始まったらずっと続くと考えた人もいるだろうし、いずれ大慌てで家を売る事態を恐れた人もいるだろう。このテーマを取り上げた初期の研究では、モデルがきちんと示されていなかった。1960年代になると、このコンセプトが学校や学区に応用されるようになった。当時は少数民族の転入をきっかけに、白人の生徒が転出する現象が起きたからである。やがて、職業、学生クラブや学友会、大学や専門職大学院、公共の海岸やテニスコート、レストラン、ナイトクラブ、公園などにも応用されるようになった。

ティッピング・モデルでは、「ティップ・イン（押し込む）」「ティップ・アウト（押し出す）」という補足的なプロセスが生じることもあきらかになった。マイノリティーの出現をきっかけに白人が出て行くだけでなく、マイノリティー自身も仲間の多い地区に引き寄せられる。こうして、マイノリティーの流入が自律的に維持される最低水準を超えると、流入は加速することになる。ティップ・インでもティップ・アウトでも、プロセスの一部には予想が関係してくる。白人は、我慢できないほどマイノリティーが増えるまで転居を先送りにはしないし、マイノリティーの方も、これからどんどん数が増えるとある程度自信を持って期待できれば、十分居心地のよくなるまで仲間が増えるのを待ってはいない。

ティッピング・モデルは、クリティカル・マス現象の特殊なケースと言える（特殊にしては範囲が広いが）。このモデルの特徴は、どこを転換点と見るかが人によってかなりちがうこと、住居や職業や余暇などの場所と関わりがあること、より一般的には何かをするのではなくどこかにいる行動であること、臨界数が2つ以上の別々の集団に関連付けられること、どの集団も別々にティップ・インしたりティップ・アウトしたりすること、プロセスに自覚的な意思決定と予測が関わっていることである。食堂のテーブルに黒人がやって来て白人が立ち去るといった規模の小さいケースもあれば、ローデシアの白人人口のように規模の大きいケースもある。

クリティカル・マスのグラフ化

クリティカル・マス・モデルは、グラフで明確に示すことができる。その一部をここで紹介しよう。何らかの活動を想定する方がわかりやすいので、ここでは、ある講座のオプションとして土曜の朝に開かれる勉強会への参加を考えることにしよう。このようなとき、参加人数がどうあれ必ず自分は参加するという人がいる。逆に自分は絶対に参加しないという人もいる。だが大方の人は、十分な人数が参加する場合に限って自分も参加しようと考える。ただし、何人いれば「十分」なのかは、人によってちがう。また、十分な人数がいれば会の意義が深まるからという人もいれば、そうなったら自分も参加しないと気まずいからという人もいる。

自分が見込んだ参加人数に基づいて参加するかしないかを決めるという人には、この人に参加を決意させるための最低必要人数（＝臨界数）がある。これは、絶対数でもいいし、全体に対する比率でもいい。勉強会の対象者が100人いるとしたら、絶対数とパーセンテージは同じことになる。他人の選択に左右されない人が何人かいるから、臨界数を持つ人の数は100人より少ない。度数分布表を作ってこの人の臨界数は50人、20人、1人、75人という具合に書き入れ、これを棒グラフにする。棒の高さを見れば、臨界数が20〜25の人は何人で、25〜30の人は何人かがわかる。この棒グラフをスムーズな曲線で結んだら、どうなるだろうか。臨界数が平均値の周辺に集まり、両極端に向けて減っていくなら、おなじみの釣り鐘型曲線になるだろう。母集団が2つのグループにはっきり分かれ、それぞれの臨界数が異なる平均値の周辺に集まったら凸が2つのグラフ、両極端に向けて増えたらU字型のグラフになるだろう。この度数分布に、他人の選択に左右されない人の数を加えて、グラフを作成する。

次に、度数分布を累積度数分布に直す。累積度数は、参加が見込まれる人数に対して、その数を十分と考える人すべてを表す。「累積」という言葉がついているのは、横軸のどの点においても、もとの度数分布でその点より左に位置していた人をすべて含むからだ。35では、臨界数が35人以下の人がすべて含まれる。45では、これに加えて臨界数35〜45人の人が含まれる。１００では、全員の参加が見込まれるときに参加する人がすべて含まれる。この累積度数分布曲線は、右へ向かって増えていく。すくなくとも、減りはしない。なぜなら、参加見込み数が増えるほど、参加しようという人は増えるからである（大人数よりこじんまりした集まりの方が好きで、参加人数が多すぎないときだけ参加するという人がいるなら、２つの分布を考える必要がある。ひとつは、ある特定の人数を十分と考える人の度数分布、もうひとつはその人数を多すぎると考える人の度数分布である。すると累積度数分布曲線は、両者の差の累積を表すことになる。この曲線は、左から右へ向かって増えることもありうるし、減ることもありうる）。

累積度数分布曲線は、縦軸上で、たとえ1人の参加も見込まれなくても自分は必ず参加するという人の数からスタートする。そして、参加見込み数に左右される人をすべてカウントしながら、０〜１００の範囲で右へ向かって増えていく。横軸上の１００では、たとえみんなが参加しても自分は絶対に参加しないという人を除き、全員がカウントされることになる。

曲線の傾きは、度数分布の高さに比例する。もとの分布が釣り鐘型であれば、累積度数分布曲線の傾きは、もとの分布が最大値に達するところまできつくなり、その後はゆるやかになって、おおざっぱに言えばS字型になる。

これを表したグラフが、図1である。このグラフからは、数人の参加が見込まれるまでは誰も参

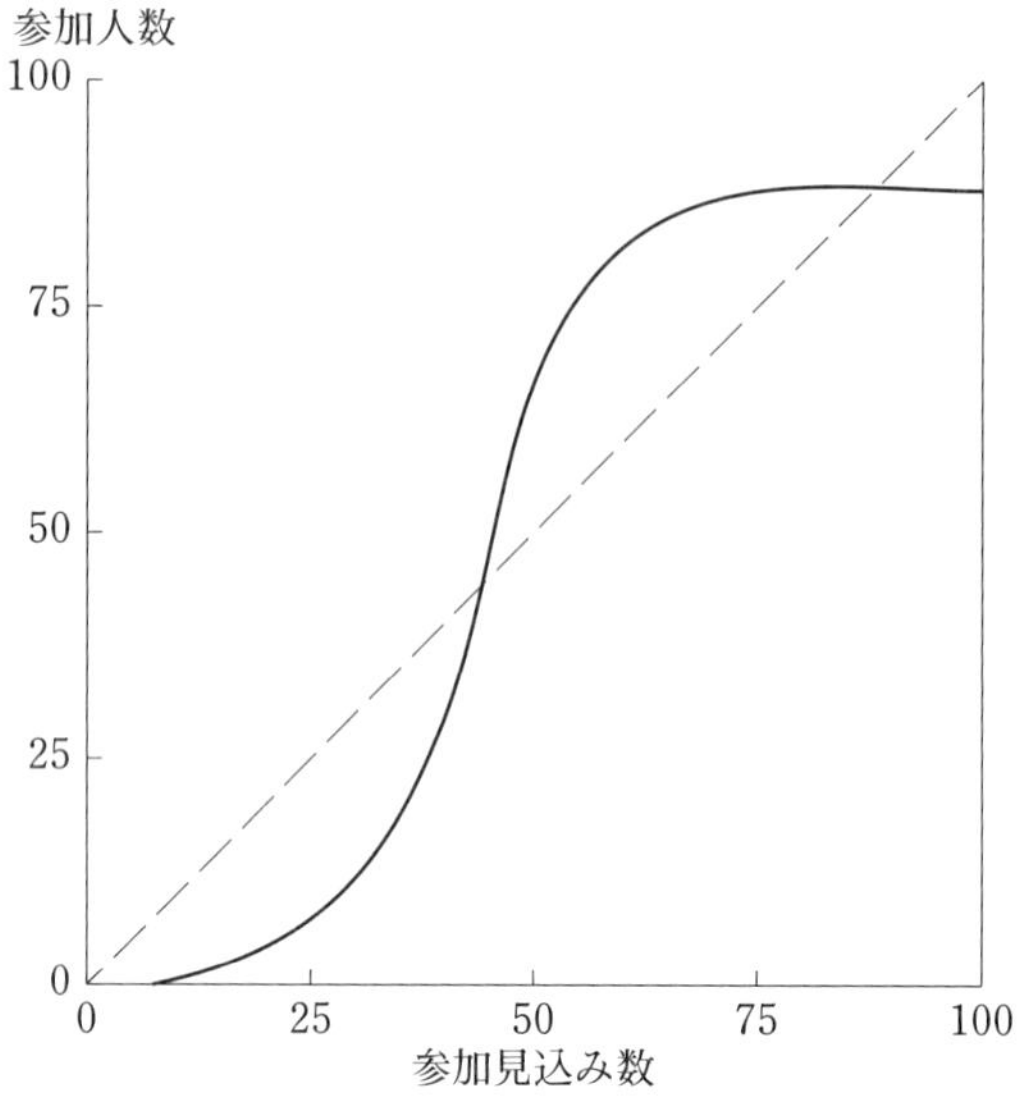

図１

加しないこと、全員の参加が見込まれても85人しか参加しないこと、大半の人にとっての臨界数は全体の3分の1から半分の間にあることが読み取れる（すでに述べたように、このグラフのもとになっている度数分布の棒グラフの高さが、曲線の傾きに比例する。この棒グラフは全体の45％の点で一気にピークに達する。グラフは対称形に近く、母集団の85％を含み、過半数が35～55の間に集中している）。参照用に傾き45度の点線を引いておいた。この線は高さと右方向の距離がつねに等しいので、見込み数に対して実際の参加人数が多いか少ないかを瞬時に見てとることができる。たとえば、25人いれば十分と考える人は、25人いない。そのことは、曲線が点線を下回っていることからすぐわかる。これに対して、60人いれば十分と考える人は、60人以上いる。

ここで、たとえば先週の参加人数から類推して、今週は25～30人の参加が見込まれるとしよう。この見込み数のときに参加するのは、12人前後にすぎない。この人たちは、やって来てがっかりする。この人数でもまた参加しようと考えるのは、1人か、せいぜい2人である。そこで次の週にはほとんど誰も参加せず、その次の週には誰もいなくなる。これに対して、3分の2の見込み数で参加するという人は4分の3に達する。だから、参加した人はみな満足する。この75人が引き続き参加するとなれば、さらに大勢が参加するだろう。次の週の見込み数が75人なら、80人以上が参加する。その次の週には、これまで参加した人全員が参加するだろう。見込み数が85人を上回ったら、85人が参加し、みな満足して、85人は参加し続けるはずだ。

以上のように、2通りの安定均衡が成立する。ひとつは85人の参加が見込まれ、実際に85人が参加する状況。もうひとつは1人の参加も見込まれず、実際に1人も来ない状況である。参加者が40人を下回ると、必ず何人かが失望して来なくなり、参加者が減って、さらに来ない人が増える。これが続いて、しまいには誰も来なくなる。一方、40人を上回ると、参加した人がみな満足するだけでなく、より多くの人が来るようになる。参加者が増えればさらに多くが参加し、最終的には85人全員が参加する。では、ぴったり40人の参加が見込まれるときはどうだろう。この場合には40人が参加するはずだ。だが40人をすこしでも上回ればより多くを呼び込めるが、すこしでも下回れば来なくなる人が増えて、最終的には85人まで増えるか、0人まで減ることになる。つまり40人は、不安定均衡と言える。

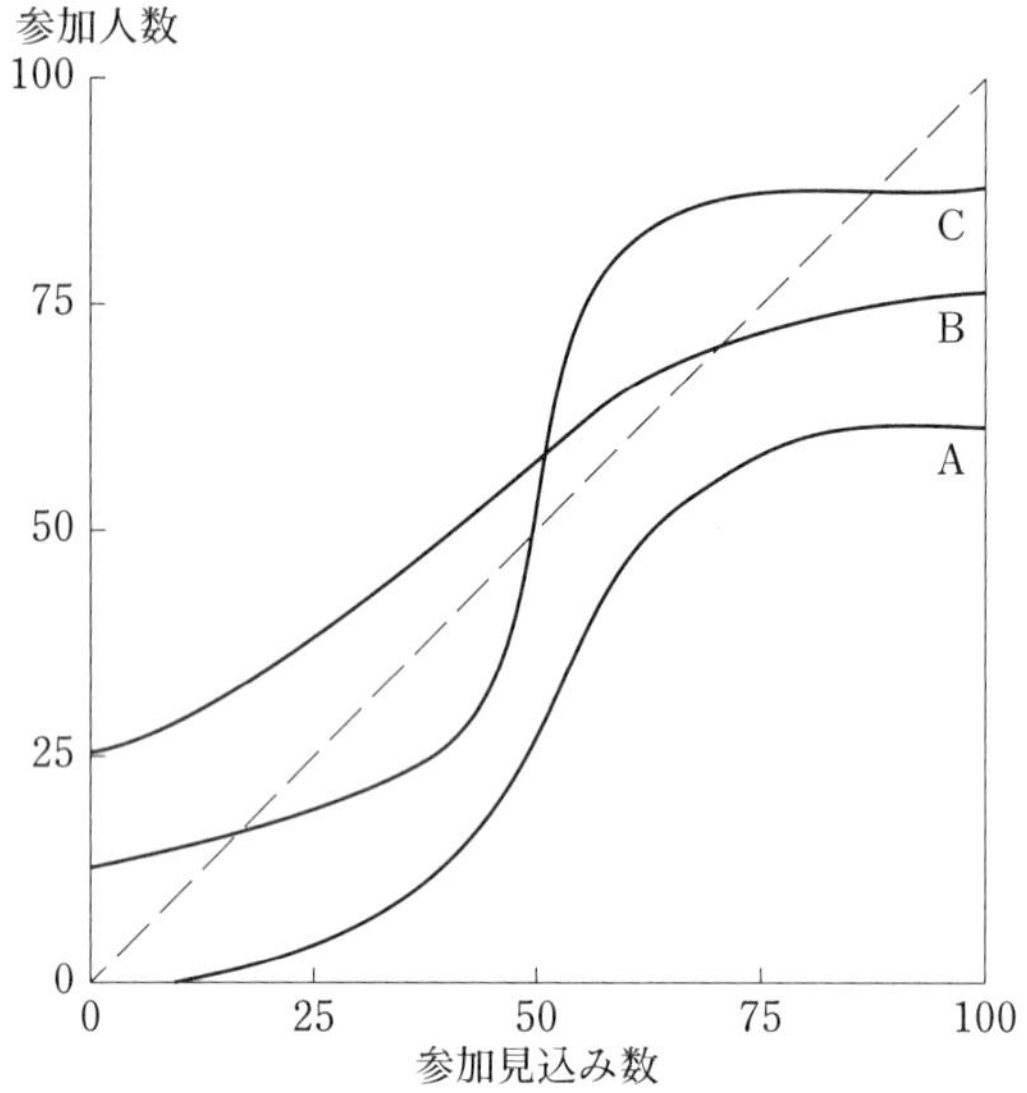

図2

図2には、他のケースを曲線A、B、Cで示した。曲線Cは、縦軸の12の点から始まっている。これは、参加見込み数とは無関係に必ず参加する人が12人いることを表す。12人が参加するなら自分も参加するという人が数人いるので、16～18人で安定均衡が実現する。25～30人が参加すれば十分という人は25～30人より少ないので、来た人はがっかりして来なくなり、参加者が16～18人になったところで落ち着く。そして50人前後で不安定均衡に達し、再び85人のところで安定均衡になる。

曲線Aは、臨界数すなわちクリティカル・マスに一度も届いておらず、あの「立ち消えになるセミナー」にそっくりである。半数の参加が見込まれるなら自分も参加するという人は4分の1しかおらず、3分の2に対しても半数にとどまる。全員の参加が見込まれても、参加する人は3分の2しかいない。だが全員が参加することはない。よって、参加者の数が自律的に維持される水準に達することはない。

曲線Bの場合には、クリティカル・マスに十分に届いている。見込み数が0～70人の範囲では、どの見込み数に対しても、それを上回る人数が参加する。この曲線は、45度線との交点で唯一の安定均衡に達する。70人を上回る見込み数に対しては、参加者は70人に満たないので、最終的に70人に収斂することになる。

曲線Bは、クリティカル・マス・モデル族の中で「乗数効果（multiplier effect）」を持つタイプの代表例である。曲線Bのようなグラフでは、いつもの参加者が何人か来なくなったら、あるいはいままで参加したことのない人が何人か来たら、均衡人数はどうなるかが興味深い問題となる。具体的には、曲線Bでは、参加見込み数にかかわらず無条件に参加する人が25人いるが、このうち12人が来なくなったらどうなるだろうか。この場合、曲線Bは縦軸上で12単位分、下に平行移動する（縦軸の数字を振り直し、12を0にすればよい。45度の参照線は、12単位分だけ上に平行移動する）。すると、25人で均衡することになる。元の曲線Bでは70人で均衡したから、45人少ない。うち33人は、参加人数が減ったことが原因である。12人が来なくなったら45人減ったことを比率で表すと、45／12すなわち3・75倍になる。これが「乗数効果」である。

乗数を求める式では、曲線の傾きが重要な意味を持つ。傾きは一定ではないが、もとの均衡から新しい均衡までの区間の傾きの平均は、(45－12)÷45、すなわち1－(12/45)となる。傾きをS、乗数をMで表せば、$S=1-(1/M)$、$M=1/(1-S)$である。よって、傾きが1／2なら乗数は2となり、傾きが1／4なら乗数は4／3、傾きが3／4なら乗数は4となる（傾きが1を超えることはない。また、もとの曲線Bより上の位置で45度線と交わることはない）。

「混雑回避」を表す曲線、すなわち参加見込み数が多くなるほど参加者が減る様子を表す曲線は、ここには掲げていない。この曲線は、縦軸上の高い位置からスタートする。この位置は、とても空いていると予想されるときに参加する人の数を表す。右方向へ進むにつれて曲線は右肩下がりになって、見込み数が増えるほど参加者が減ることを表す。この曲線は1度だけ45度の参照線と交わり、その時点で唯一の安定均衡に達する。

頭の体操のために、特別なケースを考えてみよう。町のスケートリンクには、2種類のスケーターが訪れる。一方は少数のプロ並みのスケーターで、空いたリンクを好む。もう一方は、遊びでやって来る大勢の客である。彼らは混雑しているのはいやだが、ガラガラなのも好きではない。少人数の真剣な客をグラフに表すと、右肩下がりの曲線になり、45度線とは左下の方で交わるだろう。大人数の遊び客は、山型の累積度数分布曲線を描き、45度線のかなり上の方で急激に増えた後、混雑して好ましくない点を超えて減り続ける。2つの母集団を合成するには、見込み数ごとに、それぞれの集団で実際に来場する数を足し合わせればよい。すると、縦軸上のいくらか上からスタートして右に向かって減り、45度線と交わるにせよ、交わらないにせよ、やがて急増する曲線が得られる。この曲線は、最終的にはかなり右上で45度線と交わるはずだ。

45度線との交点が1カ所しかない場合には、曲線は左下でいったん減った後に、45度線に達して真剣なスケーターが来なくなるまで上向く。このとき来場数は一部の遊び客にとって十分魅力的となるので、より多くの遊び客がやって来る。これが、混雑しすぎて真剣なスケーターがうんざりするまで続く（曲線が縦軸からスタートし、左下の部分でU字型を形成する場合には、曲線Bにいくらか似ているだろう）。真剣なスケーターが1人もいない場合には、0人で安定均衡が成立することに注意してほしい。客が少なすぎて、遊び客が誰も来たがらない状況である。このように、真剣なスケーターの存在は、遊び客を呼び込むのに十分な来場数を成り立たせるが、その遊び客がやがては真剣なスケーターを追い出すことになる。

これに対し、真剣なスケーターの数と選好が、遊び客を呼び込める水準に達する前に均衡するケースも考えられる。この場合、曲線は急激に下がって45度線と交わり、その後上向いて再び交わるので、均衡が2回あることになる。一方の均衡では遊び客でにぎわっており、真剣なスケーターにとって混雑しすぎている。もう一方の均衡では真剣なスケーターが少し来るだけで、母集団の大半にとってはさびしすぎる。もちろんこのときに、きっと大勢が来ているだろうと、遊び客が「見込み違い」をして大挙してやって来る可能性はある。するとこの客は、自分の見込み通りだったことに満足し、次の日にはもっと大勢を呼び込むことになる。

勉強会の事例では、ある一定人数の母集団を想定した。では母集団の規模がちがったら、比率と絶対数のどちらが重視されるだろうか。どの外国語を学ぶか、ネクタイを着用するかしないか、それからたぶん土曜の朝の勉強会に参加するかしないかも、人々の行動に影響を与えるのは絶対数ではなく比率だろう。一方、チェスや演劇グループや、ひょっとすると土曜の朝の勉強会の参加でも、人々は絶対数によって来る気になったりやめたりするだろう。だから、どちらもありうる。そして、どちらになるかによってちがいが出てくる。

ちがいのひとつは、こうだ。絶対数が問題になる場合で、その影響がプラス方向に作用する、すなわちある活動をする人が多いほど大勢が参加したがるときには、大集団であればその活動は自律的に維持しやすいが、小集団ではそうはなりにくい。

比率が問題になる場合、たとえば煙草を吸うか吸わないか、タートルネックを着るか着ないか、ある訛で話すかどうかが、母集団の何割がそうするかによって決まるという場合には、母集団を分割あるいは分離するという可能性が考えられる。人々が限定的な母集団、たとえば居住区が同じ、職場が同じ、趣味が同じ、行きつけの店が同じ、学校が同じ、乗るバスが同じ、病棟あるいは独房棟が同じ人からだけ影響を受ける場合には、同じふるまいをしがちな人が地域的に集中することにより、すくなくともその地域では、その活動はクリティカル・マスに達する可能性が高い。

ここで曲線Aに戻り、グラフの上半分を切り離してみよう。つまり縦軸の50の位置で、グラフを水平に分断する。下半分が表すのは、母集団のうち、参加する気になりやすい方の半分である。上半分のことは忘れ、この人たちはいなかったことにしてほしい。次に縦軸の目盛りを書き換え、もとの50が100を表すことにする。これでは垂直方向に圧縮しただけで、水平方向がもとのままなので、45度線の傾きを1／2に引き直す。つまり、下半分の長方形の左下角と右上角を結ぶ直線である。この直線は曲線Aと交わる。交点より右では、いまや活動の維持に十分な人数がいることになる。

母集団のうち、大勢の参加が見込めない限り自分は参加しないという半分を切り離すことによって、参加者1人当たりの影響力すなわち各自の表す比率は2倍になる。この集団では、均衡点は2つある。ひとつは参加者が0人のとき、もうひとつは全員が参加したときである。もとの集団を参加指向の強い半分と弱い半分に分けることによって、半分の集団の全員参加を維持できる。

今度は曲線Bの大人数での均衡に注目し、活動への参加を減らしたいとしよう（この活動は、たとえば喫煙など、何でもよい）。ここでも目盛りの半分のところに水平線を引いて、集団を参加指向の強い半分と弱い半分に分ける。今度は参加指向の強い下半分を切り離すことにしよう。縦軸の上半分の目盛りを書き換えて50を0とし、この0から長方形の右上角まで点線を引く。すると曲線Bは、どの点でも点線を下回るはずだ。つまり活動は立ち消えになるか、始まりもしない。下半分の人たちはまだ活動を続けているが、そもそもこの人たちは、他人がどうあれ参加するという人たちだ。そして100人のときには参加していた70人のうち、およそ20人は参加しなくなる。

今度は逆に、その活動が好ましいものであって、全員参加の集団と全員不参加の集団に分かれているとしよう。ここで両者をひとつにまとめると、さらに20人前後の参加を促すことができるはずだ。たとえば向学心に燃える新入生とそうでもない2年生がそれぞれ50人の集団を形成し、新入生は土曜日の勉強会に参加するが、2年生はしないとしよう。両者をひとつの大集団にまとめるか、各集団の25人ずつ混ぜると、2年生の20人ほどを参加させることができる。

共有地《コモンズ》

生物学者のギャレット・ハーディンが１９６８年に発表した論文には、動機付けのしくみを記述する語彙としてまことに的確なタイトルが付けられており、驚くほど広く浸透することになった。「共有地の悲劇（The tragedy of the commons）」がそれである。この論文は『サイエンス』誌（Vol. 162, No. 3859, December 13, 1968, pp. 1243-48）に掲載された。「共有地」はあちこちで引用され、「乗数」「ノイズ」「ゼロサム」「クリティカル・マス」「バンドワゴン効果」と並んで、使い勝手のいい表現として活用されるようになる。それより10年前には、「囚人のジレンマ」がゲーム理論の世界から飛び出し、２人の人間の間でよく見られるある状況を記述する簡便な表現として使われるようになった。それは、２人がそれぞれ自らの利得を増やそうとすれば結果的に互いの利得を損ねるが、反対の選択をすれば両者の利得が増える状況である。ハーディンの共有地は、同じ動機付け構造を持つモデルの多人数ゲームのひとつである。

共有地のイメージはなかなか強烈で、渋滞している高速道路に乗り入れるたびに、共有地に放された多すぎる牛を思い出さずにはいられない。会議のときに、さほど聞くに値しないような意見をしきりに言いたがる人は、他の牛が目を付けていた草を横取りして共有地を荒らす牛に見えてくる。経済学者は長い間共有地の問題に注意を払って来た。だからこの概念がさまざまな問題に適用されるのは、けっして偶然ではないし、ハーディンの天才のおかげでもない。いまでは河川へのゴミの投棄、共有の鉱床からの石油の掘削、公海での捕鯨などのほか、人口の増加にも応用されている。増え続ける人口にとって、地球と資源は共有地に喩えられるからだ。

「共有地」は、人々が自己利益を追求する結果、互いにとって非常に悪い結果を招く状況を指す言葉として使われるようになった。一人ひとりが我慢すれば、全体としてははるかによい結果になったはずである。だが我慢したところで、一人ひとりにとっては得にはならない。イギリスの村や植民地時代のニューイングランドにある公共の放牧地は村の共有財産であり、とくに制限なく村人が自分の牛や羊を放牧してよいことになっていた。放牧する家畜が増えるほど、1頭当たりの草は減る（そのうえ踏みつけられる）。だが共有地での放牧からいくらかでも利益が上がる限り、村人としては放牧したい。300頭が放牧されたときに家畜の持ち主が得る利益は、200頭のときより少なくなる。300頭も放牧したら、200頭のときに比べて肉は痩せ、出る乳も減ってしまうからだ。だが2、3頭程度の牛を飼っている村人にとって重要なのは自分の牛からとれる肉と乳だけであって、全部の牛の平均が1、2%減るかどうか、村全体の生産量が減るかどうかは気にならない。ひょっとするとこの村人は、自分の2、3頭の放牧をやめなかったら、自分の牛も含めた全部の牛の生産量は減ってしまうと気づくかもしれない。だが彼は、同じことが他人の2、3頭にも当てはまるし、自分の牛だけがひどく大喰らいというわけはないことにも気づくにちがいない。

これを計算すると、たとえば次のようになる。ここでは、生産するものはミルクだけと考えよう。最初に放牧された牛は共有地をゆうゆうと占領し、1シーズンの生産量は1頭当たり1000クオートに達する。共有地の面積から考えて、牛が1頭増えるにつれて1頭当たりの生産量は減り、

1000頭に達した時点で生産量が0になるとする。計算の都合上、減るペースは一定とする。すなわち、200頭では1頭当たり800クォートに、400頭では600クォートに、600頭では400クォートに、800頭では200クォートになる。総生産量を100頭ごとに計算すると、100頭では9万クォート、200頭では16万クォート、300頭では21万クォート、400頭では24万クォート、500頭では25万クォートとなる。600頭になると総生産量は減少に転じ、24万クォートになる。700頭では21万クォート、800頭では16万クォート、900頭では9万クォート、そして1000頭で0になる。全体としては、牛が500頭を超えたら生産量が減ってしまうので、処分する方がよい。だが、たとえ800頭を超えたとしても、自分の牛からは1頭につき200クォートのミルクが得られる。共有地の放牧料がゼロだとすれば、自分の牛10頭の放牧を断念したら、2000クォート分のミルクを失うだけだ（この10頭を引っ込めたら、他の牛の生産量は2000クォート以上増えるかもしれないが）。

人々の行動に伴う代償や損害が知らないところで発生し、この人たちは損害の発生をわかっていないか、わかっていても気にしないという状況は、広く起こりうる。共有地は、そうした状況の中でも特殊だがよくあるケースと言えよう。公害、感染、ゴミ、騒音、危険運転、火の不始末、品不足のときの買い溜めなどは、同類である。こうした場合には、個人ベースでは禁止できないが全体にとってはひどく高くつく行動を、人々は共同で自主規制しようとするかもしれない。

ここで、今後の分析に備えて、共有地問題に固有の特徴をざっと見ておこう。共有地モデルはかなり広い範囲でいい加減に使われているので、まずは共有地の厳密な定義と、ゆるやかな定義とを区別する必要がある。分析的に言うと、厳密な共有地には注目すべき特徴が2つある。第1に、共有地をどう利用するかに影響を受けるのは、利用者だけである。また影響の度合いは利用頻度に比例する。第2に、共有地の利用または過剰利用に伴うコストは、利益と同一の「品目」で払わされることになる。先ほどの例で言えば、ミルクの生産量が減ってしまう。この定義は、騒音、公害、公共の安全といった問題よりも、「混雑」や無駄な資源利用などの問題によく当てはまる。放牧以外の例としては、高速道路の渋滞がひどくなり一般道とほとんど変わらないほどノロノロ運転になる、海があまりに混雑していて帰りたくなる、図書館の待ち時間が長すぎて本屋で買う方がましだと思うようになる、などが挙げられる。共有の石油鉱床もそうだ。独立系の石油会社が殺到して、埋蔵量などおかまいなしにできる限りのスピードで掘削する。掘った石油は自分のものになるが、掘り残せば他人のものになってしまうからだ。

ゆるやかな定義の「共有地」には、分析的に完全に同じではないが、よく似た状況が含まれる。図書館の本を借りっぱなしにする、混雑した空港で公衆電話を占有する、席を取られることを恐れて幕間も坐り続ける、よそでは先住者特権がないためいまのアパートに居座るといった行動は、稀少資源の「無駄遣い」に当たる。大気、河川、土地をみだりに使って煤煙、廃棄物、廃液を処分するのも、公共のゴミ埋立地の過度の利用も、かつての「共有地」の現代版と言えよう。ただし、無思慮な過剰利用に伴う有害な結果は、厳密な定義とは異なり、利用した人以外にもおよぶ。混んだ高速道路に私が車を乗り入れたら、共有の放牧地に牛を放したときのように、渋滞をひどくするだけでなく、私の車が出す排気ガスは、高速道路を使わない近隣住民の健康を害する（むしろ高速道路上の他のドライバーは、密閉された車内にいてエアコンもついているため、ほとんど影響を被らない)。

公園や海岸や路上での騒音やゴミのポイ捨ては、厳密な定義の共有地に近い。公園、海岸、道路は文字通り自由に使ってよい場所であり、騒音やゴミの影響を主に受けるのは利用者である。混雑した空港は、混雑した道路や海岸と同じく、共有地に近い。ただし空港の騒音の影響を主に受けるのは近隣住民であって、空港利用者ではない。だから空港の騒音は、海岸や公園のうるさいラジオとは異なり、第三者に影響を与えても利用者同士の影響はない点で、ゆるやかな定義に該当する。

共有地の利益は、利用頻度に応じて3段階に分かれる。牛を放牧する、魚を捕る、美術館へ行く、高速道路に乗り出す、煤煙を風で飛散させる、といったよくある活動で考えると、第1段階は、経済的に成り立つ状況である。つまり利用を制限すると、利益より損失が大きくなる。利用が増えれば平均利益は減るが、利益の合計はある点までは増える(先ほどの例では、牛500頭までは増える)。

この点を超えて利用が行き過ぎになると、利用者個人のレベルでは利益があっても、全体としての利益は減少に転じる。これが第2段階である。それでも自分だけもっと利用しようとする人は、その人が得る利益以上の損失を他人に押し付けることになる。この状況では、公平な利用制限を行えば、どの利用者にとっても利益になる。第1段階と第2段階の間に線引きをするのは、たとえば混雑した美術館の場合には、ミルクの生産量ほど容易ではない。草の質に対する牛の乳の出方の個体差以上に、混雑程度に対する人間の感受性は多様だし、牛が草を踏みつけるやり方以上に、渋滞中の運転の仕方は人それぞれだから、話は複雑になる。

第3段階では、利用があまりに激しすぎて（先ほどの例では牛が1000頭）、共有地の価値が消滅する。車が多すぎて高速道路が一般道と変わらない状況、海岸やコンサート会場に人が多すぎて後から来た人が帰ってしまう状況、誰かが参加しても誰もハッピーにならない状況などがそうだ。そうなった時点では、過度の利用のせいで共有地の価値が事実上消滅するだけではない。いま、いる利用者を制限しても、よい結果にはならない。というのも、すこしでも価値が復活する気配が見えた瞬間に、誰かがすかさず利用するにちがいないからだ。高速道路の現行利用者を対象に、利用を交代制で週3回に制限するとしよう。みんなが平日5日のうち3日だけ利用することにすれば、交通量は5分の3になるので、みんなにとって好ましいという理由からだ。だがこれは、全然好ましくないことがわかるだろう。というのも、高速道路が混雑していていているからこれまで利用していなかった人たちが、これだけ空いているならいいじゃないかとばかり、すかさず車通勤に切り替え、規制された5分の2に成り代わって高速道路を渋滞させ、せっかくのメリットを台無しにするにちがいないからだ。

予言の自己実現

子供だった頃、ジャーマン・シェパードは「警察犬」として知られており、みんなシェパードを怖がっていた。というのも、シェパードは全然なつかないからである。だがシェパードが人間になつかないのは、こちらが怖がっていて、やさしくしてあげないからでもあった。そこで泥棒を防ぐには獰猛な番犬がいいと考える人は、みんなが怖がって寄り付かないような犬を選んだ。もし私たちが、警察犬は「羊の番犬」に過ぎず、忠誠心は強いがおとなしく思いやりがあると考えていたら、飼主の意図をとりちがえてシェパードをかわいがり、泥棒撃退の目論見を台無しにしていたことだろう。

予言の自己実現という言葉は、もともとこの言葉が生まれた状況や現象を表すだけでなく、そうした状況や現象から切り離されて一人歩きし、すこしでも似通った状況には片端から使われるふつうの言葉になっている。おおざっぱに言えば、この言葉は、ある種の予想が、その予想を実現させるような行動を引き起こす性質を持つことを指して使われる。「予言」という言葉自体、何か意味深長だ。だが言うまでもなく、自ずと実現へと導くのは予言そのものではない。何らかの予想が、一連の出来事や相互作用につながり、それらが予想と一致する結果をもたらすのである。この一連の出来事や相互作用は、長期にわたる場合もあれば、短期の場合もある（無視された予言は、自己実現する力は備えていないと予想される）。

この言葉のもともとの用法では、今日の使い方よりもっと狭い範囲の予想や行動に適用されていた。たとえば、白人が黒人について、あるいは社会の多数集団や主流派が少数集団や下位層について抱く思い込み（あるいは見込み、あるいは予言）に適用されていた。白人の思い込みが白人のある種の行動を招き、それが黒人の行動を誘発して、結果的に最初の思い込み通りになる、という具合である。たとえば、あるマイノリティーには管理職の能力はないと考えられているとしよう。するとこの集団に属す人は、応募しても採用されない。すると経験を積むことができないため、ほんとうに能力がなくなってしまう。また、ある種の障害を持つ人々はある種の機械操作ができないと考えられているとしよう。本来この種の機械を扱うには、誰であっても訓練を受け、経験を積まなければならない。しかし障害を持つ人は訓練を受ける機会自体が与えられないため、結局はほんとうに扱えなくなってしまう。またある学部の学生は授業態度が悪いとか、教授に対して失礼だと考えられているとしよう。すると教授陣は学生によそよそしくなるので、学生の態度はほんとうに悪くなる。

いますでに、自己実現的な予言のモデルが3種類出てきた。第1は、一方方向のプロセスである。ある集団についてある思い込みが存在し、それに従って集団に接すると、その思い込みのとおりの結果になる、というケースだ。第2は、教授陣と学生のように、双方向のプロセスである。アラブ人とユダヤ人、将校と下士官などもそうだ。お互いが相手の行動や態度を予想し、その予想に基づいて互いに行動するケースである（たとえばどちらの側も、相手は好機が来れば予告なしに攻撃を仕掛けてくると考えたら、どちらも好機を逃さず予告なしに攻撃することが自衛上必要だと感じるだろう）。第3は、番犬に警察犬を選ぶ例のように、選択を伴うプロセスである。たとえば宴会の幹事をやりたがるのはおしゃべりで社交的な人だと一般に考えられていたら、幹事をしているだけで、おしゃべりで社交的だとみなされる。人前で煙草を吸うのは売春婦だけだと一般に考えられていて、売春婦も含めて女性はみなそのことを知っていたら、女性は人前では喫煙しなくなる。実際にそういう時代があった。

現在では、差別や相互不信に限らず、もっと幅広い現象に「自己実現」という言葉が使われている。たとえば、誰もがコーヒーが品薄になると考えたら、そう考えたときに誰もがやることをみんながやるので、ほんとうに品薄になる。1930年代には、大勢の人が銀行は破産寸前だと考え、預金を引き出そうと窓口に押し寄せたため、ほんとうに破産してしまった。ある候補者について、支持率が低いから指名されないだろうとみんなが考えたら、実際にも支持率は下がり、指名されるチャンスはなくなる。早く行かないとよい席は確保できないと誰もが考えているときは、ほんとうに早く行かないと、よい席は確保できない。大勢の上院議員が、カースウェル判事の最高裁裁判官承認手続きで大勢の議員が反対票を投じるだろうと考えていたら、実際に大勢が反対票を投じるだろう。

これらのケースも、すくなくとも2種類に分けることができる。ひとつは、それが起きると考える人が多いほど、「それ」が何であれ起きる可能性が高くなるケースである。みんな時間通りに来ると考える人が多いほど、時間通りに来る人は多くなる。ある行事の参加者は少ないと考える人が多いほど、参加者は少なくなるし、ある運動の支持者は少ないと考える人が多いほど、支持者は少なくなる。もうひとつは「クリティカル・マス」が関係し、オール・オア・ナッシングになるケースである。多数派が多いほど、少数派に属すのは不利になる。候補者が当選する可能性が高いほど、早いうちにその候補者の支持に回ることが重要になる。あの銀行は倒産すると考える人が多いほど、倒産する前に急いで預金を引き出さねばならない。みんなが最悪の事態を予想して行動すると誰もが予想したら、結局は全員が最悪の予想をして最悪の結果を引き起こすことになる。1958年にキューバのバチスタ独裁体制が突如として崩壊したこと、1960年代のアルジェリアでフランス軍の撤退後にフランス人入植者が大挙引き揚げたこと、アフリカ諸国で少数集団だった白人が家や財産を放棄したことは、その劇的な例と言えよう。仲間はこぞって逃げ出すと誰もが考えた結果として、全員が逃げ出したわけである。

次に定義を一段とゆるやかにして、何らかの予想から導き出された結果が、必ずしも予想した通りではないケースも含めることにする。たとえば、平均よりすこし多くチップをやりたい、他の人よりすこし早く着きたい、競合他社よりすこしだけ賃金を高くしたい、自分のクラスの生徒には平均よりすこし上の成績をつけたい、大学院の入試評価で同僚よりすこしだけ高い点をつけたい、と人々が考えているとしよう。全員がこうした動機を持ち合わせており、しかも全員の考える平均が同じだとすれば、必然的に平均は、この人たちが想定した水準から移動することになる。よってこのようなケースは予言の自己移動とでも呼べるだろう。全員が同じ動機を持っているだけでなく、他の人も同じ動機を持っていると考えたら、誰もが他人の行動を織り込んで自分の行動を調整するので、移動の幅はより大きくなる。タクシーのチップの場合には、もうこれ以上はやれないとみんなが思った水準で平均はおおむね安定するだろう。だが成績や評点の場合には、どんどん上がり続けることになる。

一方、予言の自己否定もある。誰もが会場が混雑すると考えて参加しなかったら、全然混雑はしない。吹雪の後で大渋滞が見込まれるとのラジオ放送があり、誰もがそれを信じたら、渋滞は起こらない。共和党支持者が全員、自分たちの大統領候補は地滑り的勝利を収めるにちがいないから投票に行かなくても大丈夫だろうと考えたら、勝利は覚束ない。ピクニックにはみんな食べ物ばかり持ってくるだろうと考えて、みんなが飲み物を用意したら、飲み物ばかりで食べ物はないことになる。

この予言の自己否定は、予想の自己均衡に展開できる。今週のピクニックで、みんな食べ物ばかり持ってくるだろうと予想して全員が飲み物ばかり持って来たとしよう。すると今週はみんな飲み物を持って来たからというので、来週には全員が打って変わって食べ物だけ持って来る可能性はある。しかし、おそらくそうはなるまい。食べ物が多すぎたり、飲み物が多すぎたりする可能性はあるが、どちらかが全然ないということにはならないだろう。その次の週にはさらに修正が行われ、次第にほどよいバランスに収斂する。その後は、ピクニック参加者の顔ぶれが変わるなどの一過性の理由により、その時々で食べ物に偏ったり飲み物に偏ったりすることはあっても、その次の週には、前週の偏りを是正する動きが見られるはずだ。だからこれは、予想の自己修正と言うこともできるだろう。もっとも、全員が前の週と逆のことをする可能性もないわけではないので、自己修正にならないこともあるかもしれない。とはいえ、ピクニックであれ何であれ、頻度が高いか継続的な活動であって、すすんで気配りをするような人が混ざっていれば、完全な逆転ではなく、徐々に修正が進むだろう。そして、予想も行動も次第に均衡化すると考えられる。

さらにもうひとつ、シグナルの自己確証もある。喫煙者が、メンソール入りの煙草はグリーンとブルーのパッケージに入っていると考えるようになったら、競合する煙草メーカーは、その色のパッケージはメンソール煙草専用にする方がいいと判断するだろう。シングルズバーへ行くのはナンパが目的だとみなされているなら、そこへ行く行為自体がシグナルとなり、バーに来ている人たちは、そのシグナルに敏感に反応する。

自己拘束的なルール

みんな右側を通行するだろうと誰もが考えているなら、右側通行になる。楽章の間では誰も拍手しないだろうと誰もが考えているなら、拍手は起こらない。

一方通行の標識の大半は、警察が強制しなくても守られる。標識を出すだけで、自ずと人々を拘束するからだ。多くのルールは、良いルールであれ悪いルールであれ、ルールがないよりはよいという性質を持つ。このように人々の予想に働きかけて強制力を発揮するルールは、きわめて効果的だ（ABC順というものが存在しなかったらどうなるか、想像してほしい）。だが、自己拘束的なルールがまちがった行動に導く場合にも、人々が従ってしまうことがある。たとえば一方通行の標識が逆向きについていても、正しい標識として遂行される。また男と女や白人と黒人を分ける伝統、教授と学生や将校と下士官を隔離する伝統は、たとえどちらの側もその伝統を不快に思っていたとしても、伝統にあからさまに逆らえば困惑を引き起こす間は、自己拘束性を持つ。

交通信号を発明した人は、天才にちがいない(7)。交通信号は、その単純さがすばらしい。発明者は、

（7） アメリカでこの評価を受ける資格があるのはギャレット・A・モーガンである。彼は1923年に「自動信号」を発明し、その権利を4万ドルでゼネラル・エレクトリック（GE）に譲渡した。くわしくは、Russell L.

2本の通りが交差するところでは人々が困惑し、互いに相手の出方をうかがって時間の無駄になることに気づいたのだろう。そしておそらくは自分自身の体験から、交通の流れを滞らせないためにはお互いの自制心や善意だけでは足りないと理解した。たとえ誰もが礼儀正しいとしても、譲り合うだけで時間の無駄になる。それに相手の意図を読み違えれば、衝突しかねない。

そこで信号の発明者は、ものの見事に人と車を東西方向と南北方向の2つのグループに分けた。そして、交互に通行するようにした。交差点を通過するときに、誰もあらかじめチケットを買ったり、申告したり、予約したりする必要はない。すべての指示は赤と緑という2進法のコードに集約される。対象地域内の人と車は誰もが信号を見ることができる。東西方向と南北方向の信号の両方を、単一のメカニズムで交互に点灯させることができる。点灯パターンを日々考える必要はないし、信号も、人も車も、他の何かの活動と同期させる必要はない。それに、誰かが強制する必要もない。人と車が信号に慣れれば、迷いなく信号に従っている交通の流れに逆らうのはきわめて危険だということが理解できるはずだ。交通信号は秩序を形成し、それに逆らう者は大きな代償を払うことになる。さらに、信号の働きは公平だ。信号は個々の人や車を識別できないので、えこひいきをして誰かを不快にさせることはない。

何か社会的な計画を立てようという人は、交通信号をよく観察するとよいだろう。計画は命令や規制を伴うことが多いが、多くの場合に大切なのは協調であることを信号は思い出させてくれる。必要なのは、他人の行動に対して正しいタイミングで正しい行動をとることだ。この点からすれば、これまで社会に導入された中で最も巧妙な計画は、誰もが時計やカレンダーを合わせるように仕向けたことだろう。毎朝起きたときに時計をゼロに合わせる人や十進法の時計を持ち歩く人はいない。私の時計はあなたの時計と同じしくみだし、他の誰の時計とも合わせられる。しかも、ほとんどコストはかからない。誰かが時間をごまかそうとしても、すぐわかる。

このことのありがたさを身に染みて感じるときが年に1回やってくる。サマータイムのために時計を1時間進めるときだ。政府が国民にすべてのことを1時間早くやれと命令するのは、たいへんな介入である。そんなことを命令しても、めいめいが勝手な判断を下し、相手がちゃんと予定を繰り上げたかどうか、いちいち確かめなければならなくなるだろう。だが単にある夜に一斉に時計を1時間進めるだけで、万事がスムーズに運ぶのである。わざとこれをしないという人は、まずいないだろう。

もっとも、サマータイム自体は恣意的なものだ。なぜちょうど1時間なのだろうか。1日が12進法によってひどく面倒な24時間に分割されたのは、はるか昔の古代メソポタミアに遡る。占星術も十二宮だったし、古いシリングとペンスも12進法だった（ものを数えるときに使える指は10本しかないのに、12進法はこの事実を頑《かたく》なに無視している）。メソポタミアのご先祖さまは千年後、二千年後を見通し、先進工業社会ではちょうど1日の24分の1だけ時刻を早めたくなると見抜いて、そう決めたのだろうか。それとも、ちょうど小麦1カップに見合うようなサイズの卵を都合よく生んでくれるニワトリのように、何らかの先見的な原理が時間の単位をうまい具合に決め、夏の日没前に

Adams, *Great Negroes, Past and Present*, California State Department of Education, Sacramento, 1973 を参照されたい。

ゴルフをハーフラウンド回れるようにしてくれたのだろうか。

私の知っているある男は、七面倒な計算の末に、サマータイムでは1時間35分進めるべきだと言っている。別の男は、8月に休暇に出かけたときには1時間＝40分制にする。こうすると、日時計代わりの1ヤード棒の周りをちょうど太陽が1周するのだそうだ。残念ながら、2人のやり方が法制化されるとは思えない。同様に、87ヤード走で誰かが世界最高記録を出したとしても、オリンピック委員会が短距離走の距離を変えることはあるまい。

交通信号もサマータイムも、多くの社会的決定が持つ有無を言わさぬ説得力を備えている。度量衡、ネジのピッチ、10進法貨幣制度、右側通行も、個人がとやかく言えるようなものではない。いや政府にしても、たとえば国民を夏は何時に起床させるといったことは、かんたんには思い通りにはできない。時計技術はサマータイムをじつに容易にした。車のハンドルの位置をそろえ、道路標識を整備して、一斉に右側通行に切り替えるよりはるかに容易である。ネジのピッチが浸透する速度は、貨幣の流通速度よりずっと遅い。家具や設備に使われてきたメートル法に準拠しないネジがすっかり姿を消すまでには、まだあと何年もかかるだろう。

10進法貨幣制度や右側通行は、社会に導入すべく努力する価値があると言えるだろう。暦の改正もそうかもしれない。綴り字改定はうまくいったが、ある一国の言語を別の言語に切り替えるとなったら、独裁権力か宗教上の強力な理由が必要だろう。でなければ、複数言語が混在し、何らかの対策が求められる状況でなければなるまい。

ある種の社会的決定は、腹立たしくなるほど頑固に根を下ろしている。おなじみの英文キーボードはその代表格だ。キーボードの配列は、人々がタイプライターの両手打ちを習得する前に決められてしまった。タイプを打ったことのある人なら誰でも、もうすこしましな配列はないのかと言いたくなるだろう。実際にも多くの実験で、もっと覚えやすい配列があることが指摘されている。キーの配列を変えても、いやタイプライターそのものを取り替えたところで、さしてコストはかかるまい。しかも一斉に取り替える必要もないのである。あるフロアと別のフロアでタイピストがちがうキーボードを使っていても何の支障もない。それでもいまの子供たちは生きている間ずっと、人差し指を割り当てられるべきだった文字を薬指で打たねばなるまい。

サマータイムとよく似ているが、もうすこし複雑な問題を考えてみよう。標準的なキーボード配列と同じくずっと先まで続きそうだが、一部の社会的選択のしぶとさを考慮して、あらかじめ手を打つことができそうな問題である。現在のアメリカでは週5日労働が多いが、そのうちアメリカ人は、生産性向上による利得をお金でもらうより余暇でもらいたいと考えるようになるかもしれない。そうなったときには、週4日制が魅力的になるだろう。物欲には限りがないので週4日制になるという保証はないが、さりとて労働時間の短縮がすでに限界に達したと考えるべき理由も見当たらない（もし達していたとしても、1日9時間労働の週4日制が普及する可能性はある）。もし週4日制になるとしたら、読者はどの日を休みにしたいだろうか。また、最終的にはどの日が休みになるか、予想してみてほしい。

するとここで、すくなくとも3つの質問が出てくる。第1に、土日以外にもう1日休むとしたら、個人的にはどの曜日に休みたいか。第2に、全員が同じ日に休まなければならないとしたら、どの曜日を休みにしたいか。第3に、2030年にはどの曜日が休みになっているだろうか。

最初の質問に答えるのは、そうかんたんではない。というのも、他人がどの日を休みにするかによって、自分が休みたい日は変わるかもしれないからだ。平日の休みは歯医者へ行くにはもってこいだが、肝心の歯医者が休みでは話にならない。金曜日は、土曜日の渋滞を避けて田舎へ行くにはよいが、みんなが金曜日を休んだら結局は渋滞になる。子供の学校が水曜休みなら、火曜日に子供と海へ行くというアイデアはいただけない。逆に子供から逃れたいなら、水曜日に休んだのでは元の木阿弥である。みんなが順繰りにちがう日に休むのは、ゴルフへ行くにもショッピングへ行くにも好都合にはちがいないが、生徒の5分の1が必ず休むというのでは先生は混乱するし、授業もうまくいかないだろう。それに、4年生は火曜日が休みで5年生は水曜日が休みということになったら、家族も困惑する。また、先生が休みの日に子供が学校へ行くのは好ましくないし、先生が歯医者へ行ったら歯医者は子供と遊びに行っていたというのも困る。

ここで見落とせないのは、混雑やラッシュアワーを避けるために順繰りに休みをとる方式が全体としては好ましい、とみんなが考えているとしても、個人的には金曜休みの20%の中に入りたい、と誰もがひそかに思っている可能性があることだ。金曜日を休みにすれば、必要に応じて歯医者へ行くこともできるし、週末にかけてのんびり田舎で過ごすこともできる。もし全員がそう考えていたら、休みを平日にばらばらにとることにはならず、金曜日に全員が休むことになる——金曜日の混雑がひどくなって、あれこれ考えれば水曜日がいちばんだ、ということになるまでは。道路は渋滞し、ゴルフ場でもスキー場でも長蛇の列になり、閉まっている店が多くてショッピングにも向かない。こうして、みんなで金曜日をだめにしてしまう。みんなが勝手な選択をした結果として、共有地に牛が増えすぎるように、金曜日に人が増えすぎる。

そんなときには、生態系のようなバランスだとか、全体としての合理性だとか、合目的的なプロセスといったものに期待したくなる。だが、政府が何の規制もしないのに、通勤時間がうまい具合に自然にずらされたという話は聞いたことがない。また、いくら航空便や高速道路やスキー場のリフトのピークロードを平滑化するためであっても、ワシントン誕生日の祝日を都市ごとに別々の週に割り振るわけにもゆくまい。

だから、サマータイムを一斉に実施できていることは、まことによろこばしいと言うべきだろう。

社会的な取り決め

交通監視ヘリコプターは、ボストンのサウスイースト高速道路で奇妙な現象を目撃した。朝、南行きの車線で珍しい事故や重大な事故が起きると、北行きの車線の方が渋滞するのである。運転者が、反対車線で起きた事故を見物するためにスピードを落とすからだ。好奇心がボトルネックと同じ効果を発揮するわけである。事故現場にさしかかったときにはすでに予定より10分遅れているにもかかわらず、せっかく代償を払ったのだから見ないと損だ、と考えるらしい。たとえ事故現場がもう片付いていてもスピードを緩め、十分見たと思うまではスピードを上げようとしない。

結局、大勢のドライバーが事故を10秒間見るために10分よけいに道路上で時間を使うことになる

（事故現場が片付けられていても、先行する車が見ていたものを探すために、後続の車もスピードダウンして10秒を費やす）。これは得な取引と言えるだろうか。中には、空いている迂回路があるにもかかわらず、好奇心から列につくドライバーもいる。大半のドライバーは、長年の経験から、現場にたどり着けば10秒費やす価値のあるものが見られると知っている。彼らに言わせれば、現場にさしかかった時点で10分の遅れはもはやサンクコスト（回収不能の費用）だから、見物のコストは10秒だけだ。それに10分の遅れは、後続の60台に10秒ずつ割り当てられる、という理屈らしい。

実際には誰もが10分のコストを払って見物している。だがドライバー自身が見物に費やす時間は10秒だけだとなれば、残り9分50秒は、前を行くドライバーの好奇心を満足させるために払ったことになる。

これはどう見ても損な取引である。

いや、正しく言えばどこにも取引の要素はなく、単に損な結果である。もしドライバー全員がまとまって相談したら、速度を落とさない決定を満場一致で採択し、先行するドライバーは10秒の見物をやめて、みな10分を無駄にせずにすんだだろう。だが、全員の意思を取りまとめるような社会的な調整が行われない場合には、各自が自前の会計システムを勝手に操り、後続の車に損を転嫁して自分たちに損はなかったことにする。

日曜の午後に、海に突き出した観光地ケープコッドから帰ってくる車は、1マイル以上にわたってノロノロ運転を強いられる。道路上にマットレスが落ちているせいだ。たぶん、旅行帰りのステーションワゴンの屋根から転がり落ちたのだろう。何百台もの車が1マイル手前からスピードダウンし、5分後にはマットレスのところにたどり着く。そして隣の車線の車をやり過ごし、ややはみ出し気味にマットレスを迂回し、ようやくスピードを上げる。そのうち誰かがマットレスを通り過ぎたところで路肩に車を停め、少し後戻りしてマットレスを道路脇にどけるかもしれない。もし誰もそうしなかったら、次の日曜日までマットレスはそこにあるだろう。

このケースでも取引する余地はない。混んだ高速道路で、後部座席にお腹をすかせた子供を乗せているのでは、ドライバーは誰も善行をしようという気分にはなるまい。となれば、誰かをマットレスの処理係に指名するか、やってくれる人にお金を払うべきかもしれない。自分が通り過ぎてからマットレスをどかしても、全然その人の得にはならない。かといってマットレスのところに来るまでは、どかすことはできない。

もし上空に交通監視ヘリコプターが飛んでいたら、後続の100台の車に対し、マットレスをどかしている人の横を通過するときに運転席のウィンドウを下げて10セント硬貨を渡すよう、指示できるかもしれない。こうすれば、車線を通行可能にしてくれた人に通行料を払う形になるし、この人の労力の投資と後続車にもたらした恩恵にお礼をしたことにもなる。だが、たまたま同じ道路を通っているだけの車の長い列には、コミュニケーション手段もなく、マットレスに接近する間に何か相談する手だてもない。だから、誰ともわからない人の善行に対して、自分の会計システムに感謝を計上するのがせいぜいである。

事故見物の好奇心も、マットレスを通り過ぎたらすぐさまスピードを上げる心理も、個人の決定と全体の利益をめぐる普遍的な状況をよく表している。人々がすることやしないことは、他の人に利益をもたらすこともあれば、損をさせることもある。そして適切な調整や誘導が行われないと、不満足な結果を招くことがある、ということだ。「人間の本性」を責めるのはたやすい。だが、大方の人は他人のことより自分のことが大切であり、他人の損得より自分の損得に敏感なのである。そう認めるなら、人間の本性というものは社会的な調整や誘導を必要としないほど適切ではないと気づくだろう。事故見物やマットレス問題をはじめ、この種の問題の多くは解決可能だ。解決策は、何らかの社会的な調整や誘導に関わっている。調整や誘導は、計画的に行われる場合もあれば、自然発生的な場合もあり、恒久的な場合もあれば一時的な場合もあり、自主的な場合もあれば強制的な場合もある。

　第1のケース（事故を見物するためにスピードを落とす）では、他人にコストを押し付けるような行為をさせないようにする。第2のケース（マットレスをどかす）では、自分自身の利益にはならないが他人の利益になるようなことを誰かにさせるようにする。

　別の区別をするなら、第1のケースの解決策は全員が対象になり、第2のケースでは誰かひとりが対象になる。そしてマットレスのケースは、誰かに善行をさせることから、マットレスをきちんと固定せずに他人に迷惑をおよぼす誰かの行為を防ぐことへと視点を転換できる。マットレスをいい加減に固定した人は、結び目が緩んでマットレスを失うことは考えても、帰宅を急ぐ数千台の後続車に迷惑をかけることは考えなかったにちがいない。同様に高速道路では、行楽客は急いでいないなどという偏見を捨て、誰もが帰宅を急いで運転していると考えるべきだ。自分自身はものすごく急いでいないとしても、うしろには大勢の車がいるのである。急いでいないドライバーを急がせるか、別ルートに誘導すれば、全体としてかなりの時間の節約になるし、おそらくはお金の節約にもなるだろう。急いでいないドライバーは、別にやましく思う必要はない。むしろ、急いでいる人たちに道を譲った見返りを求めてもいいかもしれない。そうした調整や誘導が行われないなら、うしろの人たちが急いでいることを知らないので、とくに後続車に気配りはしないだろう。

私たちが社会と呼んでいるものによる調整や誘導の多くは、個人が考える利益とより大きな全体の利益との不一致を解決するための、さまざまな制度的なしくみから成り立っている。その一部は、市場を介して行われる。所有権、契約、損害賠償訴訟、特許および著作権、約束手形、賃貸契約、多種多様な情報・通信システムがそうだ。また一部は、政府を通じて行われる。公共サービスに充当するための税、個人の権利の保護、気象台の運営（市場で取引可能な気象情報が存在しない場合）、交通規制、ゴミのポイ捨てを禁じる法律、南行き車線から事故車を撤去する事故処理班、北行き車線で車を誘導する警察官などだ。組合、クラブ、居住区のように、すでにふるいにかけられた集団では、個人ではやる気にならないが集団としてはやった方がよいことを促すインセンティブ・システムを用意したり、規則を定めたりすることが可能だろう。また各自のモラルが市場や政府規制の代わりを果たし、見返りが約束されればいずれはやるかもしれないことを、良心からやらせることもある。

いま取り組んでいるのは、人々が個人としてやりたいことと、みんなと一緒ならやってもいいことが往々にして衝突するという問題である。たとえば、真夏の停電を考えてみよう。電力使用量を減らさないとシステムに過負荷がかかり、突然の大規模停電や長期的な電力不足など重大な事態を招きかねず、その影響は計り知れない、という警告が発せられたとする。あるいはまた、水不足が懸念され、配管から漏れがあると積もり積もって膨大な量になるため、早く修理するよう勧告されたとする。これらは、まめに照明を消したり、エアコンの設定温度を上げたり、配管を修理したり、芝の水やりや洗車を控えたりすれば、全員とは言わないまでも大半の人にとってじつに好ましい結果が得られるが、さもないと水や電力という共有資源の取り分が減ってしまうという問題にほかならない。もし勧告されたことを励行しなかったら、最悪の結果に、それも予想もしていなかったときに見舞われるかもしれない。システムに過剰な負荷がかかったら、よりによっていちばん暑い日にエアコンが完全に止まってしまうかもしれないし、まさに必要なときに照明が全部消えてしまうかもしれない。あるいは、うんざりするような給水制限や計画停電が実施される可能性もある。

だが自宅のエアコンを止めたり、部屋を出るたびにこまめに照明を消したり、配管の漏れを直したりしても、私にとっては何の得もない。私の節約など、水や電気の総需要に比べたら、たかが知れている。そのささやかな節約に、恩恵を受ける人数をかけたところで、私の行為が私にもたらすメリットは限りなくゼロに等しい。

家でなら、争ってシャワーを浴びてタンクの水を枯渇させるようなことはせず、一人ひとりがシャワーの時間を短くして水を節約できるだろう。だがそれは、家族はお互いを気遣う（すくなくとも気遣うふりをする）からだし、お互いの目があるので、むやみにシャワーを浴びたら理由を説明しなければならないからだ。だが、私が汚れた車で出かけているのに、洗車に盛大に水を使っている人がいても、私が芝を枯らしてしまったのに、ひんぱんに水やりをして美しい芝生を維持している人がいても、それを監視したり、釈明させたりするのはむずかしい。

こうした状況で必要なのは、拘束力のある社会的な取り決めである。ほかのみんながやるとわかっているなら、私だって協力するにやぶさかではない。みんなが協力したときに私が手にする利得は、一人ひとりが勝手なことをしたときよりも増えるのだから。大義がかかっているような場面では、とくにそれが急を要する事態では、人々の連帯意識が高まり、黄金律に従うことがある。「人からしてほしいと望むことは人にもせよ」（山上の垂訓の一節）の言葉通り、誰もが集団と一体化し、全員に望む行動を自ら行う。そうした英雄的行動をとる機会が与えられたことを名誉に思い、みんなのためによいことをしたという充足感と連帯感で報われる。実際、社会的倫理の多くは、みんなが従えばみんなが報われるというルールに基づいている（たとえ個人にとって利益はないとしても、である）。

だが、目の前の状況に何も英雄的な要素がなかったとしたら、どうだろう。いつまでも不便を耐え忍ぶことを求められ、大勢の他人とは（水道配管を通じてつながっていることを別にすれば）何の連帯意識も持てない状況で、寝室のエアコン設定温度を上げるとか、外に出て蛇口がきちんとしまっているか調べるといったことをしなければならないとなったら、どうだろう。とりわけ、ゲームに参加しない人がたくさんいるとわかったら、つまり多くの人はおざなりに協力しているだけで、それすらしない人もたくさんいるとわかったら、どうだろうか。そうした状況で、水を垂れ流している配管を見つけたり、省エネの努力にもかかわらず電力不足がいっこうに解消しないとの報道を目にしたりしたら、渋々協力していた人たちはやめてしまう可能性が高い。

ある夜、ふと中庭に出てみたら、隣近所で芝生用スプリンクラーが作動している音が聞こえて来る——不満が爆発するのはこんなときだ。そして、強制されないからいけないのだと舌打ちし、自分の家のスプリンクラーも開いて、結局みんなで節水勧告に違反することになる。

この人の不満と行動は、筋が通っている。彼は、スプリンクラー禁止が強制されることを望んでいるのである。強制されないなら、やはり芝生に水をやりたい。周り全員がそうしているならなおのことだ。顔も名前も知らない大勢の人にささやかな恩恵を施して、自分の芝生を枯らしてしまうのはごめんだと考えている。この人は、取引をする気はある。つまり、みんなが水やりを控えて芝生を枯らし、その結果としてシャワーや洗濯機やトイレや食器洗いに無制限に水を使えるようになるなら、自分の芝生が枯れてもよい。

大事なのは、この取引から人々が脱落しないようにすることである。1日のうちピーク時に弁を絞れるような水道メーターを取り付けるとともに、夏の間は需要変動型の料金設定にし、水道使用量の割当を毎週発表する、といった策を講じれば、誰もが水不足問題に関心を持つようになるだろう。だがそうしたスマートメーターは高価だし、料金の変動はうっとうしく、注意深くチェックするのは面倒だ。汚れ物がたくさん出る大家族は使用量の割当に文句を言い、子供のいないカップルはせっせと洗車するかもしれない。みんなが納得できる「解決策」がそうかんたんに打ち出されるはずもなく、そのはるか前に秋が来て寒くなり、今度はスノータイヤの装着を義務付ける計画が必要になるだろう。しかるべき時期に装着しておかないと、予想外に早く雪が降って私の車が坂道でスリップし、あなたの車はもちろん、後続車の通行を妨げ、大混乱を引き起こしかねない。クリスマスの安売りになるまで待っていたら、私がタイヤで得をするのと引き換えに、あなたをディナーに遅刻するリスクにさらすことになる。

中には、ごく一部の人が行動すれば最悪の事態を防げるケースがある。予想される過負荷がほんの数パーセントであれば、半数の人が自主的な節電を実行するだけで、停電は避けられるだろう。しかし残り半数が節電しないのはじつに腹立たしい。とりわけ不快なのは、他の人が節電しているから停電にはならないとすっかり安心し、本来なら多少は慎んだかもしれない電力の無駄遣いをとんと気にしなくなり、平気で電気をつけっぱなしにしている連中だ。それでも、不快感の価値を過大視しない限り、節電に協力した半数にとってもよい取引になりうる。「フリーライダー」は節電協力者より利得は多いものの、節電協力者も、協力して電力消費量を減らしたおかげで利得を手にしている。

これに対して、ほぼ全員がゲームに参加しないとうまくいかないケースもある。ワシントンのゴミ箱には「ポイ捨て禁止」と書かれているが、公園や歩道を汚くするのは、最初のポイ捨てである。10回ポイ捨てが行われたら事態は一段と悪くなるが、10倍悪くなるわけではない。静かな日曜日の朝を工事現場のようにしてしまうには、1台の芝刈り機で事足りる。最初のずうずうしい隣人が強力芝刈り機で静寂を破ってしまうと、遠慮していた人たちがあっという間に続々と芝刈り機を動かし始める。追随者たちは、自分の芝刈り機を止めたところでもはや静かな日曜日を取り戻すことはできないのだから、自分たちに咎はないと考えているにちがいない。

人間の倫理観は、この程度のものなのだろう。協調行動を促す理屈がどうあれ、つまりどのポイ捨ても悪いからにせよ、最初のポイ捨てがすべてを台無しにするからにせよ、みんながやるなら自分もやるという人、みんなが守るルールなら従う人、みんなが好む善行に参加して喜びを感じる人はみな、他人の非協力への寛容度が低い。社会の取り決めをごまかしているとか、黄金律を都合よくねじ曲げているとか、洗剤の排水量を減らそうとしている人や落ち葉を集めて燃やしてくれる人につけ込んでいるといった証拠があれば、いや、そういう疑いがあるだけでも、腹を立てるだろう。

社会的な取り決めには、必ずしも全員が得をするわけではないケースもある。ある人は他の人より得をするかもしれない。ある人は、我慢した分への十分な埋め合わせが得られないかもしれない。たとえば、照明をはじめとする重要な器具の作動を確保するために、エアコンはオフにするという取り決めが成立したとしよう。これは、花粉症の人にとっては悪い取引である。彼らにとっては、照明をつけてくしゃみをするよりも、暗闇で鼻がすっきりしている方がましだろう。屋外での水道の使用禁止は、ほとんどの人にとってなかなかきびしくはあるが、容認できる取引だと思われる。だが、庭いじりを生き甲斐にしている老夫婦にとっては許しがたい。高速道路の事故現場を通過するときに警察官が速度を落とさないよう命じるのは、事故現場までまだ1マイル以上あるドライバーにとっては、まことに好ましい。だが、すでに10分間ノロノロ運転を強いられ、ようやく事故がよく見えるところにさしかかったドライバーにとっては、大いに不愉快だ。そして10分前であれば、彼らにとっては不愉快ではなく、10分先行するドライバーが不愉快になっていただろう。

全員がゲームに参加する必要がある場合には、参加のメリットがコストを下回る人たちに埋め合わせをする必要があるかもしれないし、それが可能かもしれない。しかし補償が絡むと、事態は面倒なことになる。たとえば庭いじりが生き甲斐の夫婦が、水やりを控える代償として補償金をもらったら、隣近所の人たちも突如として庭いじりが生き甲斐になることだろう。

経済学の分野で、この種の現象の最も身近な例は、供給が稀少で非弾力的であるにもかかわらず、枯渇するまでは誰もが自由に利用できる資源や一次産品である。その端的な例が、バッファローだ。南北戦争が終わった時点では、ミシシッピー川の西に広がる平原に2000万頭から3000万頭が生息していた。鉄道がまだ西部まで延びていなかったため、輸送手段のない生肉は売り物にならなかった。舌（タン）は美味として珍重され高値がつき、しばらくの間はバッファローのタン業者が繁盛したという。舌だけが取られ、1000ポンドほどの肉が腐るままに放置された。やがて皮も売り物になるとわかったとき、バッファローの運命は決まる。わずか5、6年のうちに200億ポンドもの肉が捨てられ、幌馬車隊は腐った肉の悪臭を避けて回り道をするほどだった。おおざっぱに言うと、皮で1ペニー稼ぐために、5ポンドの肉が捨てられた。生肉は15年後に販売可能になっており、どんな物価水準で考えても1ペニー以上の価値はあったはずだ。だが皮のために1日50頭も殺していた猟師にとっては、ほかにどうしようもなかった。牛の持ち主にしても、15年後の子牛の所有権を売ることはできない。

クジラも電気もバッファローも水も、社会にとっては稀少だが、枯渇するまでは誰もが自由にただで使うことができる。これと同じ現象は、スケールは小さいが身近にも見られる。たとえばビジネスマン6人は、チップ節約のために伝票を1枚にまとめてもらい、ハンバーガーを頼んで6ドル節約する。そのくせ飲み放題の宴会では、大方の人がふだんより余計に飲む。後で宴会費用の合計を人数で割ってみたら、このやり方が払える以上に飲ませる最高の方法だということがわかるだろう。どんちゃん騒ぎの好きな人は、この方式が大好きだ。だが頭のいかれたクラブの支配人は、毎月の宴会費用の合計を頭割りで均等負担させようなどと考えるかもしれない。

第4章　選別と混合——人種と性別

人はさまざまな要因からいろいろな形で分かれるようになる。たとえば性別、年齢、所得、言語、宗教、肌の色（人種）、好み、たまたま住んでいる場所によって分かれる。分離や分居は習慣的に形成されることもあるし、意図的に形成されることもある。個人の差別的な選択が重なり合って生じることもあれば、言語などコミュニケーション手段の特殊性に起因することもある。さらに、住む場所が働く場所や交通手段に条件付けられるように、他の分離要因が必然的に別の分離をもたらすこともある。

黒人が教会から白人を締め出したり、白人が黒人を締め出したりすれば、分離が起きる。このような分離は、互いにやり合う場合もあれば、一方的な場合もある。たまたま黒人が全員バプテスト派で、白人はメソジスト派なら、通う教会がちがうので、意図しようとしまいと日曜日の朝には分かれることになる。黒人が黒人の教会へ行くのは仲間に囲まれたいからで、白人が白人の教会へ行くのも同じ理由からなら、個人の自然な選択が分離につながったことになる。そして、人々が教会の掲示板を利用して貸家の広告を出すなら、人種で分かれた教会とコミュニケーション手段が結びついた結果として、黒人は黒人から、白人は白人から借りることになるだろう。

同じようなメカニズムが、大学教授の分居をもたらす。大学によっては、職員専用の住宅を用意している。また、住宅が価格帯ごとにまとまっており、教授が所得に見合う住宅を選ぶなら、彼らはかたまって住むことになる。それに、教授仲間の近所に住みたいと思う教授もいるだろう。ある場所の教授の比率がすこしでも高まれば、さらに教授が集まってきて、ますます教授の比率が高まることになる。加えて、家を探している教授は、同僚やその家族から情報を仕入れるので、すでに教授仲間が住んでいる場所の近くで家を見つけることになりやすい。

類は友を呼ぶということが、この結果につながった。だが教授がかたまって住むことに反対する人はいないだろう。教授が近所に住んでいないからといって、悲しむ人もいない。そもそも教授たちは、隣近所の人たちからとくに認識されていないはずだ。いくらかかたまって住んでいるとしても、教授という職業はだいたいにおいて区画の中では少数集団である。実際には一緒に住みたくない人たちを避けているのだとしても、彼らの主たる関心事はどこに住むかであって、どこに住まないかではない。つまり積極的に分居を選んだのではなく、積極的に集中を選んだというべきだろう。もっとも、結果はほとんど変わらない。

本章のテーマは、個人の差別的な行動から起こりうる分離、分居、あるいは選別である。ここで「差別的」とは、意識的か無意識かを問わず、性別や年齢や宗教や人種など、分離や分居の原因になりうるものの認識が選択に反映されていることを意味する。この認識は、どこに住むか、どこに坐るか、どの職業を選ぶか、誰と遊ぶか、誰と話すか、などの意思決定に影響を与える。本章では、個人に作用する誘因や差別的な認識が全体として分居につながりうることを検討するとともに、実際の共同体の分離・分居状態から、個人の選好、選好の強さ、選好実行の経緯などを推論することが可能かどうかも検討する。

アメリカで関心が高いのは、「肌の色」による分離である。とはいえ、ここで行う分析は抽象的な性格なので、白人と黒人、男と女、将校と下士官、学生と教授など2つのものの分離であれば同じように説明できる。条件は、母集団が2つの要素から成ること、その2つの要素が明確に識別できることだ（言うまでもなく肌の色は2種類だけではないし、表面的に判別できるものでもないが、慣習的には2種類に分離されており、アメリカの国勢調査でもそうなっている）。

本章では、すくなくとも2種類の分離・分居プロセスは分析対象から除外する。第1は、社会的・組織的な調整や誘導による分離である。この種の分離は、合法か違法か、直接的か間接的か、露骨か婉曲か、公然か暗黙か、善意か悪意か、倫理的か実利的かを問わず除外する。第2は、おおむね経済的な要因による分離プロセスである。このプロセスでは貧者が富者から、教育水準の低い人が高い人から、未熟練者が熟練者から、粗末な身なりの人が高価な身なりの人から分離され、働く場所、住む場所から、食べたり遊んだりする場所までちがってくる。また、誰と知り合いで誰と付き合うか、誰と学校で友達になるかもちがってくる。もっとも、人種はあきらかに所得と相関性があり、所得は居住地と関係がある。このため、人種を意識せずに住む場所を選び、社会的な差別の影響は受けなかったとしても、あちこちの居住区に白人と黒人が無作為に分布するということはまずない。

「個人の動機」による分離・分居と、集団的要因や経済的要因による分離・分居とを峻別するのは容易ではない。習慣や伝統は社会的な調整や誘導に代わる役割を果たしているし、制裁に対する恐れが人々の行動を縛ることもある。その恐れに根拠があるかないか、制裁が合意、共謀、命令のいずれに基づくかを問わない。また、共通の期待が協調行動を促すこともある。

さらに、経済的要因による分離・分居は、差別と区別がつきにくい。住む場所を選ぶとは、隣人を選ぶことでもある。たとえばよい学校のある地区を選べば、よい学校に通わせたがっている人が住む地区を選んだことになる。しかも経済的理由から選ぶ場合でも、差別的な情報に依拠することがある。有色人種は白色人種より平均的に貧しいと思い込んでいる人は、意識的にせよ無意識にせよ、肌の色で貧困かどうかを判断する。あるいは、他の人は肌の色を貧困の指標とみなしていると考えて、自分も同調する。

以上の理由から、個人の動機による分離・分居と、集団的要因や経済的要因による分離・分居との境界線ははっきりしていない。そもそも、分離・分居のメカニズムはこの3つだけというわけでもない。特異な言語など固有のコミュニケーション手段にも、分離や分居を促す強力な効果がある。コミュニケーション手段は、いま挙げた3種類のプロセスのいずれにも関わるが、やはり別物と考えるべきだろう。

個人にとっての誘因と全体としての結果

経済学者は、個人が意図せず気づきもしないような結果を招くシステム、それも、その結果を引き起こした個人は特定しがたいようなシステムをよく知っている。商業銀行システムにおける信用創造はそのひとつだ。各人が節約を心がけると不況やインフレを招くことも、これに該当する。

生物学的な進化は多くの選別や分離と関係があるが、つがいになり、子供を生み、獲物を食べる動物たちのうち、その行為が種の分離、縄張りの選別、さらには種の絶滅をもたらすと知っている動物はほとんどいないだろう。社会の例で言えば、第二言語（母語以外の公用語）の共存あるいは消滅は、法令や学校教育の影響は受けるものの、社会として意識的な選択が働いているとは思われない。

第1章で述べたように、恋愛と結婚は、すくなくともアメリカでは、個人に委ねられるきわめて私的な行為であるが、その遺伝的な結果の総和は全体に影響をおよぼす。人々の選択は法律や宗教に制約されるし、ある種の分離や差別の伝統は強い強制力を持つ。だが王族は別として、遺伝計画の一環として結婚をしようという人はまずいないだろう。背の低い男性が背の高い女性と結婚するのも、金髪が茶髪と結婚するのも、個人の力で遺伝的確率を高めようとか、頻度分布を変えようといった目的からではあるまい。

分離現象の中には、個人の選択の相互作用に比してひどく複雑に見えるものがある。だから、「見えざる手」が働いて、誰も予測できず意図しないやり方で、何らかの合意や社会の選好や民意といったものに応じているのではないか、と思いたくなるかもしれない。だが経済では、不況やインフレのように、どう見ても万人の願望に反するマクロ経済現象がすくなくない。所得の減少や物価の上昇を望む人は誰もいないだろう。銀行の倒産や市場の暴落にしても、そうだ。すこしばかりの倹約家の考えることは、不況を引き起こすかどうかとはほとんど関係がない。一方、社会的な分離に関与する膨大な人々の感情や動機や習慣は、全体としてもたらされる大規模な結果と密接に関連付けられることもある。

広範囲の分離が社会的効率に与える影響が懸念されるのは、選択範囲が往々にしてきわめて狭まってしまうからだ。アメリカの大都市周辺の人口分布を見ると、全員またはほぼ全員が白人とか、全員またはほぼ全員が黒人という居住区は容易に見つかっても、どちらも全体の4分の3以下にとどまっているような居住区はめったに見つからない。しかも10年ごとの分布図を見比べると、10年前に融合していた居住区でも、10年後、つまり住宅ローンの返済を完了するまで、あるいは子供が学校に通うまで融合が続いた地区を見つけるのは、ほとんど不可能である。

数値に関する制約

居住区や野球チームの黒人と白人の数を数えても、それでうまくいっているのかどうかはわからない。だが何かを物語っているとは言えるだろう。とくに、居住区に入って来る人や出て行く人、あるいはチームに勧誘された選手が黒人と白人の人数や比率を気にする場合がそうだ。人数や比率の分析に課されるすこしばかりの論理的制約は、バランスシートの恒等式にいくらか似ている（論理的制約であるためには、すでに検討済みのもの以外、新しい制約を含んではならない）。

2つのものを混ぜ合わせるときの最も単純な制約は、限定された区間内で両方が同時には数的優位になれないことである。母集団における数的比率は、ある時点で区切って決定される。一方、空間的に区切られた範囲、たとえば都市や区画、教会や学校やレストランなどでは、黒人か白人のどちらかが過半数になることはできる。だが両方が相手より多くなりたいと言い張ったら、両者が満足する解決はひとつしかない。それは、完全な分離である。

ここで条件を緩和し、白人は4分の3以上、黒人は3分の1以上であることを望むとしよう。この条件を満たすことはできない。白人は3分の2以上、黒人は5分の1以上を望むとしたら、条件を満たす共存が狭い範囲で成り立つ。だが比率の総和が1を超えたら、全員の共存はできなくなる。

居住区や病棟のような空間では、誰もが誰かの隣にいる。ある居住区では、黒人（または白人）が10％しかいないとしよう。それでも、あなたの左右どちらかの隣人の肌の色があなたとちがう最小の確率は、0でなければ50％である。境界線の引き方次第で、誰もが少数集団になりうる。たとえばディナーの席で、男女が交互に坐るとしよう。隣同士に限るなら、誰もが2対1で反対の性より少ない。だが隣の隣まで含めれば、3対2で数的優位に立つ。

分離メカニズム

人数や比率のかんたんな計算をすれば、どのような結果が論理的に起こりうるかはわかるが、どのような行動が特定の結果をもたらしたのか、あるいは阻んだのかはわからない。個人の選択がどんな形の分離や融合を引き起こすかを理解するためには、そのプロセスに注目する必要がある。誘因を突き止め、その誘因が促す行動を観察することが必要だ。とくに、社会を構成するさまざまな個人が互いの選択に影響されたり、互いの存在に反応したりするプロセスに注意を払うべきである。

黒人と白人、男と女の分離や分居を招く誘因や基準は多種多様である。白人は白人と、黒人は黒人と一緒にいたいだけかもしれないし、白人は黒人を、黒人は白人を避けたいのかもしれない。あるいは白人は白人と一緒にいたいが、黒人はどちらでもよいのかもしれない。白人は白人の中にいたいし、黒人も白人の中にいたいが、白人が住む地区や食べる店や入れる場所に黒人は入れないなら、分居が起きる。

白人も黒人も相手の存在を気にしておらず、むしろ混ざることを望んでいるとしても、少数集団になるのはいやだ、ということもありうる。この場合、正確に1：1以外は、いかなる比率も自律的に維持することはできない。それ以外の比率では必ず少数集団ができ、それを嫌って出て行けば、完全な分離が起きるからだ。黒人も白人も、少数集団になってもいいが限度があり、たとえば25％以下の少数集団になるのは避けたいとしよう。この場合、最初の比率が25％から75％の間であれば維持できるが、それよりもどちらかに偏ったら、少数集団が出て行くので、結局はどちらか一方だけになる。出て行った先で多数集団に加われるなら、その多数集団の数を増やすので、今度は少数集団になった人たちを追い出すことになるかもしれない。

黒人か白人のどちらかにとって、自分たちが少数集団となるときの比率に許容限度があり、かつ最初に完全な分居が成立している場合には、他の人種の優勢な地域へ移動する人がいないことはあきらかだ。このとき、完全な分居が安定均衡となる。

選別と混合

ドジャースのキャンプ地ドジャータウンでは、マイナーリーグの選手の食堂はセルフサービス方式になっている。監督によれば「選手は最初に空いた席に坐る」という。「意図的にそうしているんだ。もし白人選手が黒人選手の隣で食べたくないなら、出て行って自腹で食べるしかないね。だがここでは、そういうトラブルが起きたことはない」そうだ(8)。

メジャーリーグの選手でも、食堂に指定席はない。白人選手と黒人選手が一緒に坐っているテーブルもかなりあるが、それが大半というわけではない。メジャーリーグもマイナーリーグも人種に関する姿勢がさほど変わらないとすれば、食堂では人種に関する選好がいくらかあるとしても、自腹を切るほどではないと結論してよかろう。

---

(8) Charles Maher, "The Negro Athlete in America", *The Los Angeles Times* Sports Section, March 29, 1968.

もっとも、ほかの可能性も考えられる。白人と黒人がそれぞれ友達と一緒に列に並び、トレイを受けとったら、何喰わぬ顔で隣同士の席をとってしまうことは十分に可能だ。だが、あきらかに彼らはそうはしない。もしそんなことをしていたら、何か人種混合システムのようなものが導入されていただろう。となれば、おおむね分かれて食べる程度に人種の選好はあるが、食べ物をとる前に隣同士の席を確保するほど強い選好ではない、と結論できそうだ。いや、セルフサービス方式が生き残っているのは、選手たちが席取りをするほど戦略的ではないおかげだ、と結論してよいかもしれない。

だがマイナーリーグの選手だって、犠牲フライで走者を進塁させたいときに、前もってアウトカウントを確認することぐらい知っている。だから、2人の選手が隣同士で食べたいとしたら、きっと示し合わせて一緒に並ぶにちがいない。このやり方が広まったら、あっという間に黒人と白人は分離される。

可能性はほかにも考えられる。そのひとつは、食堂の列で自然に混ざるので、厄介な選択をする必要がなくなり、肌の色を気にせず坐る口実ができて選手たちはほっとしている、というものだ。もうひとつは、選手たちは一緒に坐ることを気にしていない、受け入れる、あるいはむしろ好んでいるが、あまりに偏っていたら緊張して居心地が悪くなる、あるいは同席者が緊張して居心地が悪くなるだろうと気遣う、というものである。つまり黒人と白人が一緒のテーブルに着くのは全然気にならないが、6人が黒人（または白人）のテーブルで自分だけが白人（または黒人）というのはあまりに居心地が悪く、気楽な雰囲気が台無しになりかねない。そこで分かれて坐るようになり、それが定着するかもしれない。

招待主としてパーティーを取り仕切ったことのある人なら、この種の問題をよく知っているだろう。立食形式のパーティーで、最初は男女がうまい具合に混ざっている。だがそのうち、一部は偶然に、一部は数人の男（または女）がおしゃべりに夢中になった結果として、男（または女）だけのグループができてくる。すると人々は選択的に場所を移動するので、パーティーはちょうどドジャータウンの食堂と同じようになる。そこで招待主が、食堂の列と同じ役割を果たすことになる。着席形式であれば男女を交互に坐らせ、立食形式なら必要に応じて誰彼の腕をとって反対側に引っ張っていったり、コーヒーを運んで来て各自に取りに来てもらったりして、同性同士が固まるパターンを壊す工夫をする。

ときには、まったく逆の問題が生じることもある。一般に、飛行機の機内など公共の閉鎖空間では、喫煙者を非喫煙者から分離することが好ましい。また安全性の観点からは、海水浴客とサーファーは分離すべきだ。このほか、速度の遅い車を登坂車線などの付加車線で分離することも行われている。こうした2種類の集団は、非対称であることが多い。葉巻をくゆらす人が、ただ息をしているだけの人から迷惑を被るということはまずない。サーファーはボードに誰かの頭がぶつかるのをいやがるかもしれないが、泳いでいる人はもっといやにちがいない。長い上り坂で追い越し車線を走るノロノロトラックの運転手は、うしろを走る車のことなど気にしないだろうが、トラックの後についてしまった車の運転手は大いに気にする。行動のスタイルも異なる。サーファーは仲間といるのが好きで、とくに誘導されなくても群れたがる。水上スキーヤーは離れたがるし、機動力もあるので、海水浴客との共存の問題はめったに起きない。

こうした分離、隔離、共有、混合、分散、追随といったプロセスには、共通する特徴がある。全体にとっての結果をもたらした意思決定は、完全に個人によるということだ。サーファーが群れている一画を避ける海水浴客、サーフボードの見えるところに集まるサーファーは、外部環境に個人として反応している。そしてその外部環境は、同じように反応する他の個人によって形成されている。その結果は意図せぬものでありうるし、意識されないことさえある。たとえば、煙草を吸わない人はいちばん煙の少ない車両に集中しがちである。その車両が非喫煙者で混雑するにつれて、たまたま空いた車両を選んでいた喫煙者の周りはいつのまにか喫煙者ばかりになるが、そのことを彼らは別にありがたいとは思わないかもしれない。またこの喫煙者ばかりの車両は、非喫煙者がいなくなって空いてくるが、彼らはそれに気づかないかもしれない。

言うまでもなく、もっと重要度の高い選択が存在する。居住地の選択、職業の選択、別の都市への引っ越し、学校や教会の選択など、分離と混合が継続的で重要な関係性に関わってくる場合がそうだ。ドジャータウンで昼食をとるマイナーリーグの選手たちには、居住地に関しては、食堂の列のような人種混合システムは用意されていない。たとえ彼らが無作為に住む場所を決めたとしても、適当に混ざって住むケースは少ない。そもそも混ざり合っている居住区がほとんどないので、黒人にとっても白人にとっても、黒人の間に住むか、白人の間に住むか、どちらかしか選べないからだ。いや、その選択すらままならない場合もある。

全体の現象だけを見て、そのもとになった個人の意思決定の動機や、その動機の強さを推測するのは容易ではない。機内で煙草を吸う人は、前の席の乗客が煙に神経質だということに気づいていないだけかもしれない。水上スキーヤーは、ほんとうは400ヤード沖にいたいのだが、そうするとお気に入りのエリアを他の水上スキーヤーにとられてしまうので、できないのかもしれない。カクテルパーティーで男同士、女同士でかたまっている人たちは、じつは退屈しており、自分ではどうにもならないので招待主にうまく混ぜてもらいたいと考えているのかもしれない。英語とフランスの両方が通じる職場に満足していた人たちは、自分の母語の方が劣勢だと気づいたら不愉快になるかもしれない。そして1人が辞めたら状況はさらに悪化し、辞める人がますます増えることになる。

究極の二者択一、たとえば白人ばかりの地区か黒人ばかりの地区か、フランス語だけが通じる職場か英語だけが通じる職場か、白人がほとんどいない学校か黒人がほとんどいない学校か、といった選択を迫られた人々は、往々にして二極化を一段と推し進める方を選ぶ。だからといって、彼らが分離を好んでいる証拠にはならない。すでに分離が存在する場合にどちらかを選ばなければならないとなったら、自分と似た人が少ない環境より多い環境を選ぶという証拠にしかならないのである。

結果に至るまでのダイナミクスは必ずしも明確ではない。連鎖反応、意識過剰、反応遅れ、推論や憶測などが起こりうるし、強制や誘導がうまくいく場合もあれば、いかない場合もある。たとえばある同じ集団に属す3人が、賃貸契約に定められた事前通知をせずにアパートから出て行ったとしよう。それが同じ週に起きたら、きっと住人の誰かが気づいて噂する。そこで他の住人も、出て行ったのは白人（または黒人）だったとか、高齢者だったとか、子供のいる（またはいない）家族だったといった情報を知らされることになる。こうして住人の偏った見方に基づいて、出て行った人たちの属性が定められてしまう。

こうしたプロセスの中には、人々に何の動機も意図もないままに連鎖的に波及したものもあるかもしれないが、そのような場合であっても、ある種のバイアスが働いていたことはまちがいない。職場の空きポストがクチコミで補充されたり、アパートの空き室が住人の知り合いに賃貸されたり、男性が自分と同じ言語を話す女性とだけ結婚したりするなら、こうしたバイアスのかかったコミュニケーション手段は似たもの同士の集まりを維持し、いっそう強固なものにするだろう。

自己形成される居住区のモデル

読者に30分ほど時間があれば、分居のダイナミクスを実際に自分で起こしてみることができる。1セント硬貨と10セント硬貨をそれぞれ50枚ずつと大きな紙を1枚、テーブルに用意する。あと必要なのは、科学的探究心だけである。探究心がなくともゲームが好きならＯＫだ。

紙には、碁盤の目のように1マス3センチ角程度の線を引いておく。最低でもチェス盤程度（8×8で64マス）はほしい。マスを無作為に選ぶときのために、乱数表なども用意しよう。マスに置いた2種類の硬貨は、2種類の均質な集団のメンバーを表すと考える。男と女、黒人と白人、フランス語を話す人と英語を話す人、将校と下士官、学生と教授、いい服を着た人と粗末な服の人など、母集団を網羅する2要素であって、明確に認識可能であれば何でもよい。硬貨はランダムに置いてもいいし、何らかのパターンに沿って置いてもいい。用意する1セント硬貨と10セント硬貨は、同数でも、どちらかが少なくてもかまわない。個人（＝硬貨）の選択に関しては、いくつかルールを決めることができる。

たとえば、10セント硬貨は隣人のすくなくとも半分が10セント硬貨であることを望み、1セント硬貨は隣人のすくなくとも3分の1が1セント硬貨であることを望むとする。そしてこの条件を満たさない場合には、10セント硬貨も1セント硬貨も場所を移動する、と決めておく。次に、盤上の硬貨を調べ、動かすべき硬貨を見きわめて、動かす。必要に応じてさらに動かし、盤上のすべての硬貨が条件を満たして落ち着いたときに、どんなパターンが生じたかを確認する（もし硬貨がいつまでたっても「落ち着く」気配がないときは、最初の前提が将棋の千日手のような無限循環を導いたことになる）。

なお「隣人」とは、ある人を取り巻く8つのマスを指すものとする。つまりこの人は、3×3マスの隣人に囲まれた真ん中にいる。この人が満足できるかどうかは、この8人の隣人の性別や人種などによって決まる。8つのマスのいくつかは空でもよい。性別にせよ人種にせよ、ともかくも隣人に不満を感じたら、条件に適う最も近いマスに移動するものとする。

動かす順序は、条件を満たしていない硬貨のうち、盤の中央にいちばん近いものから順に動かしてもいいし、左上から右下へと動かしてもいい。あるいは10セント硬貨を先に、その後に1セント

```
  #  @  #  @  #  @
#  @  #  @  #  @  #  @
@  #  @  #  @  #  @  #
#  @  #  @  #  @  #  @
@  #  @  #  @  #  @  #
#  @  #  @  #  @  #  @
@  #  @  #  @  #  @  #
  @  #  @  #  @  #
```

図３

硬貨を動かしてもいい。とはいえだいたいにおいて、動かす順序は結果に重大な影響をおよぼさないことがわかるだろう。

次に、１セント硬貨と10セント硬貨の全体としての比率を決め、ほぼ同数にするか、一方を「少数集団」にするかを選ぶ。最初の配置は、テストしたいパターンに従って置いてもいいし、ランダムに置いてもいい。

ではまず、１セント硬貨と10セント硬貨を同数とし、どちらも要求は「控えめ」だとしよう。すなわち、どちらも自分と同類が隣人の３分の１より多ければよいとする。ある硬貨が持ちうる隣人の数は０〜８人であるから、具体的な条件は次のようになる。隣人が１人の場合は、その人は自分と同類でなければならない。隣人が２人の場合は、すくなくとも１人が自分と同類でなければならない。隣人が３、４、５人のいずれかの場合は２人が、隣人が６、７、８人のいずれかの場合は３人が、自分と同類でなければならない。

全員が満足する規則的な「融合」パターンを作ることは可能だ。１セント硬貨と10セント硬貨が交互に並んでいるパターン（図３）がそれである。ただし、角の置き方に注意が必要だ。

図３の状態では、角以外はすべて埋まっているため、動くとすれば

—	#	—	#	@	#	—	@
#	#	#	@	—	@	#	@
—	#	@	—	—	#	@	#
—	@	#	@	#	@	#	@
@	@	@	#	@	@	@	—
#	—	#	#	#	—	—	@
—	#	@	#	@	#	@	—
—	@	—	@	—	—	#	—

—	—	—	#	—	#	—	—
—	—	—	—	—	—	—	—
—	—	—	—	—	—	—	—
—	—	#	—	#	—	#	—
—	—	—	—	—	—	—	—
#	—	—	—	—	—	—	—
—	—	@	—	@	—	@	—
—	—	—	—	—	—	—	—

図4

角へ移るしかない。だが全員が満足しているので、誰も動きたいとは考えないはずだ。そこで、すこしばかりパターンを壊すとともに、いくつか空マスを作り、移動を容易にすることにしよう。

図3の状態では、硬貨は60個置かれている。いま、乱数表を使って20個を取り除く。次に空いたマスのうち5個を無作為に選び、そこに1セント硬貨か10セント硬貨を半々の確率で置く。こうして64のマス目に対して45マスが埋まり、19マスが空くことになる。40人は図3と同じ位置におり、5人の新顔が加わった形である。このプロセスから導かれた結果を図4の左図に示した。#は10セント硬貨、@は1セント硬貨を表す。もちろん、#はフランス語を話す人で@は英語を話す人、#は黒人で@は白人、#は男で@は女など、お好きなように考えていただいてかまわない。

このうち、隣人に満足していない人だけをピックアップしたのが図4の右図である。#6人と@3人が移動したがっており、残りの人たちは現状に満足している。このパターンはまだ「融合」していると言えるだろう。というのも、不満な人でも自分と同類の隣人が1人もいないわけではないし、満足している人のうち隣人が完全に同類ばかりの人もほとんどいないからだ。全体として、このパターンは分居の度合いがさほど強くないように見える。この段階では、#の隣人にせよ@の隣人にせよ、視界に入れないようにするのはむずかしい。この状況で、45人中9人の不満な人を19個の空マスのどこに動かせばよいだろうか。

いまいるマスから動けば、必ずそのマスは空くので、誰かが移ってくることが可能になる。また移動する人は、同類の隣人を何人か残していくことになる。残されるのが1人なら、その隣人は同類の隣人を失って不満になるかもしれない。また移動する人は、移動先で必ず同類の隣人を獲得することになる。逆に言えば、移動先の同類の隣人にとっては、同類が1人増えたことになる。しかし同類でない隣人にとっては、同類でない隣人が1人増えたことになる。

ともかくも、ぜひ1セント硬貨と10セント硬貨を用意して自分でやってみてほしい。私からいくつか結果を紹介することはできる。コンピュータなら、何百通りもさまざまな要求や全体の比率や居住区の規模を変えて試すことができるだろう。だが、自分自身で硬貨を動かし、何が起きるのか自分の目で確かめる体験にまさるものはない。1時間もあれば、行動ルールや盤の大きさや形を変えて、何度か試せるはずだ。さらに、隣人の構成について異なる要求をするサブグループ(たとえば1セント硬貨と10セント硬貨それぞれの裏と表を使って)を設けることもできる。

連鎖反応

この実験できわめて示唆的なのは、「解体」プロセスである。移動した人は、元いた場所にも移

	#	#		@	#	#	
#	#	#	@	@	@	#	#
#	#	@	@			@	#
#	@		@		@	@	@
@	@	@	#	@	@	@	
	@	#	#	#	@	@	@
		#	#	#	#		
@	@					#	

図5

	#	#	#	@			@
#	#	#	@		@		@
#	#	@				@	
	@		@		@		@
@	@	@	#	@	@	@	
		#	#	#	@	@	@
@	#	#	#	#	#	#	#
@	@				#	#	#

図6

った先にも影響を与える。そこに連鎖反応が起きる。ほとんど動きがないまま止まることもあるが、次から次へと続いて衝撃的な結果をもたらすこともある（言うまでもなく、結果は参考にしかならない。チェス盤のマス目に住んでいる人はいないのだから）。

図4の状況から得られる結果の例を図5に示した。これは、起こりうる「ひとつの結果」にすぎない。というのも、硬貨を動かす順序を正確に決めておかなかったからだ。もし読者が自分で実験を行うなら、いくらかちがう結果になるかもしれない。が、全体的なパターンはさほど変わらないはずだ。図6も図4からの展開例だが、図5とは動かす順序だけを変えた。この実験を繰り返すのは数分しかかからないし、どんな結果になるかがわかったらきっと感動するだろう。隣人の構成に関する要求を変えたり、10セント硬貨の数を1セント硬貨の倍にしたりすれば、結果は大幅に変わる。だが数や要求が同じなら、誰がやっても結果はおおむね同じになる。

図5と図6では、全員が満足している。そして、どちらも図4より分居の度合いが進んでいる。目に見える印象以上に分居が進んだことを、かんたんな比較で確認してみよう。図4では、全体として@には@の隣人と#の隣人が同じくらいいる。@の隣人が平均より多いケー

スと少ないケースがあり、3人は満足していない。#にとっての隣人の構成も、#：@がほぼ1：1となっている。ただし左上の角には#の小さな集団ができ、不満な6人は広範囲に散らばっている。ここで不満な人を動かして図5の状態にすると、#にとっても@にとっても、同類の隣人と同類でない隣人の比は平均して2・3：1となる。これは、最初の比率の2倍以上、各自が望んだ比率の約3倍である。図6ではさらに分居が進み、同類の隣人と同類でない隣人の比は平均して2・8：1となる。これは最初の比率の3倍、各自の希望の4倍に近い。

別の比較方法として、隣人が同類ばかりの人の数を比べてみよう。図4では、動かす前の状態で3人だった。図5では8人、図6では14人になっている。

この種の実験からどんな結論を導き出せるだろうか。すくなくとも、いくつかの通説がまちがっていることは証明できただろう（それらもチェス盤程度の単純な推論に基づいているのだが）。「以下のことは明白である」などと始まる命題は、仮にそれが正しいとしても「明白」ではないことを、ときにひどく単純な実験で示せるものである。先ほどの実験では、何らかのメカニズムが働いている可能性を示すことができた。また全体の現象が、個々の分子が決める全体の結果を予想できないような、ある種の「分子運動」と似通っていることも示せた。

この実験では意外な現象を見ることもできる。隣人の構成に関する一方の要求を引き上げ、他方の要求を引き下げたら、どうなるだろうか。図7は、#が要求する同類の隣人の数を図5、図6より1人増やし、@の要求を1人減らした場合の典型的な結果である。ほとんどの点で、「分居」の度合いは図5、図6とほぼ同じである。ただ、密度がちがう。@は全体に散らばっているが、#は

```
#  #  #  #  @        @
#  #  #  #  @  @     @
#  #  #  #        @
   @  #  @  @  @     @
@  @  @  #  @  @  @
         #  #  @
      @  #  #  #  @
   @     @  #  #  #
```

図7

かなり密集している。もし読者が実際に硬貨を使ってやってみるなら、隣人の構成に関する両者の要求は同じにして、一方の数を他方の2倍か3倍にしてみるといい。たぶん、同じような結果が得られ、少数集団はかなり密集するはずだ。図7からは、たとえば次のような結論を引き出せるだろう。海水浴客がサーファーの存在をいやがるほどにはサーファーは海水浴客を気にしないとしても、両者はやがて完全に分離される。このとき、サーファーの方が広い水域を占有できるということだ。

これは「分居」なのか？

読者は図8を見て、個人の選好をどのように設定すれば図4から図8のようになるのか、考えてみてほしい。

図8では、どの#、@にとっても、同類の隣人と同類でない隣人の比は3：1をやや上回る。さらに、6人の@と8人の#には、同類の隣人しかいない。これはあきらかに顕著な分居である。だがじつはこのプロセスは、仲間集めの一種とみなすこともできる。というのも図8で設けたルールは、#についても@についても、「同類で

```
   #  #        #  #
#  #  #     #  #  #
#  #  @  @  @  #  @
   @  @  @  @  @  @  @
@  @  @  #  @  @  @
   @  #  #  #  @  @  @
   #  #  #     @  @
   #  #
```

図８

ない隣人のいる・いないにかかわらず、同類の隣人を３人獲得する」というものだったからだ。つまり個人の動機は、図５、図６のパターンに至った動機とは全然ちがう。にもかかわらず、全体の結果を見ただけでは、どちらの動機がどちらの分居パターンとプロセスにつながったのか、見分けがつきがたい。これは重大な問題である！

このような図を見せられて読者が最初に感じるのは、おそらく落胆ではないだろうか。極端な少数集団にはなりたくないという控えめな要求をしただけで、ほぼ融合していたパターンが解体され、甚だしく分居が進んでしまう。図３のように意図的に配置したパターンはたしかに実現可能だが、ほんのすこし無作為の動きを導入するだけで不安定化し、図５や図８のように分居が進むことになる。いったんそうなったら、ランダムな入れ替わりが起きても事態はもう変わらない。

とはいえ、分居を好ましくないと思う人、とくに、全面的に分居が進んで個人が望んだ以上の分居状態になることを懸念する人にとっては、かすかな希望もある。それは、このケースのように、現実に現れた分居パターンほどにはその原因となった動機は過激ではない場合がありうることだ。解体を防ぐためのヒントは、図４から得られる。これより後の図は、いったん分居プロセスが安定化してしまったら、各自を満足させられるような「融合」の復活がきわめて困難であることを示している。図4では、現在の場所から移動したいのは45人中9人だけである。もしこの9人をそこにとどまるよう説得できれば、他の人は何も問題がない。図4の外からできるだけ少ない人数を連れて来て、あるいは図4の中でできるだけ少ない人数を動かして、全員に移動を思いとどまらせることはできないだろうか。読者は知恵を働かせてみてほしい。2人の孤独な#にもう1人の孤独な#が合流すれば、3人とも孤独ではなくなる。だが第3の#が来ることが確実でない限り、第1の#は第2の#のところへ移動しないだろう。何らかの協力や規制のない限り、誰もが大きな群に加わろうとし、その過程で孤独な隣人を見捨てることになる。そして移動先で、同類でない隣人を数で圧倒することに加担する。

区切られた居住区のモデル

今度は、ちがうモデルを検討しよう。まず、「居住区」の定義を変える。自分の家を中心とした近隣地区という各自の定義ではなく、居住区とその境界線という共通の定義とする。ある人は、その中にいても外にいてもかまわない。そしてこのモデルでは、誰もが居住区内の人種（ここでは黒人と白人とする）の比率を気にするが、居住区内の配置は気にしないものとする。居住区内の「家」は、ある職場、会社、大学、教会、選挙区、レストラン、病院の構成員や参加者と考えてもよい。

このモデルに示されるのは、黒人にとっても白人にとっても、他の居住区より好ましい居住区である。どの住人も、自分とちがう人種の比率が許容限度を超えない限り、ここに住み続ける。許容限度（または「寛容度」）は、黒人でも白人でも人によってちがう。ある人の許容限度を超えたら、その人はこの居住区を出てよそへ移る。おそらくは自分と同じ人種が大勢いる居住区か、人種が問題にならない居住区へ移るだろう。

「寛容度」が母集団の構成員の比較に基づく指標であることに注意されたい。またこれは、いま論じている居住区に固有の指標である。ある白人が、この居住区で他の白人より不寛容だとしても、他の居住区に移ったら、他の白人より寛容だったということがありうる。

白人が許容する比率と黒人が許容する比率は、足し合わせて100以下であれば両立することはあきらかだ。両立しない場合、両者が満足する共存状態は存在しない。また、極端な比率は誰も許容しない場合には、当初黒人か白人ばかりだった居住区は、ずっとそのままとなる。ちがう人種が入って来る場合、あらかじめ申し合わせて集団で入居してくれば定着するかもしれないが、個人で行動するなら、誰も先陣を切ろうとはしないだろう。

「寛容度」の度数分布を使えば、どんな結果につながるか実験することができる（このモデルの分布が現実的というわけではない。分布は地域によって異なるが、このモデルは地域を特定しない）。この実験では、黒人、白人または両者が入居し、定着するプロセスを観察し、寛容度、最初の入居状態、移動のダイナミクスと結果とを結びつける何らかの法則を探す。

ここでは、各人の選好はすべて同じ形で表れるものとする。すなわち、人々は必ずしも人種を気にするわけではないが、気にするときには、この居住区で出現しうる他の人種の比率に上限を設け、それを超えたら出て行くことを選ぶという形で気にする。下限は設けない。自分が少数集団になりたがる人はおらず、黒人と白人がうまく融合していないという理由で出て行く人もいないからだ。また、人々が気にするのは絶対数ではなく、比率だけである。さらに、居住区内での配置は問題にしない。たとえば中心に近いとか、境界に近いとか、誰が誰の隣だということは気にしない。

移動のダイナミクスを分析する目的から、人々は出て行くことも戻ってくることもできるとする（この地区を好む理由が、すでに住んでいて移動コストが高いことだけだと仮定した場合、戻ってきてもこのコストは回収できないものとする）。自分と異なる人種の比率が許容限度を超えたとき、その人は出て行く。居住区外の人は、自分の要求に適うと判断したとき、この地区に入ってくる。情報は完備されており、誰もが、自分が意思決定をする瞬間の人種の比率を知っているものとする。だが他人の意思は知らないし、将来の流出・流入を予想することもできない。ここでさらに、妥当な仮定を付け加えておこう。比率に満足していない白人が2人いたら、不満の大きい方、すなわち寛容度の低い方が先に出て行くものとする。また、居住区内の白人はつねに居住区を出る白人より寛容であるとし、同じことが黒人にも当てはまるとする。最も不寛容な白人が最初に出て行き、最も寛容な白人が最初に入って来る。黒人についても同じことが言える。

各人種集団の構成員の「寛容度」累積度数分布が、私たちの出発点となる。さまざまな分布を試すことが可能だが、まずは直線から始めることにしよう。

「寛容度」の分布

まず白人について、横軸上に寛容度の高い方から順に白人を並べ、それぞれが許容する黒人対白人の比率の上限を縦軸にとる。白人の合計は100とする。白人の中央値は、自分と同数の黒人と一緒に住むことを受け入れるとしよう。つまり100人中50番目までの白人は、黒人対白人が1：1であることを容認する。最も寛容な白人は、2：1でも受け入れる（すなわち、自分が3分の1の少数集団になってもかまわない）。最も不寛容な白人は、黒人が1人いても我慢できない。白人の寛容度の累積度数分布を図9の上のグラフに示した。グラフは、許容可能な比率の上限2：1を表す縦軸の2と、白人の母集団全員を含む横軸の100を結ぶ直線となっている。

黒人についても、寛容度の分布は白人と同じだとしよう。ただし黒人の数は白人の半分、すなわち50人とする。

すくなくとも白人と黒人の一部は、満足して共存できる。白人50人は、黒人50人（すなわち全員）と同じ居住区に住むことを受け入れるが、50人の黒人全員が白人50人と住むことを受け入れるわけではない。黒人25人と白人25人ならば、満足して共存できる。10人の黒人は、1・6：1の比率まで受け入れる。絶対数で言えば16人の白人を容認する。そこで、黒人対白人の比率が10：16であることを容認する80人ほどの白人のうち、16人は満足して共存する。

両者が満足するあらゆる組み合わせを調べるには、またとくに流入と流出のダイナミクスを分析するためには、黒人・白人双方について比率を絶対数に変換し、両者を同じグラフ上に表す方が都合がよい。

寛容度を絶対数で表す

この方法で作成したのが、図9の下のグラフである。曲線Wは白人の、曲線Bは黒人の寛容度の分布に基づいている。横軸上に寛容度の高い方から順に白人を並べ、それぞれが許容可能な比率を掛けた数の累計が、そこまでの白人集団が許容しうる黒人の数である。寛容度の高い方から50番目までの白人は同数の黒人すなわち50人を、75番目までの白人は半分の黒人すなわち37・5人を、25番目までの白人は1・5倍の黒人すなわち37・5人を許容する。90番目までの白人は5分の1すなわち18人の黒人しか許容せず、20番目までの白人は32人の黒人を許容する、といった具合である。

こうして、寛容度の分布を表す直線から、白人が許容する比率に対応した絶対数を示す放物線が導かれる（経済学者は、総需要曲線を総所得曲線に変換するのとまさに同じように、累積度数分布を絶対数のグラフに変換できることを認めるだろう）。同様に黒人の寛容度の分布を変換すると、図9のように縦軸に向かって開いたお椀のような形の放物線になる。

2つの放物線が重なった部分では、どの点においても黒人と白人が共存できる。これだけの数の黒人の居住を容認する白人がこれだけおり、これだけの数の白人の居住を容認する黒人がこれだけいるということだ。曲線Wの内側で曲線Bの右側の部分では、どの点においても、白人は黒人と白

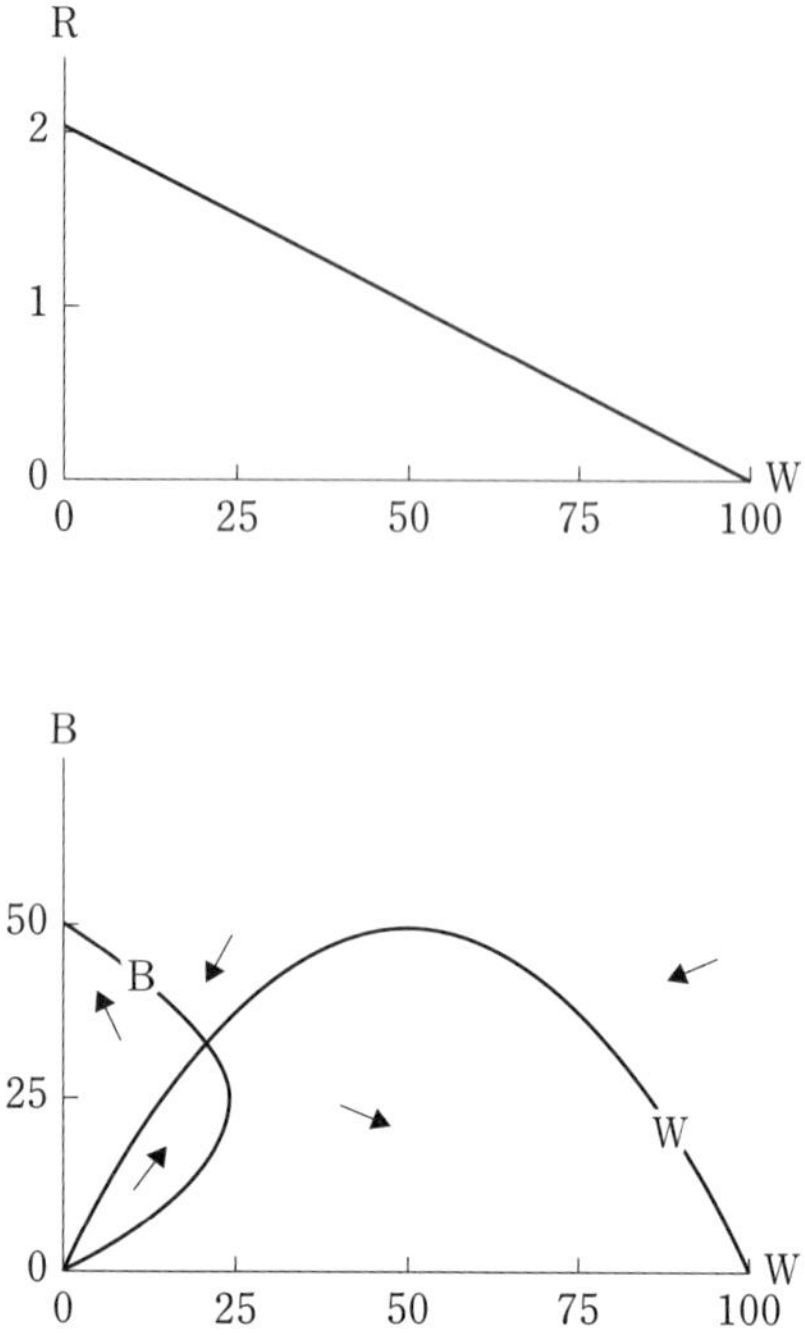

図９

人の組み合わせに満足しているが、黒人は全員が満足しているわけではない（一部の黒人は満足しているが、満足していない黒人もいる）。そして曲線Wと曲線B両方の外側、すなわち右上部分では、どの点においても黒人、白人ともに全員は満足しておらず、どちらも一部が不満である。

移動のダイナミクス

だが最終的にその居住区の黒人と白人の比率を決めるのは、移動のダイナミクスである。最も単純な動きは、次のようになる。居住区内の白人はみな満足しており、外にいる白人も、中に行けば満足できると考えるなら、前者はとどまり、後者は流入する。中にいる白人がみな満足し、外にいる白人も中に行けば満足できると考える限り、白人は流入し続ける。逆に、居住区内の白人の中に不満な人がいたら、その人は出て行く。不寛容な人が不満を感じて出て行けば、残るのは最も寛容な人たちである。この寛容な人と黒人との比率が、残っている白人全員にとって満足できるものであれば、それ以上の流出は起きない。同じことが、黒人の流入と流出にも当てはまる。

するとここで、グラフ上のすべての点について、人の移動の方向を矢印で示すことが可能になる。2つの曲線が重なった部分では、黒人も白人も増える傾向にある。曲線W（=白人）の内側で曲線B（=黒人）の外側では、白人が流入し、黒人は流出する。移動方向を表す矢印は右下向きになり、黒人が全員出て行って白人が全員入って来るまでこの流れは止まらない。曲線Bの内側で曲線Wの外側に当たる左上部分では、黒人が流入し、白人は流出する。白人が全員出て行って黒人が全員入って来るまでこの流れは止まらない。両方の曲線の外側に当たる各曲線の右上外側部分（それぞれ矢印で示した）では、黒人も白人もここから出て居住区内に入ろうとする。この動きによって白人が曲線Wの内側に戻ったら、黒人の流出が続いて白人の比率が高まる。すると、一度出て行った白人も戻って来て、黒人は全員いなくなる。同じことが黒人についても当てはまる。

図9の寛容度の分布では、安定均衡は2つしかない。ひとつは全員が黒人で白人はゼロ、もうひとつは全員が白人で黒人はゼロである。どちらが起きるかは、移動プロセスの開始地点と、そしておそらくは黒人と白人の相対的な移動速度に左右される。最初の時点でどちらかが優勢だったら、

その人種だけになる方向へと動く。最初の時点で両者の一部が数的に「満足した」状態なら、最終的にどちらが不満になって出て行くかは、黒人と白人の相対的な流入速度によって決まる。最初の時点で両者ともに大人数で入居していた場合には、どちらが最終的に満足するか、どちらが流れを逆転させるか、どちらが居住区を独占するかは、相対的な流出速度によって決まる。

こうして、黒人と白人の共存可能な組み合わせが出現する。2つの曲線が重なる部分の組み合わせがそれだ。問題は、この組み合わせが居住区外から人を呼び込むことである。どちらか一方を引き寄せる場合もあれば、両方を引き寄せる場合もあるが、最終的にはどちらか一方が多く流入し、その人種が数で圧倒することになる。すると、残っていた少数集団の一部が出て行く。そうなると、残された少数集団の数は一段と少なくなり、ますます不満になって出て行くことになる。こうしてさらに数が減り、最後にはいなくなる。

寛容度の設定を変える

言うまでもなく、これが起こりうる唯一の結果というわけではない。結果は、寛容度の分布の形状と、黒人と白人が入り混じった母集団の規模に左右される。先ほどの結果は、白人に比して黒人が大幅に少ないことの影響は受けていない。つまり黒人の曲線を白人の曲線と同じサイズにしても、結果はやはりどちらかの人種だけの安定均衡に達するだろう。だが、寛容度の分布を表す直線の傾きをきつくし、かつ黒人と白人を同数にしたら、多数の黒人と多数の白人の組み合わせによる安定

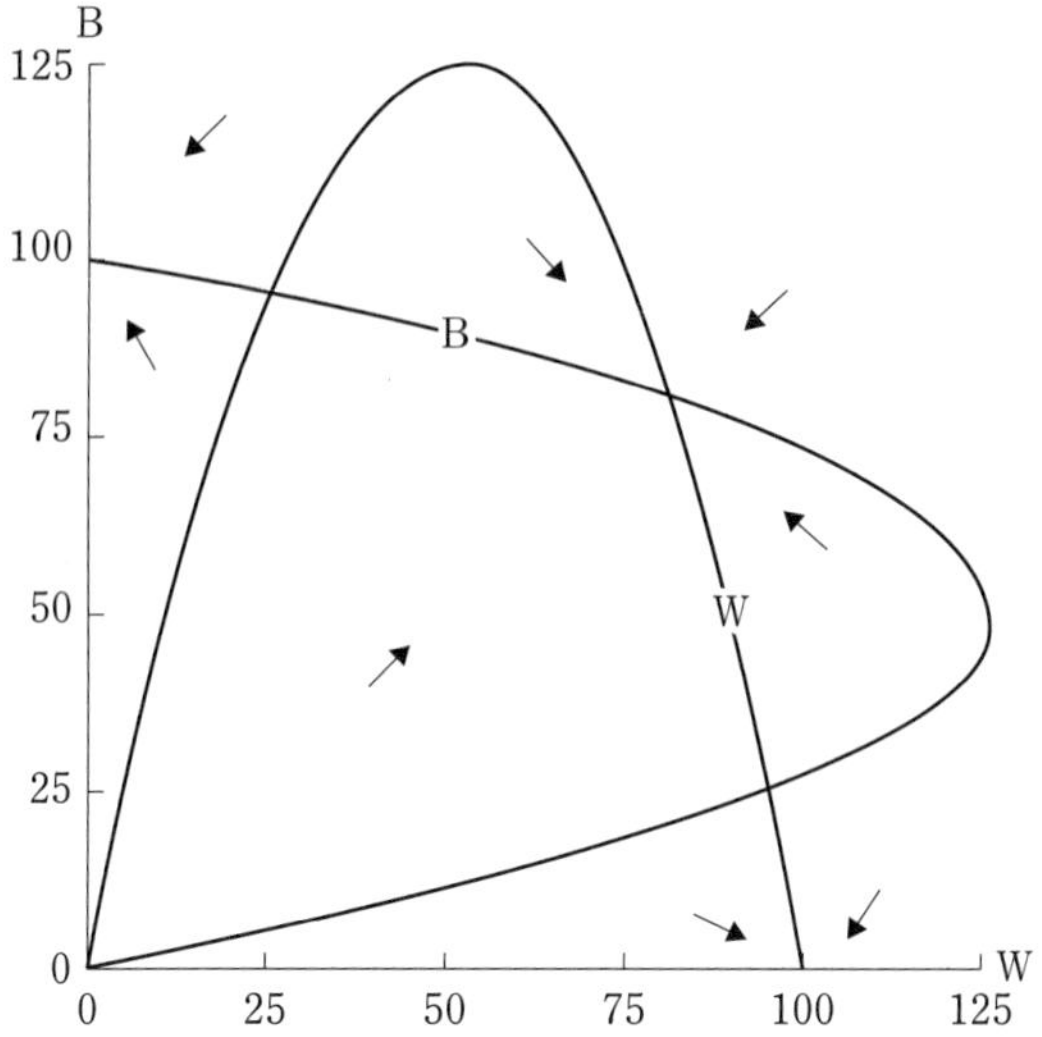

図10

均衡が実現しうる。

ここでは、白人の中央値が、白人１人に黒人２・５人の共存を許容すると仮定する。すなわち、白人がおよそ30％の少数集団になっても、この居住区に住み続けるものとする。最も寛容な白人は１人に対して黒人５人まで許容し、最も不寛容な白人は１人の黒人も許容できない。この場合、寛容度の累積度数分布のグラフは、縦軸の５から出発する直線となる。黒人と白人が同数で、黒人の寛容度も白人と同じであれば、絶対数に変換すると、両者は同じ放物線を描くことになる。これを表したのが図10である。

図10では、黒人１００人＋白人０人、白人１００人＋黒人０人という2種類の安定均衡のほかに、黒人80人＋白人80人の組み合わせも安定均衡になる。と言うよりもむしろ、最初の入居状態のかなり広い範囲で、黒人と白

人の移動を通じてこの3番目の共存均衡に近づくはずだ。最初の時点で両方の人種の半分以上（現実には40％をいくらか上回る程度で十分である）が住んでいる限りにおいて、流出入のダイナミクスは黒人80人＋白人80人の安定均衡を導く。最初の時点でどちらもごく少数だった場合でも、当初の比率が2つの曲線の内側（いずれの人種についても、およそ4：1以上を許容する）であって、どちらの人種も他の人種を大幅に上回る速度で流入して来ない限り、最後は黒人80人＋白人80人の共存均衡に収斂する。また、最初の入居状態がどちらかの人種に偏っていた場合でも、他の人種の25％以上が協調して流入してくれれば、安定した共存均衡になる。このように、3種類の均衡（全員白人、全員黒人、黒人80人＋白人80人）はどれも、かなり不利な条件が発生しても安定している。

人数の設定を変える

図10の安定した共存均衡は、たとえば白人が黒人の2倍いるとか、その逆であるといったときには成り立たない。この場合、2本の曲線は交差せず、図11のように一方の曲線がもう一方の曲線に内包される。

流入制限を行うと、安定した共存均衡が成立することがある。居住区内の白人の数を40人に制限し、かつ最も寛容な40人が必ず最初に流入し、最後に出て行くとすれば、図11の曲線は図12のようになり、白人40人＋黒人40人の安定した共存均衡が成立する。だが図9のような状況では、安定した共存均衡に達するためには黒人と白人両方の流入を制限しなければならない。

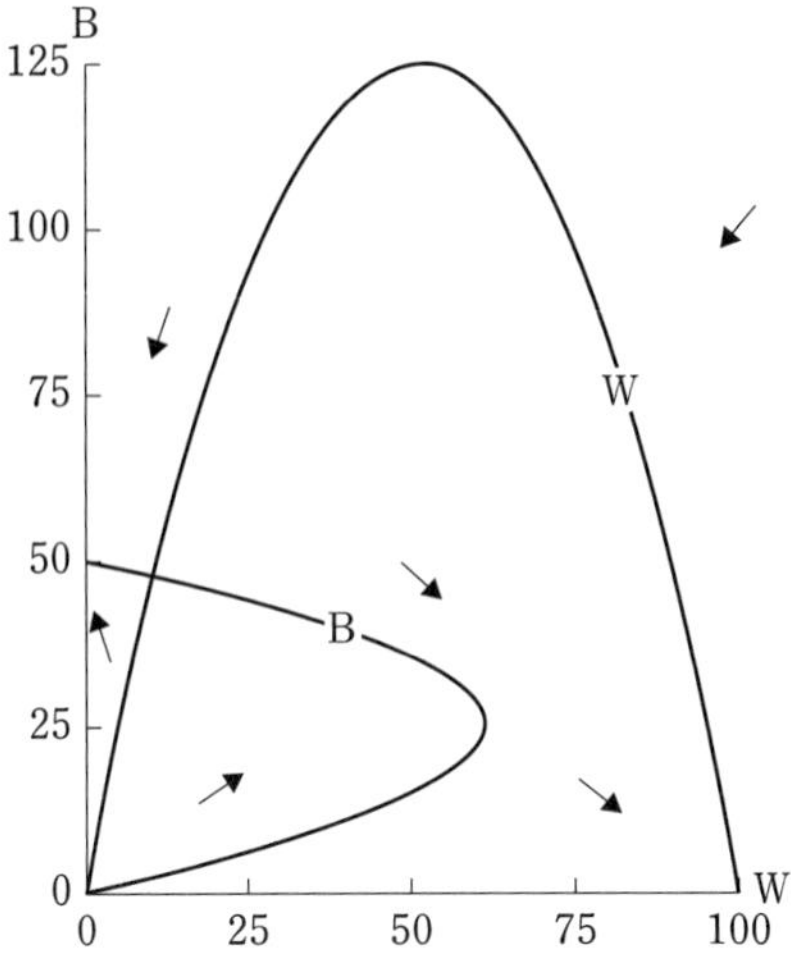

図 11

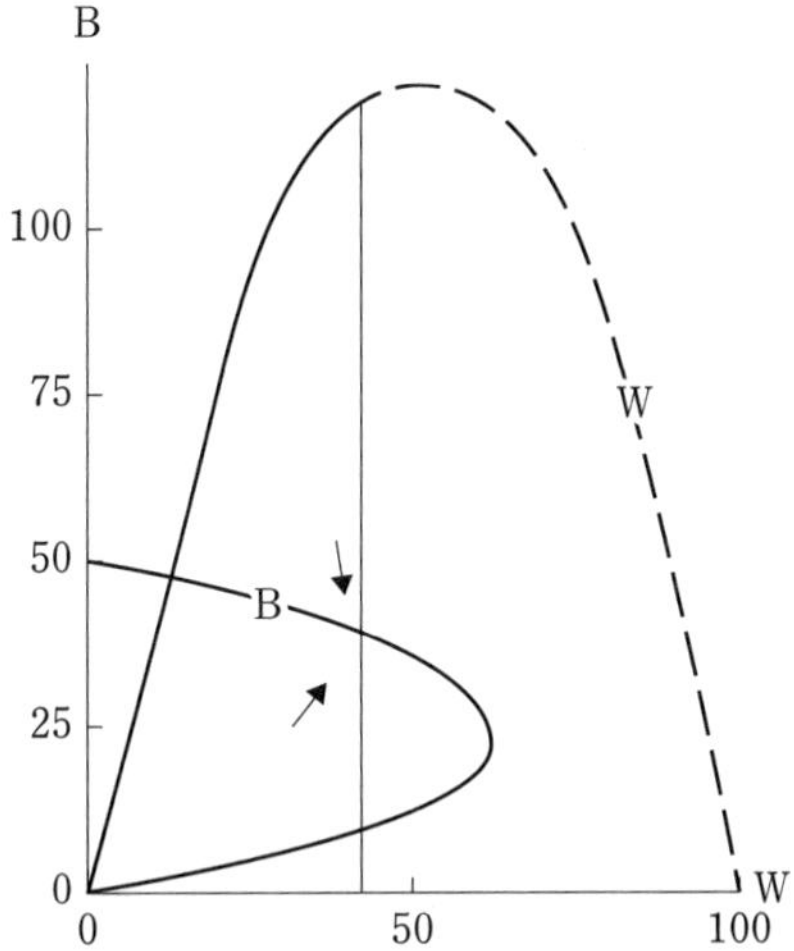

図 12

ここで、白人の数を制限することは、この数を超えた白人がまったく寛容でないとすることと同じ効果を持つ点に注意されたい。彼らを排除するにせよ、自分から出て行くにせよ、ともかくもいないことによって、白人が圧倒的な数的優位に立つことが食い止められ、安定した共存均衡が実現しうる。

寛容度がより高くなったからといって、必ずしも安定した共存均衡が実現する可能性が高まるとは言えない（「寛容度がより高い」ということが、統計学的には、所与の母集団の中で一部の人をより寛容な人に置き換えることを意味する限りにおいて）。逆に、図11で白人のうち最も不寛容な3分の2を、一段と不寛容な人に置き換えても、白人が圧倒的多数になることは防げる（ただし、白人全員をより不寛容な人に置き換えたら、そうはいかない）。

さまざまな結果を導く

寛容度の分布には言うまでもさまざまな形状があり、それらを実験してみることが可能だ。黒人と白人の比率も何通りにも変えてみることができる。ここでは紙面の都合上、たくさんの組み合わせを検討するわけにはいかないが、やり方はかんたんなので、読者は自分に興味のあるケースをぜひやってみてほしい（絶対数の曲線の形状に関する唯一の論理的制約は、原点から出発した直線はその曲線と1回だけ交差することである）。

融和的な居住者の選好

じつは今回の分析で得られた結果は、それぞれの人種の分かれて住みたがる選好（分居選好）に起因するわけではない。もっと意外なのは、多数集団でいたいという選好に依存するわけでもないことである。

かんたんに説明しよう。これまでの分析では、どの人も自分と異なる人種の比率をある程度までは許容するが、それを超えたら出て行くと仮定した。するとここで、疑問が持ち上がる。じつは黒人と白人は混ざり合って住みたい（混居選好）と仮定したらどうなるのか、ということだ。すでに開発したモデルでこの選好を表現するにはどうしたらいいだろうか。

よく考えてみると、その分析はすでに実行済みであることがわかる。先ほどと同じモデルで、どちらの仮定も表現できるからだ。しかもこの2通りの仮定からは同じ結果が導かれる。

人々は混ざり合って住みたいと仮定し、先ほどの寛容度の分布の解釈を変えるだけでよい。すなわち、許容できる比率の上限は、極端な少数集団（または極端な多数集団）になることへの嫌悪が混居選好を上回る点だと解釈する。

こうすれば、同じモデルがどちらの解釈にも当てはまり、結果は、混居選好、分居選好どちらの分析にも有効である（唯一のちがいは、異なる人種の許容可能な比率に上限があるとは考えない、言い換えれば、同じ人種の許容可能な比率に下限があるとは考えないことである）。

政策手段

この分析は、絶対数あるいは比率による割当や数量制限が、何らかの安定した共存均衡が成立する可能性にどのような影響をおよぼすかを知りたいときに、有効である。また、協調行動の研究にも役に立つ。2つの曲線の重なり合う部分が存在し、安定した共存均衡が成り立つ可能性が示されたとしても、必ず均衡が生じるとは限らない。というのも、どちらか一方だけ（たとえば黒人だけ）の安定均衡と競合することが多いからだ。2つ以上の安定均衡の可能性が存在する場合には、当初の混ざり具合とその後の移動速度が結果を左右する。

ある安定均衡から別の安定均衡への「乗り換え」は、大混乱を伴うか、協調行動を必要とすることが多い。人々が協調行動をとるなら、第3の均衡の実現も可能になる（黒人と白人の両方が、協調して相手を排除することは不可能である。どちらか一方が相手を数的に圧倒することはできるが、両方が同時にこれをすることはできない）。

ここで記述したモデルは扱える現象が限られており、推測に基づく行動、タイムラグのある行動、集団的に組織された行動、事実誤認に基づく行動は扱えない。また、単一地域を想定しており、複数の地域を同時に扱うことはできない。ただし、範囲の拡大に対応しうるモデルを開発することは十分に可能と考えられる(9)。

（9） Schelling, "Dynamic Models of Segregation," *Journal of Mathematical Sociology*, 1（1971）, pp. 143–186 では、ここで行った分析をさまざまな形でよりくわしく行った。

第5章　選別と混合——年齢と所得

さまざまな年齢のメンバーで構成された集団を考えてみよう。この集団のメンバーは、他のメンバーの年齢を気にしているとする。具体的には、20～70歳の範囲で年齢が均等に分布した集団において、集団の平均年齢が自分の年齢を10歳以上上回るか、20歳以上下回ったら、その人は出て行くと仮定しよう。最初の時点で20～70歳の均等分布だったので、平均年齢は45歳である。すると、35歳以下の人は出て行く。また、65歳以上の人も出て行く。そうなると、この集団に何が起きるだろう。メンバーの人数や年齢分布はどうなるだろうか。

ここでもまた人々は、互いに反応し合う人々から成る環境に反応している。人々の反応に応じて、一緒にいる人たちが構成する環境が変化し、そのことがさらに反応を引き起こす。1人の存在は、他の人々で形成される環境に、わずかなりとも影響をおよぼすのである。ここで言う「反応」とは、出て行くことであり、可能であれば入って来たり戻って来たりすることである。その結果は、合計、平均、度数分布などで表すことができる。いずれにせよ結果をもたらすのは、調整や強制が行われた場合を除き、個人の意思決定にほかならない。

選別と混合のモデル

ここで扱うのは、選別と混合あるいは分離と融合を理想化したモデルである。モデルでは個人の集合である母集団を仮定し、個人はその母集団自体の何らかの特性、たとえば比率や平均や全体に占めるパーセンテージなどに反応するものとする。個人は母集団の特性に関して何らかの選好を持つものとし、モデルを使ってそうした個人の反応のダイナミクスを突き止めることを試みる。

モデルが興味深いのは、つねに維持されるとは限らないが、2つの特性を備えているからである。第1は、何らかの重要な社会的プロセスを表現できることだ。現実と乖離した抽象的なモデルであっても、プロセスの一部は表現できる。第2は、自明ではない結果が得られることである。すなわち、モデルのパラメータと密接には関連しておらず、前提条件から容易には導き出せないような結果が得られる。こうした結果は、モデルを動かしてみて初めて得られることが多い。

離散変数と連続変数

本章では、人々が連続変数に反応するモデルを取り上げる。宗教、言語、性別、「肌の色」、国籍、支持政党や、将校と下士官、教授と学生、医者と看護師などは、離散変数である。これに対して、年齢、所得、ＩＱ、身長、テニスやチェスのスキルなどは連続変数である（肌の色にカギカッコをつけたのは、色素沈着の度合いはいくつかの点で連続的だからである。しかし分離の目的に限れば離散変数と捉えることができ、アメリカではほとんど二分化されている）。連続変数のうち、年齢などは明確に定義でき、かつ測定可能である。所得などは、やや恣意的になるとしても、だいたいにおいて定義できる。ＩＱやテニスのスキルなどは、順位はつけられても測定できないことがあり、単一の尺度での比較ができる場合とできない場合がある。そして「地位」のような連続変数は、構成要素が多すぎるため、抽象的なモデルであっても単一の変数として扱うのはむずかしい。

離散型の行動と連続型の行動

モデルでは、母集団の特性に加えて、用語や行動も定義しなければならない。ある居住区での人種や年齢による分居を検討するなら、「人種」や「年齢」はもちろん、「住む」ということや「居住区」の定義も必要になる。私の居住区と隣人の居住区がまったく同じであるような「区切られた居住区」モデルも、隣人の居住区と私の居住区は形状も規模も異なるが空間的には隣り合っているモデルも、分析可能である。このように、「環境」は連続型、離散型どちらもありうる。そして、交際する、連絡する、さらには住むといった行動も、する・しないの離散変数にもなりうるし、比率、頻度、距離などで測定した連続変数にもなりうる。

制約条件

では最も単純な例として、アパート、老人ホーム、居住区といったものを考えてみよう。そして、そこの平均年齢が自分の年齢より上だったら、その人は出て行くとする。こうして平均より若い人が出て行くと、平均年齢は押し上げられる。すると新たに平均年齢以下になる人が出現し、この人たちが出て行く。するとまた平均年齢が押し上げられ、それ以下になった人たちが出て行く。こうして最後は、最高齢者だけが残ることになる。同じことがテニスクラブにも当てはまり、最後にいちばん下手な10％だけが残る。そうなったら彼らにとっても、もはやそのクラブは魅力がない。

このモデルは、回避不能な数学的条件という制約的な「特徴」を備えている。すなわちいかなる集団であっても、メンバーの順位や測定値を決める変数に関しては、メンバーの半数は中央値以上となる。4分の1は下位4分の1以下となる。10％以上のメンバーが上位10分の1になることはできない。また誰かが入って来たり出て行ったりすれば、必ず他の人の位置付けが変化する。平均を上回る人が出て行けば、平均は押し下げられる。平均を上回る人が入って来れば、平均は押し上げられる。

母集団を2つに分けたら、2つのグループの加重平均は母集団全体の平均に等しくなる。いくらみんなが切望したところで、平均年齢が高い方のグループに若い人たちがいるとか、平均年齢が低い方のグループに年長の人たちがいるというふうにはならない。

全員が満足しているときに集団を分けることは可能だろうか。この問題は、「開放型」モデルと関連付けられる。開放型モデルとは、各自の要求が満たされないときに自由に出て行くことのできるモデルを指す。これに対して「閉鎖型」モデルでは、移動先の条件が現状よりよい場合に限り出て行く。以下では、年齢などの変数に従って人々を並べ、2つ以上のコンパートメントでどのように分布するかを見ていくことにしたい。「区画《コンパートメント》」は居住区でも、何らかの団体でも、文字通り列車の客室でもかまわない。

開放型モデル

それでは、本章の冒頭に掲げた問題を考えてみよう。最初の時点では、20~70歳の範囲で年齢が均等分布した状態で、平均年齢は45歳である。すると、35歳以下の人は不満になって出て行く。また、65歳以上の人も出て行く。人々の行動のダイナミクスによって結果がちがってくるので、不満な人が一斉に判断を下して同じ日に同時に出て行くのか、それとも同時ではないのかを決めておく必要がある。同時でない場合、年少者が年長者より先に出て行くのか。それとも、20歳は35歳と15

年もちがうが、30歳は5年だけだから20歳の方が「より不満」であるとみなし、20歳が先に出て行くのか。

ここでは、不満な人は同時に動くと仮定する。すると残るのは35～65歳の集団で、平均年齢は50歳になる。そうなると今度は、40歳以下の人が出て行く。年長者より年少者の方がたくさん出て行けば、平均年齢は押し上げられる。では、先ほど出て行った65歳以上の人をどうしたらよいだろう。戻って来てもよいことにするか。戻って来ることを認めないとすると、最終的には45～65歳の人だけが残る。平均年齢が上がる前に出て行った人たち、もし待っていたら出て行かなかったはずの人たちが戻って来てもよいことにすれば、最終的に残る人の年齢は50～70歳となる。

初期条件がまったくちがっても、結果は同じになる。最初の時点では20～40歳の人だけがいると仮定し、年齢分布が好ましいと感じた人は入ってよいものとする。すると年長者が入って来て若い人が出て行く。最終的には50～70歳だけになった時点で安定する。40～50歳の人たちが入って来ても、若い人が出て行き、平均年齢が上がってより年長の人が入って来るので、結局は40～50歳の人は我慢できずに出て行くことになるからだ。

年齢分布に空白がある場合はどうだろう。たとえば、40～50歳の人は1人もいないとする。すると、20～40歳の集団には、外部から年長者は入って来ない。すると、中間年齢の人たちが年少者を追い出す。しかし次には、それによって流入してきた年長者に追い出されることになる。

では、40歳以上がメンバーから排除された状況で、40～50歳の人が抗議したとしよう。抗議の結果、入ってよいことになれば、この人たちが入って来る。しかし彼らが入って来れば、当初は魅力を感じていなかった60～70歳の人も流入するため、結局40～50歳の人たちは出て行くことになる。

閉鎖型モデル

年齢の異なる人々で構成されたグループが、2つの部屋、たとえば食堂を選ぶと想像してほしい。平均年齢が自分と近い方の食堂で食べたいと、誰もが考えている。この条件で均衡は成り立つだろうか。成り立つとして、どんなふうに成り立つのだろうか。また、移動のルール、思い違い、選択の優先順位、移動の速度といった要素は、そのプロセスにどのように影響するだろうか。さらに、何らかの調整プロセスがあるとして、それが継続的か単発かは均衡に至るプロセスにどう影響するだろうか。

均衡が成り立つことはまちがいない。全員を年齢順に並べて衝立てで2つに区切るとすると、境界にいる人は、年長グループを選ぶ、年少グループを選ぶ、どちらでもよい（中立）、のいずれかになる。この人が年長グループを選ぶとしよう。衝立てを動かしてこの人を年長グループに入れる。これを繰り返し、境界の人がもはや年長グループを選ばなくなるまで続ければよい。最初に区切った時点で、たとえば年少グループにいる何人かが年長グループに移ることを希望したとしよう。この人たちを年長グループに移動させると、どちらのグループも平均年齢が下がる。すると、当初は年少グループで満足していた人は、年長グループの平均年齢が自分の年齢に近づき、年少グループの平均年齢は遠ざかるため、年長グループに移りたくなるだろう。それでも、最後は均衡に達することはあきらかだ（一方のグループが最年少者だけになるとしても）。人々の移動速度や、気にかけるパラメータ（ここでは算術平均）を見てとって意思決定する速度に妥当な仮定を設ければ、2グループへの分割に収斂するような調整プロセスを決めることができるだろう。とはいえ、人々の選好はほかにもいろいろ考えられる。

たとえば、誰もが平均年齢の高い方の部屋を希望するという極端なケースもありうる。その場合に成立しうる均衡は、全員が同じ部屋に集まるというものだ（これが実際に「均衡」に該当するかどうかは、自分だけが部屋にいると仮定したときの平均年齢に魅力を感じて、最年長者が実際にその空の部屋へ移るかどうかに懸かっている）。

また、平均年齢を上回る人は平均年齢が低い方の部屋を希望し、下回る人は高い方を希望するケースを想定してもいい。このほかにも、もっと複雑な選好がありうる。

閉鎖型モデルにおけるさまざまな選好

ある興味深い選好が、次のような特性を備えているとしよう。それは、年齢の高い人ほど「好ましい平均年齢」が高く、好ましい平均年齢に近づくほど平均年齢が好まれる、というものである。この単純化された選好は、算術平均のみを問題にしている。もちろん、人々が気にかけるのは、母集団の平均のような単一の統計値だけではない。とはいえ、ウォーミングアップとしてはなかなかに有益なので、まずはここから始めることにしよう。

以下では、できるだけ単純な例を用いて、そこから浮かぶ疑問とその答を考えていくことにする。なお、ここでは「年齢」を問題にするが、このレベルの抽象的なモデルでは、他の測定値でもよい（この例では人々を動機付ける統計値として算術平均を使うため、割り算をしたように見える。だが均等分布であれば、平均値は中央値と一致する）。

年齢が０～１００歳の範囲で均等分布した母集団を想像してほしい。そして部屋が２つ、たとえば同一フロアの２つの食堂があるとしよう。誰でも好ましい平均年齢の方に自由に入ることができ、別の部屋の方が自分にとって好ましい平均年齢であれば、そちらに移ることができる。部屋自体のことは誰も気にしない。誰もが気にするのは、一緒にいる人の年齢だけである。ここでは、３種類の選好を試してみることにしよう。

１　誰もが好むのは、平均年齢が自分の年齢に近い部屋である。

２　誰もが好むのは、平均年齢が自分の年齢より少し高い部屋である。具体的には、最高年齢（＝１００歳）と自分の年齢との差にある分数をかけた数だけ、平均年齢が自分の年齢を上回るような部屋を好む。年齢の如何にかかわらず、かける分数は同じとする。たとえばこの分数を１／３とすると、40歳の人の場合、(100－40)×1/3＝20となり、平均年齢が60歳に近い方の部屋を選ぶことになる。

３　誰もが好むのは、平均年齢が自分の年齢と母集団の平均年齢（＝50歳）の間であるような部屋である。具体的には、50歳と自分の年齢との差にある分数を掛けた数だけ、平均年齢が自分の年齢より50歳に近い部屋を好む。たとえばこの分数を1／5とすると、30歳の人の場合、(50－30)×1/5＝4となり、平均年齢が34歳に近い方の部屋を選ぶことになる。

すこし考えれば、安定した区切りは年齢で決まること、ある年齢以上の人は一方の部屋に集まり、それ以下の人はもう一方の部屋に集まることがわかる。したがって、第1の選好はかんたんに解決できる。平均年齢が自分の年齢に近い部屋を誰もが好むのであれば、50：50で安定均衡が実現するはずだ。もし40歳で区切ったら、一方の部屋の平均年齢は20歳、他方は70歳となる。すると40～45歳の人はみな年少の部屋に移動し、両方の部屋の平均年齢を押し上げ、それぞれ22・5歳と72・5歳になる。すると、45～47・5歳の人はみな年少の部屋へ移動する。これが繰り返されて、最後は50歳の区切りで落ち着く。

第2の選好はもうすこし複雑である。100歳と自分の年齢との差にある分数を掛け、平均年齢がその数だけ自分の年齢を上回るような部屋を好むという設定だ。この分数を1／3とすれば、25歳の人は、平均年齢が50歳に近い方の部屋を選ぶことになる。50歳で分割すると、2つの部屋の平均年齢はそれぞれ25歳と75歳になる。この場合、25歳の人はどちらの部屋でもよい。つまり中立である。30歳の人は、平均年齢が53歳に近い方の部屋を選ぶ。25歳より上の人はみな年長の部屋へ入り、両方の部屋の平均年齢を押し下げる。これが繰り返され、最後は全員が同じ部屋になる（生まれたての赤ちゃんの場合、新生児が好む平均値は33歳なので、自分の平均年齢（＝0歳）の部屋よりも、みんながいる平均年齢50歳の部屋を好む）。

すこしばかり計算をすると、選好を表す式のパラメータである分数が0・25より小さくない限り、2つの部屋への安定した分割は不可能であることがわかる。分数が0・25より小さければ、100×(1−4a)/(2−4a) の式で求められる年齢で、安定した分割が成立する。式中の a は分数を表す。たとえば a＝0・2なら、16・7歳で安定した分割が成立する。a＝0・1なら、37・5歳で成立する。a＝0なら50歳で、すなわち50：50の分割が成立する。

　これは、「均衡分析」の一種である。ここで使った数学はごく初歩的なものだ。一歩すすめて、たとえば30歳で分割を安定させるには、分数がどんな数値であればよいかを考えてみよう。2部屋の分割が安定するのは、平均年齢が高い方の部屋の最年少者と低い方の部屋の最年長者がともに満足したときである。分割年齢が30歳のとき、年少の部屋の平均年齢は15歳、年長の部屋の平均年齢は65歳になり、両者の中間値は40歳になる。30歳の人の好む平均年齢が40歳より上なら年長の部屋へ移り、40歳より下なら年少の部屋へ移るが、40歳ちょうどを好むならどちらの部屋でもよい。すなわち中立となる。よって30歳での分割は、30歳の人の好む平均年齢が40歳である場合に限り安定する。この数値が得られるのは、100歳と30歳の差に10／70を掛けたときである。

　0歳での分割は、0歳児が平均年齢0歳と平均年齢50歳の間で無差別となる場合に安定する。この中間値は25歳であり、このときに安定した分割を成立させる分数は1／4である。

　式を導くに当たっては、代数的には次のように条件を規定できることに注意されたい。分割年齢に等しい人の好む平均年齢は、2つのグループの平均の中間値である。年齢 D で分割する場合、年少の部屋の平均年齢は D／2、年長の部屋の平均年齢は (100＋D)/2 である。両者の合計の中間値は、$[D/2+(100+D)/2]/2$、すなわち$25+D/2$である。年齢Dの人は、$a\times(100-D)$だけDを上回る平均年齢を好む。かつこの人の好む平均年齢は、2つの平均値の中間値に一致する。よって、以下の式が導かれる。

$$D+a(100-D)=D/2+25$$
$$D-aD-D/2=25-100a$$
$$D[1/2-a]=100[1/4-a]$$
$$D=100\left[\frac{(1-4a)/4}{(1-2a)/2}\right]$$
$$=100(1-4a)/(2-4a)$$

第3の選好は、平均年齢が自分の年齢と母集団の平均（=50歳）の間であるような部屋を好むというものである。この場合、3通りの可能性が考えられる。自分の年齢と50歳との差に掛ける分数が0・5より大きい場合は、いかなる分割も安定せず、全員が同じ部屋にいることになる。分数が0・5より小さい場合には、均等な分割で安定する。分数が0・5に等しい場合には、いかなる年齢で分割しても中立均衡（neutral equilibrium）が成り立つ。

これは、聞いただけではよくわからないが、やってみればすぐにわかることの一例と言えるだろう。まず、分割年齢が何歳であっても、2グループそれぞれの平均年齢の中間値は、50歳と分割年齢の中間値に一致することに注意してほしい。式で表せば、$[25+D/2]=(50+D)/2$である。たとえば60歳で分割すると、一方の部屋の平均年齢は30歳、他方は80歳になる。両者の中間値は55歳だ。これは、50歳と60歳のまさに中間値である。

50歳で分割すると、誰にも部屋を移る動機がない。50歳の人にとってはどちらでもよい。それ以外の人は、平均年齢が自分の年齢と50歳の間の部屋を選ぶので、50歳より上の人は平均年齢が75歳の部屋を、下の人は25歳の部屋を選ぶことになる。

だが、たとえば60歳で分割すると、分数の値によって、次の3つのうちいずれかが起きる。

第1は、平均年齢が［自分の年齢と50歳の間で、自分の年齢寄り］の部屋を誰もが好むケースである。この場合、分割年齢前後の人は、平均年齢が高い方の部屋を好むことになる。60歳で分割すると、分割年齢前後の人が好む平均年齢は55歳を上回るので、年長の部屋に合流し、人数の少なかった年長グループが増える。境界にいる人は、必ず人数の少ない方の平均年齢を好むので、最終的に50歳で区切られるまで移動が繰り返される。

第2は、平均年齢が［自分の年齢と50歳の間で、50歳寄り］の部屋を誰もが好むケースである。この場合、ちょうど50歳で分割する場合を除き、分割年齢前後の人は平均年齢が低い方の部屋を好むことになる。60歳で分割すると、分割年齢前後の人が好む平均年齢は55歳を下回るので、年少の部屋に合流する。すると今度は、年長の人たちが追随する。境界にいる人は、必ず人数の多い方の平均年齢を好むからだ（100歳の人も、自分だけよりみんなの部屋（=平均年齢50歳）に加わる方を好む）。

第3は、平均年齢が［自分の年齢と50歳のちょうど中間］の部屋を誰もが好むケースである。この特殊なケースでは、分割年齢の人は2つの部屋のどちらでもかまわない。すなわち中立になる。というのも彼らが好む平均値は、2つの平均値の中間値だからである（分割年齢が60歳なら、この年齢の人が好む平均年齢は55歳となる）。このケースでは、何歳で分割しても、「中立均衡」と呼ばれるものが成立する。

もうひとつ、特殊なケースを考えてみよう。［自分の年齢と50歳の間で、50歳寄り］の平均年齢を誰もが好む点は第2のケースと同じだが、ちょうど50歳で分割されたケースだ。この場合には、誰も移動しない。分割年齢の人が好む平均年齢を持つ「大きい」グループが存在しないからだ。だがこの状況で、たまたま48～52歳の人が一斉に同じ部屋に入って来て、各部屋の平均年齢が24歳と74歳になったら、それに気づいた47歳の人は、年長の部屋へ移動する。というのも、この人が好む平均年齢は、74歳の方に近いからだ。すると46歳の人も追随することになる。このケースでは、50歳で分割したときに、誰かが最初に部屋を移らない限り誰も移ろうとしない点で、「均衡」が成り立っている。だがこの均衡は、不安定な均衡である。誰が出て行くにしても、それは事態を改善するのではなく悪化させ、当初の不安定均衡からより多くの人を流出させる結果につながる。そして新たな均衡が成立するのは、全員が1つの部屋に集中したときになる。このときの均衡は「安定」している。というのも、誰かがそこから出て行っても、その流れは必ず逆転させられるからだ。

やや一般的な式

代数的に扱いやすい水平分布を維持したままで、算術平均以外の統計値を使ったらどうなるだろうか。たとえば平均値と中央値が一致する、すなわち均等分布の状況で、人々が下位または上位4分の1位あるいは10分の4位、10分の6位と何らかの数値が最も近いグループを好むとしたら、どこで分割が生じるだろうか。この数値は、ここでも自分の年齢か、自分の年齢から一定間隔の数値としよう。

この選好は、四分位数または十分位数を使って容易に表すことができる。たとえば、下位4分の1位の年齢が自分の年齢にいちばん近いグループに加わりたいとしよう。水平分布であれば、頭の中だけでも検討できる。分割が生じるのは、境界にいる人（年少グループの最年長者と年長グループの最年少者）の年齢が、年少グループの下位4分の1位と年長グループの下位4分の1位の間の年数を2等分した数に等しいところだと予想される。このことは、均等分布の場合、年少グループの4分の3区間の年数と年長グループの4分の1区間の年数が等しいことを意味する。ということは、年長グループは、年少グループの3倍の年数にまたがっている。よって分割は、母集団全体の下位4分の1位の年齢で生じることになる。このとき、年少グループの人数は年長グループの3分の1である。

この結果は（水平分布のまま）一般化することができる。自分の年齢と近い数値であってほしい「分位数」が10分の1位であれ、5分の2位であれ、4分の3位であれ、2つの部屋の安定した分割は、その分位数の年齢で成り立つ、ということだ。算術平均を使ったときに均等の分割に至ったのは、平均値と中央値がたまたま一致していたからである。定義からして、中央値は母集団を半分に分割する。

これまでに述べたことは、1つの式で表すことが可能だ。誰もが、次のようなグループを好むとしよう。そのグループのPパーセンタイルの年齢が、自分の年齢xと参照年齢Rとの差に分数aを掛けた年齢に最も近くなるようなグループである。たとえば、下位4分の1位の年齢が、自分の年齢と60歳との差の1／5に最も近いグループを選ぶとしよう。この場合、P＝0・25、a＝1／5すなわち0・2、R＝60であり、25パーセンタイルが$x+0.2\times(60-x)$に近い方のグループを選ぶことになる。この母集団が年齢Dで分割される場合、次の場合にのみ安定した分割が成立する。

$$D+a(R-D)=\frac{PD+D+P(100-D)}{2}$$

または、 $D=\dfrac{P-2aR/100}{1-2a}100$

P＝0・5すなわち中央値（平均値）とし、R＝100または50とすれば、$D=(1-4a)/(2-4a)$となり、前と同じようにD＝1／2となる。分子がマイナスになったら、式は成り立たず、安定した分割は成立しない。したがって、P＝0・5のときのaの最大値は1／4すなわち0・25である。R＝100または50のときのaの最大値は1／2すなわち0・5である。

この式は、覚えておく必要はない。というのも、母集団と選択がこの概念モデルに合致することはないからだ。だがこの種のモデルのしくみに慣れるためには、この式は役に立つ。

第3の部屋

もし部屋がもう1つあったら、誰かがそこに入るだろうか。aの値が大きいときに第2の部屋が空になるのと同じで、aの値がよほど小さくない限り、第3の部屋は選ばれない。2つの部屋で分割が均衡したと仮定しよう。このとき、平均年齢が低い方の最年少者は、第3の部屋の平均値または中央値が自分の年齢と同じだとしたら、第3の部屋へ移るだろうか。代数的に扱いやすい水平分布では、年少の部屋の平均年齢は、母集団を分割した年齢の半分になる。最年少者の年齢は0であるから、好む平均年齢aRが、2部屋の分割年齢の半分に等しい値と0の間であれば、第3の部屋へ移動することになる。これは以下の式で表すことができる。

$$4aR < \frac{P - 2aR/100}{1 - 2a}100$$

人々が気にかける統計値は平均値（ここでは中央値）だとすれば、P＝0・5である。参照年齢R＝100とし、誰も好む平均年齢は、自分の年齢よりいくらか上だとしよう。この場合、第3の部屋は、aが0・096より小さい場合のみ選ばれる。R＝50、すなわち参照年齢が母集団の平均値に等しい場合には、第3の部屋は、aが0・25より小さい場合のみ選ばれる。R＝100の場合、最年長者は、第3の部屋が空であれば必ずこの部屋を選ぶ。したがって3つの部屋が用意されているときに母集団が安定した分割に落ち着くのは、aが0・096より小さい場合だけである。これ以外の場合には、年少者は年長の部屋へ移動して年少の部屋は空になり、するとそこに最年長者が再び入って来る。R＝50でaが0・25より小さい場合には、空の部屋にまず最年長者または最年少者の早く着いた方が入る。だが最終的な結果は先ほどと同じになる。

分割が最適か、分割しないことが最適か

2つの部屋の安定した分割すなわち均衡分割は、最適な分割と言えるのだろうか。あるいは幸福が最大化する分割、あるいは全体として好まれる分割を表すのだろうか。そう期待すべきではあるまい。というのもこのモデルでは、自分の行動が合流するグループの平均年齢にどんな影響をもたらすか、誰も注意を払っていないからだ。

たとえば、安定した分割によって、実際の平均年齢と人々が好む平均年齢との差の合計が最小になるかどうかを考えてみよう。満足度が差に比例するとは限らないが、すくなくともこの問題を検討する目的で、両者の差の合計がどうなるのかを考えてみる価値はある。

参照年齢R＝100の場合、aがいかなる正の値をとっても、安定した分割が成立したときの差の総和は最小ではないことがわかる。実際には、aが大きいほど差は大きくなる。たとえばa＝0・25なら、全員が1つの部屋に集中する。ではここで強制的に2つに分け、年長者を一方の部屋に、年少者を別の部屋に入れたらどうなるだろうか。

年長の部屋に入った人は、みな満足する。境界にいる50歳の人が好む平均年齢は62・5歳で、これは分割前の平均年齢（＝50歳）と新しい平均年齢（＝75歳）の中間値であるからだ。年少の部屋では、下位3分の1（母集団の下位6分の1）は満足する。ここで「下位」とは、最年少に近いことを意味する。彼らは、分割前の平均年齢（＝50歳）より新しい平均年齢（＝25歳）を好むからだ。母集団の次の6分の1、すなわち16・7〜33・3パーセンタイルに当たる人たちは、不満になる。彼らにとっては、平均年齢が25歳より50歳の方が好ましいからだ。だが、この人たちは年長の部屋には移らない。というのも、年長の部屋の平均年齢は75歳で、75歳よりは25歳の方が好ましいからだ。その次の6分の1、すなわち33・3〜50パーセンタイルに当たる人たちも、不満になる。そしてこの人たちは、25歳より75歳の方が好ましいので、可能であれば年長の部屋へ移ろうとする。だがいまここで、これらの人々全員について、好む平均年齢と合流したグループの平均年齢の差を計算したら、分割したことによって差の総和は小さくなったことがわかる。実際には、年齢が上の40％と下の60％で分割したとき、差の総和は最小になる。(10)

(10) 60歳を上回る人を一方の部屋に、下回る人をもう一方の部屋に入れた場合と、全員を1つの部屋に入れた場合を比較すると、以下の通りとなる。60歳より上の人は、分割に満足する。年少の部屋に入れられた40〜60歳の人は、その時点における年長の部屋の平均年齢（＝80歳）の方を好む（この人たちを年少の部屋に留まるよう誘導すべきだ）。20〜40歳の人は、分割後よりも最初の状態（＝1つの部屋に全員がいて、平均年齢は50歳）の方を好む。だが、その時点で平均年齢が80歳の年長の部屋は好まない。20歳より下の人は、もとの平均年齢（＝50歳）よりも分割後の新しい平均年齢（＝30歳）の方を好む。以上のように60％が満足し、40％が不満になる。平均年齢は、全員が1つの部屋にいたときよりも、選んだ平均年齢に6・67歳（約3分の1）だけ近づく。

以上のように、均衡分割が最適化につながるとは言えない。また、強制的な分割では、満足する人もいるが、不満になる人もいることがわかる。不満になった人の中には、それでも自主的には別の選択肢に乗り換えない人と、可能であれば乗り換える人がいる。

モデルの必要性

ここで、これまでに挙げたようなモデルが役立つ2つの状況を改めて確認しておこう。第1は、人々にとって重要なことが問題になっている状況である。たとえば住む場所を選ぶ、何かの会員になる、何かに参加するなど、何らかの社会的な分離または混合に関わっている状況がそうだ。第2は、個人の行動が全体におよぼす影響がはっきりせず、全体は個の集合とみなせるとしても、モデルなしには全体を予測できない状況である。

ここまでのところ、私は第2の状況をあきらかにしようと試みてきた。この第2の状況では、個人の動機を仮定し、母集団の特徴を明確にしておいても、結果は直感的にはわからない。このようなケースでは、全体を調べただけでは、個人の動機を推測することはできないため、モデルの助けを借りる必要がある。また個人の行動の動機を解明できても、それだけでは全体の結果を予測することはできないし、その結果に影響を与えるような政策を立案することもむずかしい。やはり、政策の対象となるマクロ現象にも注意を払う必要がある。

人工的な状況を扱う単純化したモデルは、次の2つの目的のどちらかに役立つ。ひとつは大きな目的である。この目的に役立つのは「基本モデル」だ。最初に近似モデルを作成し、分析する実際の状況にできるだけ高い精度で近づけていく。もうひとつは控えめな目的である。この目的に役立つのは、必要な分析の種類、予想される現象、考慮すべき問題を示すモデルだ。こちらのモデルは、近似的なモデルを開発する「出発点」となる場合もあれば、ならない場合もある。

　これまでに挙げたモデルはどれも、2番目の控えめな目的のためのものである。モデルは、記述しやすく、視覚化しやすく、代数的に扱いやすいことを基準に選んだ。こうした人工的なモデルでも、現実に近づけるような高度化の余地はある。たとえば閉鎖型モデルに「密度」のような新しい変数を導入することが考えられる。そうすれば、年齢の好ましさと混み具合とが均衡するような点での分割を検討できるからだ。そのためには、「部屋」を抽象的に扱うのではなく、物理的な条件や欠点などを明確に定義する必要がある（子供は年長児で編成された野球チームを好むかもしれないが、そのチームでは出場機会が少ないなら、好まないかもしれない。ある人は年長者との旅行を好むかもしれないが、窓側の席を譲らなければならないなら、好まないかもしれない。ある人は伝統ある討論会に参加したいかもしれないが、部屋が混み合っているなら、うるさいなら、発言の機会が少ないなら、議長に選ばれる可能性が低いなら、好まないかもしれない）。条件や定義を加えてモデルがより専門化するにつれ、本来の分析対象を的確に表しているのか、自信が持てなくなることがある。要素ごとに一定量の試行錯誤を重ねた後は、あるひとつの連続変数の一般特性を研究するより、分析したい現象の実際の特徴を識別する方が生産的だ。老人ホーム、テニスクラブ、ブリッジ大会、社会集団、法律事務所、アパート、大学の学部、ダンスのクラスなどのメンバーには、多くの似通った現象が見られる。これらの集団では、年齢、ＩＱ、歩く速度、運転速度、所得、勤続年数、体格、社会的地位などの要素が、同じようなふるまいを動機付けているのかもしれない。とはいえ、分析の成功のカギを握るのは、結局のところ、さまざまな要素のうち固有のものを突き止められるかどうか、それらの要素の共通性を理解して有意義な知見を得られるかどうかに懸かっている。

モデルの応用

老人ホームは、誰でも知っていて視覚化しやすいものの一例である。老人ホームは多くの場合「開放型モデル」に該当する。すなわち、入ることも出ることもできる。ただし、それにはコストを伴う（開放型モデルは、第2の選択肢が全世界であるような特殊な閉鎖型モデルとみなすことができる。この場合、第2の選択肢があまりに大きいため、その母集団の特徴は構成員の人数の影響を受けない）。

老人ホームの条件を考えてみよう。まず、全員が同じ年齢ということはない。入居者の多くは夫婦である。死亡や病気などにより不規則に空室が発生し、補充が必要になる。市場が地域的に限定されるため、そうした物件を探している人は少なく、大規模な施設の階層化された空室の条件にうまく合致する応募者は十分にいない。かといって施設の規模があまりに小さいと、希望者の目に留まらない。一緒に暮らすという目的に関する限り、年齢は生きた年数を表すというよりは、活力、食習慣、視力、記憶力といった、年齢や時間の経過とともに変化するさまざまな属性のひとつである。

というわけで、老人ホームにはさまざまな年齢の人が混在する。するとここで、第1の疑問が思い浮かぶ。これから論じる高齢者の母集団は、みんなで一緒に暮らしたがっているようなさまざまな年齢の人たちの集まりなのだろうか。高齢者は高齢者の中で暮らすことを好むとしても、そのような集団が存在するという保証はない（数学的には、一流大学の新入生もこれと似ている。誰もがある共通の指標で下位10％に入ることは我慢できないとしよう。全員のパーセンタイルが予測可能であって、かつ猛勉強に取り組む前にクラスの構成がわかっていたら、新入生のクラスは持続不能である）。

これに関連して、第2の疑問が出てくる。ある年齢の人々が、一緒に暮らしたい集団について異なる希望を持っていたら、たとえばある人は自分が最年少者になりたいが、別の人はそうではないとか、ある人は自分が最年長者になりたいが、別の人はそうではない、といった希望があったら、どうすればいいだろうか。たとえば80歳代は全員参加するが60歳代は一部しか参加しない集団を形成できるとして、高齢者の母集団から残りの人の参加を促すには、集団の構成をどうすればいいだろうか。

第3の疑問は、こうだ。自由な出入りを認めたら、規模の大小を問わず、集団が形成できなかったとする。この場合、何らかの制限または誘導により流出入を促すことが可能だとしたら、流入と流出のどちらを促すべきか。それとも第3の選択肢があるのだろうか（一部の年長者の流出が維持されれば、年少者の流入を維持できるだろうか)。

第4の疑問は、ある集団が存続不能であるとき、何人に出て行かないよう説得できたら、他の人は自主的に残るだろうか、というものだ。本章の冒頭で提示した問題を思い出してほしい。20~70歳の範囲で年齢が均等分布した集団において、集団の平均年齢が自分の年齢を10歳以上上回るか、20歳以上下回ったら、その人は出て行くという条件を設定したとき、最後に残るのは50~70歳の人だった。ここに40~50歳の人を加えたら、平均年齢は60歳から55歳へ下がる。40~45歳の人たちに留まるよう説得できれば、45~50歳の人たち(自主的には参加しなかったはずである)は留まるはずだ。

年齢には、時の経過とともに規則的に変化するという興味深い性質が備わっている。だからどんな集団や群についても、上記の疑問は時間が経過したらどうなるか、と問うことが可能だ。すなわち、ある集団が現時点で存続可能だとして、その年齢構成は、5年後あるいは10年後も存続可能なのか。しばらくの間は存続できるがその後は存続不能だとしたら、どうすれば存続可能になるか。たとえば最年少が65歳であるような集団が当面は存続可能だとして、高齢者が死亡したときに65歳の人を恒久的に補充するとしたら、生命表に基づく年齢分布でこの集団は存続可能だろうか。

その他の「選別変数」

学生は、自分が通う大学の奨学金の基準やスポーツのレベルに関心があるだろう。一部の学生は優等をめざし、さまざまなことに参加して刺激を受けようとし、一流大学の学生であることや強いチームでプレーすることのステータスを好む。その結果、おおむね自分の実力よりいくらか上のランクの大学を好むことになるだろう。だが入学選抜方針により、一流大学の学生数は抑えられている。能力が合格の条件だとすれば、結局は大学の序列という変数に学生は一致させられることになる（それはたまたま教授陣や施設・設備のクオリティと一致することもある）。

モデルの構造

最も単純なモデルは、次のように記述できる。何らかの母集団の統計値に個人は2通りの方法で関与する。第1は、その統計値について何らかの選好を持つこと、第2は、その統計値に何らかの寄与をすることである。ふつう、両者は別々のものである。つまり、中年であることと中年の人と仲よくなりたいかどうかは別問題だし、金持ちであることと金持ちと付き合いたいかどうかは別問題だ。とはいえ両者の間に相関関係が存在することもある。

相関性が存在しないなら、選好が同じだという理由で集まった人たちは、母集団のサンプルにすぎない。この人たちには、その選好以外には集団を形成する理由が何もない。

選好と寄与が負の相関関係にあるときは、回帰する傾向が見られる。つまり、ある集団の何らかの統計値が平均から乖離していずれかの極値に寄っているとき、この集団は、反対の極値に寄っている集団に合流する傾向を示し、後者も前者に合流する傾向を示す。たとえば、太った人は痩せた人と、瘦せた人は太った人と一緒にいたい、というふうに。この場合、太った人と瘦せた人を分離しようとしても、持続しない。

選好と寄与に正の相関関係が成り立つ場合には、分離が発生しうる。

ある統計値への寄与度はどの人も等しいが、それに対する各自の選好は異なることがある。たとえば母集団の人数や密度がそうだ。にぎわったビーチやカフェを好む人もいれば、孤独を愛する人もいるが、どの人も（体格を度外視すれば）全体の混雑度に1・0だけ寄与する。選好にばらつきがなければ相関関係は存在しないので、先ほど挙げた相関性の原則は役に立たない。

ここで、再び2つの食堂を考えてみよう。空いている食堂を誰もが好むなら、安定した分割は、両方の食堂の混み具合が等しくなったときに成立する。混んでいる食堂を誰もが好むなら、安定した分割は、全員が1つの食堂で食べるときに成立する。そして2つの食堂の大きさが同じで、全体の55％に近い人がいる方の食堂を誰もが好むなら、やはり最後は1つの食堂に集まることになる！（強制的に10％以上の人をもう1つの食堂に移せば、全員が満足するはずである。たとえば15％を移すとすると、15は100より55に近いから、満足するように見える。だがこの15％は、もとの食堂に戻りたがる。85は55にもっと近いからだ）。

人々の好む混み具合にばらつきがある場合には、2つの食堂の分割は、全員の選好のちょうど2分の1位にいる人によって決まる（部屋の大きさが等しければ、密度は人数に比例する。そして2つの数の中間値は、全体の半分に等しい）。半数未満の人が、半数以上の人のいる部屋を選ぶなら、人々は均等に分割される。半数以上の人が、半数以上の人のいる部屋を選ぶなら、境界にいる人がちょうど半数のいる部屋を選ぶところで、安定した分割が成立する。たとえば１００人の選好が、1部屋当たり20人から１２０人までの範囲で均等分布しているとしよう。すると、30人は50人未満の部屋を、70人は50人以上の部屋を選ぶので、密度30の部屋と70の部屋に分割される。このほかにも、30番目の人がちょうど50人の部屋を好むような選好分布であれば、30：70の分割が成立する。

市場との類似性

人々が周囲の人の年齢や所得やＩＱを本能的に気にした結果、分離が生じることがある。一方、市場現象による分離もある。市場現象は個人を超えたレベルで出現するが、それでも分離モデルの多くの特徴を備えている。

たとえば、全員が同じ保険料を支払い、死んだ人や怪我をした人には本人または受取人に保険金が支払われるような保険制度があるとしよう。これは、死亡や怪我の可能性がきわめて低い人にとっては、まったく魅力のない取引だ。そのことが当人にわかっているが、保険会社がリスクに応じた保険料の差別化をしない場合、この人たちは脱退して独自の保険、すなわちリスクが低い人の保険料を引き下げ、ハイリスクの人を排除するような保険を作るだろう。こうしてリスクの低い人が出て行けば、残った加入者の死亡率や事故率は押し上げられるため、保険会社としては保険料率を引き上げざるをえない。そうなれば、さらに大勢が脱退する。保険の期待値がマイナスの人がみな脱退したら、もう誰も残らない（全員に保険料を払う意思があるなら、最後に死亡率や事故率がきわめて高い集団だけが残ることはありうる。それは、この集団の規模が十分に小さく、保険の恩恵の最も小さい加入者が払う保険料の範囲内で平均補償額をまかなえる場合である。だが指数分布であれば、そのような集団は存在しない）。制度上、加入者間の料率に差をつけることはできなくても、リスクの高い人の排除は可能であれば、加入者は死亡率と事故率に応じて選別され、異なる保険に加入することになるだろう。この場合、各加入者にとって気になるのは、誰かが自分と同じ保険に加入したために発生するコストである(11)。

同様に、原価ぎりぎりの均一価格で提供する「食べ放題」では、得をするのは高い料理ばかり食べてやろうとか人一倍多く食べるぞ、という連中だ。サラダしか食べない人は、価値以上に払わされることになる。もしこの人たちが出て行ったら、値上げせざるをえない。すると今度は、肉料理をほどほどに食べる人たちが、大食漢の分まで払うことになる。するとこの人たちも出て行って、もっと経済的な選択肢を探すだろう。そして最終的には高い料理をがつがつ食べる連中が残り、彼らも食べられる量以上に払わされることになる。結局この集団も出て行って、最初に払っていた価格に近い食堂を探すだろう。こうして「食べ放題」食堂は消えて行く。

老人ホームの多くは年額方式か高額の入会金を設定し、不快な差別化を嫌って各種サービスは無料にする方式を採用して、高齢者の状況に市場の要素を持ち込んでいる。

時間経過に伴う変化

個人と結びつけられる変数は、時間の経過とともにどうなるだろうか。年齢は特殊な変数で、毎年1つずつ増えていく。しかもこれは、周囲の人の年齢とは関係がない。許容できる年齢差は、人生の早い段階では小さいが、年月とともに大きくなっていくと考えられる。このため、ある集団の年齢分布が現時点で安定していなくても、しばらく様子を見ることが可能であれば、時間経過に伴い、お互いに許容できるようになることがある。

ブリッジやテニスが上達するペースは、クラブで一緒にプレーする人のスキルにかなりの程度左右される。ある人のスキルと周囲の人の平均的なスキルの間には、おそらく最適な格差といったものが存在するのだろう。クラブのメンバーが固定されている場合、時間が経つにつれてスキルのばらつきは減っていくと考えられる。上手なプレーヤーは、競り合う相手がいないのであまり上達しない。いちばん下手な連中は、試合のできるレベルではないので脱退する。この中間の人たちが、自分自身のスキルと集団の平均的スキル（または他の統計値）との差に比例して上達を示す。

社会的地位もこれと似ている。学者であれ、他の職業であれ、社会的地位の高い人と付き合うことで、その人の地位も高まる。それが、地位の高い人と付き合う動機の一部でもある。しかしその結果として集団内の地位のばらつきが小さくなれば、どの人も次第にその集団自体の地位と同化する。

（11）この種の市場現象についてのすばらしく独創的な解説は、以下を参照されたい。George A. Akerlof, "The Market for 'Lemons'", pp. 488-500（注6も参照のこと）。

媒介変数

これまでのところ、さまざまな年齢、所得、ＩＱの人が、一緒にいる他の人の年齢、所得、ＩＱを気にするという状況を検討してきた。だが人々の選好は、年齢、所得、ＩＱに応じて変化する何かであることも多い。たとえば子供の場合には、体格、体力、年齢、スキルはきわめて密接な関係にあるため、野球チームのように年齢で分ければ、体力やスキルで分けたのと同じことになる。学校制度が子供を年齢で分けることができるのは、年齢が体格、体力、スキルとも、経験や受けた教育とも密接に関係するからだ。大人も、家族構成やライフスタイルを根拠に年齢で分けることが可能だろう。子供を持つ年齢の人は、子育てに適した生活環境に住みたいと考える。すると、そこに住む親の年齢はおおむね同年代になる。

プライバシーを大切にする人は、プライバシーを大切にする人と付き合う。必ずしもその人が好きだからではなく、プライバシーが守られるからだ。犬が嫌いな人は、犬嫌いな人といることを好む。必ずしもその人が好きだからではなく、単に犬がいないからだ。にぎやかなところが好きな人は、やはりそういう人たちでにぎわっているところへ出かけて行くが、必ずしもその人たち自身を好きなわけではない。年金制度に加入しようとする人は、短命な人の加入を歓迎するが、だからといってもうすぐ死ぬ人と友達になりたいわけではない。

第6章　子供たちの遺伝子を選ぶ

「われわれの子供たちの遺伝子を選ぶ」という表現には、何通りかの解釈が可能だ。一般には、「みんなで次世代の遺伝子を選ぶ」というふうに解釈するだろう。次世代を担う子供たちは、自分が実際に親であろうとなかろうと、みんな「われわれの子供たち」だと言える。この表現が伝統的な優生学の本のタイトルだとしたら、実際には子供たちの両親を選ぶという意味になる。

だがここでは、字義通りに解釈することにしたい。すなわち、他の人々の子供ではなく、文字通り自分たちの子供の遺伝子を選ぶ、ということである。

これから論じるのは、文字通り生物学的に自分たちの子供たちの遺伝子を選ぶことである。ドナーの遺伝子を選ぶとか、遺伝子操作をやってもらう、といったことではない。妻と私も、あなたとあなたの夫も、用意された遺伝メニューから特定の遺伝的形質を選ぶことがもしできるとしたら、つまり私は私の子供の、あなたはあなたの子供の遺伝子を選べるとしたら、私たちはどんな選択をするだろうか。その結果、どんなちがいが生じるだろうか。

選択メニュー

2人の人間からは遺伝的にさまざまに異なる赤ちゃんが生まれる可能性があり、そのちがいの数は膨大である。現代の遺伝理論によれば、ある1人の赤ちゃんは、地球上の全人口の1万倍以上もの数の遺伝的に異なる赤ちゃんの中から、無作為に選んで生まれてくるのだという。つまりある1組のカップルには、染色体の組み合わせがこれだけ異なる赤ちゃんが生まれてくる可能性があるということだ。

夫は遺伝的に異なる800万（2の23乗）の精子をつくることができ、妻は遺伝的に異なる800万の卵子をつくれた可能性がある（実際に排卵する数ははるかに少ない）。この数を掛け合わせれば、2人の間の子供に出現しうる遺伝的な組み合わせの数が得られる。本章では、この60兆ほどの組み合わせの中でカップルが何らかの選択を行うとしたら何が起きるのかを検討したい。

60兆というのは途方もない数字だが、実際の選択肢はかなり限られている。私の場合で言えば、妻と私が持ち合わせている染色体にそもそも限りがある。私たちの間に、伝説のバスケットボール選手カリーム・アブドゥル・ジャバーのように背の高い子供が生まれる可能性は小さいし、バッハのような音楽家も生まれないだろう。いや多分、いまこの本を読んでいるあなたによく似た子供さえ、生まれるまい。妻と私の選択肢は、私が持ち合わせている限られた情報と、妻が持ち合わせている限られた情報という2通りの情報からの選択に限られる。したがって、60兆もの組み合わせの可能性があるといっても、実際に選べるのは数千万程度だろう。しかも、好むと好まざるとにかかわらず、その大半が私と妻に似ているはずだ。生まれてくる赤ちゃんが、私たちの両親、祖父母、曽祖父母からかけ離れたタイプである可能性は低い。

ここでお断りしておきたいのは、この選択の範囲内で生まれてくる子供は、自然な子供だということである。染色体を選ぶプロセスに介入して、すなわち運の要素を避けて選択に置き換えることによって生まれてくる子供は、私たちの間に確率により無作為に生まれたかもしれない他の子供とまったく同じであるような子供である。人工的に手を加えるとか、操作するといったことはいっさいない。よほど起こりそうもないことが起こらない限り、私たちが選ぶかもしれない子供が、私たちの間に生まれるはずのない子供である、ということはない。

父親が生み出すことのできる８００万もの遺伝的に異なる精子は、遺伝的形質がみな似通っているだけでなく、23対の染色体というパッケージになっている（ここでは、染色体を開いて遺伝子を選択することはできないものとし、染色体の選択に限ることにする）。父方の祖母の音楽の才能と同時に、この祖母の近眼も受け継ぐことが判明したら、あなたは選択を迫られる。形質が同じ染色体に含まれていたら、遺伝子ごとに選り分けることはできない。できるのは、染色体レベルでの選択だけだ。

選択の技術

この選択は、いつの日か可能になるかもしれないしならないかもしれない。そのような技術について、たとえ読者にずるいと思われるとしてもここで述べるべきではないのだが、ごくかんたんに説明しておくことにしよう。これから選択しようとする1対の染色体について、胎児はどちらを持っているのか、または精子か卵子はどちらを持っているのかを突き止める。次に、その染色体によって決定される特徴を明らかにする（直接観察できない特徴もある）。できれば、先祖代々遡ってその特徴を追跡調査しておくことが望ましい。そのうえで、その染色体を選択するか排除するかを決める。選択の対象は、胎児か精子のどちらかになるだろう（仮に精子と卵子のスクリーニングが可能になるとしても、技術的に検査・活性化できる数にもよるが、非常に限られた数の卵子しか対象にならないだろう。これに対して、精子の数は膨大である。となれば、母方より父方に関して多くの選択が行われることになる）。

1個の細胞を検査し、どちらの染色体が含まれているのかを確認する検査は、細胞を壊してしまう危険性がある。(12) 精子と卵子を安全にスクリーニングする方法がないとすれば、胎児で行うことになる。このことは、選択肢がきわめて限られることを意味する。数百万の精子を調べるのではなく、胎児1人だけを調べて、生むのをやめて次の妊娠を試みるかどうかを決めることになるからだ。

この検査をする価値があるかどうかは、できるのが羊水検査（胎児が3カ月になるまでは危険だ

能かによって、ちがってくる可能性が高い。

とされる）だけか、それとも妊娠初期の段階で胎児を傷つける恐れなしに細胞組織をとる検査が可能かによって、ちがってくる可能性が高い。

この種の選択が絵空事でないことを示す例が、すでにひとつ存在する。それは、胎児の性別判定が今日では医学的に可能になり、両親が望まない性であれば、中絶も医学的には可能であることだ。検査で特定できる染色体の特徴はほかにもあり、現時点ではある種の病気に関心が持たれている。

とはいえこれは、控えめに言っても犠牲の大きい選択である。胎児が3カ月になるまで待たなければならず、このときまで親があまり胎児の存在を意識しないことが好ましい。というのも、ひょっとすると中絶を選択することになるかもしれないからだ。そして再び妊娠を試みるとすれば、おそらく最低6カ月は間隔を空ける必要があるだろう。3カ月待つ間は不安という犠牲を払い、また親にとっても、もし兄弟姉妹がいればその子たちにとっても、妊娠初期の喜びが失われる。だから、中絶して再度の妊娠を試みる選択は、けっして容易ではない。ただ、可能ではある。

妊娠から1、2週間以内に細胞組織をとって診断することが可能になれば、選択はほとんど犠牲を伴わなくなるかもしれない。となれば、生まれてくる子供の性別や遺伝的特徴によって妊娠を続けるかどうかの意思決定では、単に決断の時期、それもほんの数カ月のちがいが重要な意味を持つということになる。

(12) 性別を決定する染色体を除く。この染色体は、精子の大きさ、重さ、寿命を決定する。遠心分離その他の技術で分離できる。

性別の選択の特殊性

性別の選択は、他の多くの選択とは性質が異なる。いまでは、大方の人が何の気兼ねもなく、男の子がほしいとか女の子がほしいと口にする。ただ、「父親のように背が低かったらかわいそうだ」とか、「音痴な父親に似ないで私の音楽の才能を受け継いでほしい」などと妻が言うのははばかられる。また、男の子または女の子に受け継いでほしい民族的特徴などを、あからさまに選択の俎上に載せるのも抵抗感が強いだろう。とはいえ、生まれてくる赤ちゃんが男の子だといいなあとか、次は女の子が欲しいね、といったふうに話し合うのは不適切なことではないし、ある意味で避けられないことでもある。よって、他の選択はともかく性別の選択には、ある種の正当性があると言えよう（もっともこの正当性は、実際には選択をするつもりはなく、赤ちゃんのことで他愛のない無駄話をしているだけだという認識に基づくのかもしれないが）。

だが性別の選択が現に実行可能になった以上、子供の性別決定に関わる以外の染色体についても、選択技術の開発が進むかもしれず、その技術が活用されれば、開発の社会的費用を回収できるかもしれない。

生まれてくる子供の性別を選択するようになったら、人口構造や家系の構成にも何らかの影響があると考えられる。神の選択とされていたこと、あるいは神が運に委ねた選択とされていたことに人間が介入したら、何が起きるだろうか。

また、両親が子供に望む特徴の多くが性別に左右される点も、注目に値する。たとえば、体格がそうだ。私の見るところ、男の子が小さすぎると嘆く親が多いが、女の子が小柄でもあまり気にしないようだ。また女の子があまり大柄だと嘆く親が多いが、男の子が大きすぎても特段困らないらしい。こんな具合で、両親が選べるとしたら選ぶと予想される多くの特徴は、子供の性別に左右される。よって性別の選択は、多くの意味で、遺伝子選択の問題の出発点となりうるだろう。

子供の性別の選択

生まれる前に子供の性別を選択できると想像してほしい。性別の選択は、誰でも容易に理解できるとあって、とかく軽々しく扱われやすい。

私たちはすでに、子供はつくらないとか、何歳になったら生むとか、何人つくるとか、次の子供まで何年空けるといったことを選べるようになっている。それどころか、子供の男女比をある程度コントロールすることさえ可能だ。たとえば、すでに男の子と女の子が1人ずついるからもう生まないとか、まだ男の子がいないからもう1人子供をつくろうとする、といった具合である。性別を選択したからといって、何か新種の家族が出現するわけではない。子供が生まれるとしたら男の子か女の子のどちらかであることは、すでに決まっている。

本章の当面の関心事は、選択の技術ではなく、これまでは迫られることもなかった選択に人々がどう臨むか、ということである。とはいえ、これから論じる問題に技術自体が何らかの影響をおよぼすことはありうる。たとえば、その技術をコントロールできるのは母親のみなのか、それとも両親の協力が必要なのか。選択が実行されたかどうかはわかるのか、わかるとして誰にわかるのか。女の子にしようと決めて男の子が生まれた場合に、技術の信頼性が低いせいなのか、不注意だったのか、それとも誰かが嘘をついているのかを特定できるのか。さらに、自分は「望まれて」生まれてきたのかどうかを子供が知りたがったとき、避妊や中絶の存在は「イエス」という答の説得力に影響をおよぼすだろうか。両親がどちらを望んだか、それに成功したかどうかを子供が知ることはありうるだろうか。

さしあたり、これらの問題はここでは扱わない。ここでは、もし選択が可能であれば人々がどう選択するかを推測する。現段階でできるのは、推測しかない。というのも、データが何もないからだ。選択と呼びうる選択は誰もしていないのだから、実際にどんな選択をするか調査することは不可能である。研究者がよくやるような質問調査をしたところで、回答を本音と受けとることはできまい。

そのような質問は、「釣り上げた魚が、放してくれたら3つの願いを聞き届けてあげましょうと言いました。あなたなら何を望みますか」と聞くようなものだ。そんなことが起きるとは予想していないから、大方の人はどう答えるか熟考したことはないだろう。子供の性別を選ぶのは、全員とは言わないまでも大方の人が考えたことのない問題である。まだ子供のいない人とっては、なおのことだ。そのような質問に、大急ぎで真剣に答える人がいるだろうか。どんなカップルも、仮定の質問に答えて統計に寄与するために意見の擦り合せをしたり、相手の好みを探ったりする手間はかけないだろう。

避妊法が普及すると、子供を持つことはある程度まで意思によるものと解釈できるようになった。となれば、もう1人子供を持つかどうかの実際の選択に着目すれば、性別の選好があきらかになるかもしれない。考え方はごくシンプルだ。女の子が2人または男の子が2人いる家族は、女の子1人＋男の子1人の家族よりも3人目の子供をつくることが多いとすれば、カップルはすくなくとも男女各1人をほしがっており、最初の2人の子供でその望みが叶わなかった場合に再び妊娠を試みると考えてよいかもしれない。とはいえ統計は多くを語らないし、他の解釈も可能だ。多くの人が気づいているとおり、女の子のいる家族と男の子のいる家族はずいぶんとちがう。ほとんどの両親がこの点に同意するだろう。女の子が2人いる家族は、3人目の子供を持つと決めたとき、必ずしも男の子をほしがっているわけではない。2人では多いとはいえないから3人目がほしいと考えた可能性がある。だが男の子が2人いる家は、女の子2人の家よりよほど騒がしい。あるいは生活満足度がいくらか低い。あるいは女の子2人の家族と同じように満足はしているが、2人で十分だと考えている。あるいは、男の子と女の子では、夫婦の関係（たとえば離婚率）などに異なる影響を与えるのかもしれず、そのことが3人目の子供を持つかどうかの統計に反映されるのかもしれない。だから、調査を行って選好に何らかのちがいを示す数字が得られたとしても、それがそのまま男の子と女の子に対する選好を表すとは言い切れない。

しかも、選択が現実に可能になった場合に、性別の好みに影響をおよぼすような要因がすくなくとも2つある。第1は、男の赤ちゃんを父親の生殖能力の表れであるとか、神の恩寵を体現するものとみなす文化圏が数多くあることだ。男の子を欲しがることを父親に半ば強要するような伝統や、父親が男児の誕生を発表すると文句なしに祝福できるという風潮もある。祖父母ですら、2人の女の子に続いて3人目も女の子だったときには慰めの言葉を発するほどだ。だが赤ちゃんの性別は、単に母親が青い錠剤をのむかピンクの錠剤をのむかのちがいだということが周知の事実になれば、こうした伝統はすべて消滅するだろう。2番目の子供も女の子でほんとうにうれしいと力説する父親も、強弁しているとはみなされなくなる。本気で男の子がほしければ、かんたんにそうできたはずだからだ。

第2は、男女比が従来の1：1から大幅に乖離する状況である。この状況に両親が気づき、それを見越して行動せざるをえないとなったら、新たな社会的・人口構成上の要因が選択に重くのしかかることになるだろう。子供の学校、結婚、職業選択の対象となりうる民族集団あるいは地域あるいは社会階層において、男女比が歴史的な比率から大幅に乖離していると気づいたら、そして政府がそれを助長するような政策をとっていたら、人々は多い方の性を選ぶべきか、少ない方か、考え込むにちがいない。両親がどんな計算をするかは推測することしかできないが、ともかくも計算はするとの推測は十分に妥当だろう。幼稚園から帰って来た子供が、園では3分の2が男の子で女の子は3分の1しかいないと言ったら、両親はこの数字を踏まえて次の子供の性別を選ぶことになるだろう。

このような選択の余地が与えられることを、果たして人々はよろこぶのだろうか。それとも、人生には決断すべきことがすでに多くあり、結婚したカップルには意見の一致しないことが多すぎる状況では、単に決めなければならないことがひとつ増え、諍いの原因がひとつ増え、後悔する可能性がひとつ増えるだけだろうか。

選択が可能になることの影響は、人口統計では総合的な比率に主に現れる。総人口の男女比や、特定の年齢層、民族集団、社会経済集団など、社会生活が営まれ結婚が生じうる集団での男女比などだ。もちろんこれ以外に、家族そのものへの影響もあるだろう。ただしこちらについては、調べるのも評価するのも容易ではない。たとえば、人々が主に選ぶのは男女のバランスのとれた家族構成だとしよう。典型的には子供が2人で、うち1人が男の子、1人が女の子という構成である。この場合、兄弟のいる男の子と姉妹のいる女の子が減る一方で、姉妹のいる男の子と兄弟のいる女の子が増える。今日の生み分け技術の水準では、子供2人の家族で男の子の半分には兄弟がいる。もしバランスのとれた家族構成を可能にする技術が出現したら、男の子に兄弟はいなくなるだろう。

総人口における男女比に関して、さまざまな選択が可能になったときのちがいがどのようなものかをイメージするために、すこしばかり算術的に考えてみよう。欧米での聞き取り調査やアンケート調査の回答者には、すくなくとも男の子を1人ほしいという選好がある。これだけを見ると、男の子願望がやや強いように見える。しかしもし女の子もすくなくとも1人ほしいというのであれば、どちらかをとくに好むとは言えない。またこの種の調査では、男の子を最初にほしいという願望が見受けられることもある。この2種類の願望は、同じ選好の表れと捉えることが可能だ。男の子をすくなくとも1人ほしい人が、男の子を最初にほしがるのは何の不思議もない。

計算の感触を摑むために、どの家族も男の子を最初に生む選択をしたらどうなるかを考えてみよう。最初が男の子で後は運任せにするか、最初が男の子で次は女の子でバランスをとるかによって、結果は変わってくる。また、子供1人で打ち止めにする家族がどの程度いるか、2人、3人あるいは4人をもうける家族がどの程度いるかによっても変わってくる。まずは、どの家族も最初が男の子で、後は運任せにすると仮定しよう。この場合、子供1人の家族では、子供は必ず男の子である。子供2人の家族では、4分の3が男の子、子供3人の家族では、3分の2が男の子、という具合になる。アメリカの家族構成を考えると、こんな具合に子供を生めば、70%が男の子、30%が女の子となり、男女比は2：1を上回る。最初が男の子で、次からは女男女男と交互に生むと仮定すれば、偶数の子供のいる家族では男女同数、奇数の子供のいる家族では男の子が1人多くなる。男女比は60%が男の子、40%が女の子である。この場合、女の子には必ず兄弟がいる。女の子の5分の3には姉妹がおらず、男の子の3分の1には兄弟がいない。

では今度は、すくなくとも男の子を1人ほしい家族がすべて、まずは運任せで子供を生み、最後まで女の子ばかりだったときに初めて男の子を選択して生むと仮定しよう。子供は1人でよいと事前に決めている家族の場合には、影響は小さい（アメリカの場合、育っている子供が1人だけの世帯は全体の21%未満である）。影響を受けるのは、何人も女の子が続いた後に男の子を選択する家族である。この家族の場合、男の子を1人持つことになる。また、予定人数に至る前に子供を生むのをやめてしまった場合には、選択自体が行われない。

男女比がアンバランスだと、どんな影響があるだろうか。アメリカの制度で直接的な影響を被る代表例は、一夫一婦制である。とはいえこの制度に関する限り、実際にはすでに不均衡が出現している。第1に、地理的なばらつきがある。ワシントン周辺では女性の方が多いが、西部州では男性の方が多く、ハワイやアラスカでは男性が大幅に多い。第2に、アメリカでは最近になって、結婚年齢の若い女性の数が、結婚年齢の若い男性の数を上回った。初婚の際に夫が妻より年上のケースが多いことが原因である。出生率が毎年3％のペースで上昇し、この傾向が1956年まで四半世紀にわたって続いた結果、3歳の年齢差は、およそ10％増えた母集団から女性を選ぶことを意味するようになった。第3に、アメリカでは女性の寿命の方が長い。また、未婚女性は未婚男性を大幅に上回っており、45歳以上の年齢層では4：1となっている。20歳代前半の男女の平均余命の差は6〜7年あり、若い女性が3歳年上の男性と結婚した場合、平均すると夫の死後10年ほど生きることになる。このように、生まれるときの男女比はほぼ半々でも、かなりの年齢層では確実に大幅な不均衡が起きている。

生まれてくる子供の男女比がひどくアンバランスであるとか、比率が周期的に変動するとか、長期的には均衡化するとしても連続する年齢層で交互に大幅な不均衡が現れるといった場合に、政府は何らかの政策を講じることが可能だろうか。「技術的な政策」に関する限り、この問題に取り組むのは、インフレ、失業、エネルギー、出生率の変化、労働人口に対する退職者の比率の変化といった問題に比して、非常にむずかしいとは言えない。たとえば政府には、男女比を「安定化」させるために、所得税控除の差別化、兵役資格の男女格差の導入、大学の授業料の差別化、少数集団に対する優遇措置や差別是正措置などを試みることが可能だ。なるほど、成功する政策を練り上げるのはむずかしいにしても、政府が現在安定化を試みているさまざまな問題と大きく異なるわけではない。

だが、その社会的、制度的な波及効果はすさまじい。政府が出生児の男女比について何らかの「目標値」を定めるとしよう。となれば大統領候補は、男が女を5％上回るべきだ、いや10％だ、いや同じか、むしろ女が男より多い方がいい、などと論じなければならない。そして政府予算や規制政策では、性差別的なさまざまな賞罰を導入するとともに、男女の「あるべき」人数も決めなければなるまい。

すでに一部の人は、連邦政府が行っている産児制限を伴う貧困者救済プログラムには、人種差別的な影響さらには動機がある、と主張している。男女比に関する目標値を明示したら、たとえば大統領が、インフレを4％に、失業率を5％に、男が女を6％以上上回らないようにする、などと公約するとしたら、彼らは何と言うだろう。

こうしたわけだから、選別技術が実用化されたときに迫られる選択など御免こうむると考えるのは、両親ばかりではあるまい。人間にはコントロールできない方が気の休まるものは、確かに存在する。気象はそのひとつだし、生まれてくる赤ちゃんの性別もそうだ。運というものは、恣意的な正義を無差別に実行する。だがそのおかげで、人間はえり好みをせずに済んでいるのである。

性別以外の特徴の選択

選べるものなら選びたい特徴は、性別以外に何があるだろうか。

身長
寿命
民族的特徴
右利き、左利き
視力
運動能力
ＩＱ
禿げ

選ぶものによって異なる技術が必要かもしれない。寿命や身長は連続変数だが、右利き・左利きは離散変数である。禿げもおそらくそうだ。「病気や異常」の離散選択では、その固有の指標のスクリーニングが必要になる。そのほかの選択では、何らかの基準に従って最大値（または最小値）なり平均値なりを選ぶことになるだろう。選択は特定の染色体だけに関わるものもあれば、単一の染色体におおむね集まっているが他の染色体にも関わるものもあり、決定因がたくさんの染色体に散らばっているケースもある。たとえば容貌は、寿命などに比べれば、ひとつの染色体に集まる傾向が強いと考えられる。またいくつかの重要な特徴が同一の染色体によって決定されるため、どれかひとつの特徴を単独では選択できないケースもある。

選択が人口統計におよぼす影響

自分の子供はほかの子供よりすこしだけ背が高くなるようにする――そんな選択を数世代にわたって大半の親が実行したら、最終的には人類はかなり背が高くなるだろう。そしていずれは、背を伸ばすことよりも縮めることが必要になるかもしれない。親が背の高さにはさして興味がなく、自分の子供が下位10パーセンタイルに入らなければそれでよいと考えていたとしても、全員がその選択をしたら、平均身長に大きな影響が現れるはずだ。他の親たちはやや背の高い子供を選ぶと見込まれる状況では、何も手を打たないと、親の世代であれば多少背が低い程度の子供も、子供世代ではあきらかに平均を下回る恐れがある。となれば、ふつうなら手を打つ必要を感じていなかった親も、それを避ける選択をするにちがいない。その結果、身長のインフレ現象とでも言うべきものが出現することになる。

選択が文化におよぼす影響

大方の人が、自分の子供は右利きでも左利きでもかまわないと考えているだろう。だがもし選べるとしたら、どちらかと言えば左利きでない方がよいと思うかもしれない。そうなると左利きは、よくないものになる。かんたんに右利きを選べるようになれば、ごくありきたりの無害な特徴で、ときには密かな自慢の種だった左利きが、ひどく珍しいものになり、親たちは自分の子供がそうした稀少な特徴で悪目立ちしないよう、策を講じることになる。こうして、誰かが調整したわけでもないのに、個人の選択が積み重なった末に、ごくふつうだった特徴に不名誉の烙印が押されてしまう。

選択をめぐる不確実性

これは、当て推量で論じざるをえないトピックである。生み分け技術の将来動向や、そうした技術によって可能になる染色体の選択の見通しに劣らず、以下の点も不確実である（推論の材料がないのではなく、いい加減なデータが多すぎて当て推量しかできない）。人々は何を選択の対象にするか。他人の選択を人々はどのように予測するか、その予測からどのような行動に駆り立てられるか。世間の風潮や専門家の発言は個人の選択にどのような影響をおよぼすか。政府の政策や宗教団体の方針はどのような行動を促すか。両親さらには第三者など2人以上が関与する選択は、どのような方法で決定されるか……。

さらに、どの選択が決定的に重要で、どの選択は時が経てばとるに足らないものとなるのかは、当て推量さえむずかしい。先に挙げた候補の中で、おそらく禿げは、そのうちどうでもよくなるだろう。巷の広告を熟読する限り、どうやら禿げはほとんど実害のない「異常」だと考えられるからだ。自分の子供の特徴を選択するといった社会的プロセスに臨む場合には、準備として当て推量をしておくと、さして重要でない選択にむやみにこだわることから少しは自由になれるだろう。もっとも、禿げは「見てくれ」や「美男度」の代用として、文化に根ざした「美的」選択のひとつとなっているのかもしれない。禿げを選ぶかどうかは、母集団における出現率に大きく左右されるし、性別とも密接な関係がありそうだ。しかも禿げを観察すれば、ある文化においてどんな具合に差別や不名誉が生じるかを突き止められるかもしれない。

伝統的な優生学との対比

禿げの問題は、時代遅れの優生学と、遠からぬ将来に可能になるかもしれない染色体の選別との顕著なちがいも示してくれる。畜産業などで見られるように、優生学的なアプローチでは親を選ぶ。これに対して、いま論じている染色体の選択は、親が選ぶのである。一世代ほど前には、「子供世代の遺伝子を選ぶ」ことを目的とするさまざまな試みが実際に存在した。ここではそれらをまとめて、伝統的な優生学的手法と呼ぶことにしよう。そうしたアプローチでは、ある人が親になっていいかどうかをイエスかノーで決定する（畜産業では、そうではない。というのも、動物の場合には、生まれた子供を選択的に排除したり、不妊手術を施したり、将来の交配をしないといったことが可能だからだ）。これは、どんな人にも備わっている基本的人権への干渉に当たる。一方、いま論じている染色体の選別は、もっとおだやかな方法だ。個々の事情を勘案できるし、両親の選択に委ねることができる。片方の親の「優性」形質は、2回の妊娠によって50対50の確率で排除できる。また、精子のスクリーニングが可能になれば、精子の大規模な母集団から優性形質を選別できる。ただし、排除しようとする形質が別の理由（たとえば子供の性別）から好ましい染色体と関係付けられる場合は、悩ましい選択を迫られることになる。染色体に存在する劣性形質、すなわち特定の祖先の「署名《シグネチャー》」を担った形質も、先ほどと同じ確率で排除することが可能だ。重大な病気や異常の場合に、リスクをとるか子供を諦めるかの選択から解放される例はきわめて多いと考えられるし、一部に関してはすでに実現している。このことは、ささいな異常にも当てはまる。

一部の特徴が子供の性別を決める染色体によって決定されることは、染色体の選別においてきわめて重要な制約と言えるだろう。この染色体は、単一の染色体が多くの役割を担う例の代表格であると同時に、性別の選択には特別な意味合いがあることを示している。カップルが男の子あるいは女の子を望むことは、性別決定を担う染色体によって決められた特徴に縛られることを意味する。

動機と人口構成

何らかの形質や数値を選ぶ動機はじつにさまざまだろう。ある種の形質は、母集団中の出現率や文化的な価値とは無関係に、痛ましいとか醜いとか恐ろしいといった理由で避けられる。これらは、無条件に異常とみなされている。

その一方で、稀有であるとか分布中の極値であるという理由から、危険あるいは不快とみなされる形質もある。それらの多くは、社会的に不名誉の烙印を押されており、そのために不快感を引き起こしている（稀少ゆえに貴重だという形質もわずかながら存在するが、それらには経済的な稀少価値があるのだろう）。何らかの形質や何らかの尺度に基づく数値（たとえば身長）を、帰属する母集団での頻度や平均とは無関係に選択することと、周囲の環境に条件付けられて選択することとは、まったくちがう。たとえば好ましい身長は、人よりすこし高い方がいいというように、周囲の人たちの身長に大きく左右されるはずだ。だが、仮に母集団全体を身長順に並べることが可能だとしても、正確に何センチになりたいかを決めるのは容易ではない。

周囲の環境に条件付けられた選択の中には、競争で有利になるためのものもある。人々が標準的な身長を望むのは、服のサイズが豊富だからとか、椅子を選びやすいとか、階段と歩幅が合うといった理由からかもしれない。だが、自分が有利になるからという理由で、他の人より大きい、強い、あるいは背が高いことを望むかもしれない。後者の場合、他の人に対する優位性を首尾よく実現した暁には、他の人を不利にすることになる。これに対して、たとえば音楽の才能は、周囲の人も恩恵に与れる。歌の上手な子供がいたら、まわりの子は楽しいし、それで不利になるということはないだろう。

周囲の環境に条件付けられる選択は、環境に適応するとか人より秀でるといった目的のほかに、みんなと同じがいい、同じはいやだ、目立ちたい、といった目的からのこともある。たとえば、外観は人並みで、髪の色はちょっとちがい、背は平均よりすこし高く、民族集団と似ており（あるいは似ておらず）、長寿だが発育は標準的な子供を望む、というふうに。

こうした多種多様な選好は、じつに変化に富んだ傾向をもたらすと予想される。長寿は、他の好ましい特徴を犠牲にせずに得られるのなら、きっと多くの人が選びたがるだろう。とりわけ、若死にを避けられることは好ましい。親が子供のために行う人為的な選択は、度数分布の一部または全部に作用し、平均寿命を延ばすと予想される。配偶者や友人の寿命も延びるなら、長い人生はより価値のあるものになるだろう。

選択が、容貌をはじめとする外見の民族的特徴にどのような影響をおよぼすかは、はっきりしない。個人の選択が積み重なった結果、民族的特徴はぼやけるかもしれないし、一段と際立つかもしれない。

ＩＱは、競争的形質とみなすことができるだろう。高いＩＱはそれ自体として価値があるのかもしれないが、とりわけ価値を発揮するのは競争社会においてである。学校の成績のようにＩＱそのものに基づく競争ではもちろんのこと、キャリアにおける成功のようにＩＱが寄与する競争でも、ＩＱが高いほど有利になる。染色体を選別して両親の遺伝子混合を行えば、偶然に委ねる場合に比べて子供のＩＱをかなり高めることが可能だ、と広く信じられているとしよう。しかもある社会階層では、ほぼ全員がそうした選別の恩恵を被っていると、広く信じられるようになったとしよう。となれば親としては、子供の将来の知能にさして不安を抱いていなくとも、子供世代で落ちこぼれないようにするためだけにも染色体の選別をせざるをえまい。

誰のために選ぶのか？

寿命とＩＱには興味深いちがいがある。ＩＱが重要な関心事になるのは赤ちゃんが育って子供になるときであるのに対し、寿命が関心事になるのはかなり大人になってからだということである。寿命を決めるのがＩＱとは無関係の染色体だとしたら、選択の困難さは、次のどちらの方式を選ぶかによって大幅にちがってくる。数百万の精子の中からＩＱと寿命の最適の組み合わせを見つけるのか、それとも予想されるＩＱと寿命に基づいて妊娠中絶を検討するのか、ということだ。赤ちゃんを授かったばかりの両親は、おそらくその赤ちゃんが高齢になるときのことよりも、子供になるときの方を気にかけるだろう。

その一方で、親自身は子供ではない。生まれてくる息子が禿げた小学生になることを望まない父親もいるかもしれないが、これから増える家族のために家を買う計画を立てる年齢になった父親なら、きっと自分の人生に思いをいたすことだろう。そして、自分が子供のために選ぼうとしていることを自分に望めるとしたら、自分はそれを望むだろうか、と考えるかもしれない。

選択可能であることの結果

すくなくとも2つの理由から、染色体が選択可能になることは好ましくない。第1は、人々が選びたがるものの中には、個人にとっては好ましくても、もしも全員がそれを選んだら、全員にとって好ましくない結果になるものが含まれていることだ。身長の例で言えば、人よりすこし背が高いことは個人にとっては有利だとしても、平均身長や体格が大きくなることに、全体としての利益はあるまい。

また、すこし人とちがうといった程度の特徴も、言わば大規模な「不人気コンテスト」を通じて次第に稀になれば、村八分の扱いをされかねない。もちろん、限られた事例だけでは、社会全体にとっての人口統計上の結果の方が、個人の利得より重要だという証拠にはならない。だが事例があれば、外部要因に条件付けられた個人の選択が全体の利益につながる保証はない、ということを再認識できる。

第2の理由は、家族自体の中に存在する。たとえば、赤ちゃんの性別の選択を考えてみよう。これから親になるカップルにとっては、お互いの間で揉め事の種がひとつ増えるだけでなく、祖父母との意見の不一致まで生じるかもしれない（おまけに選択技術の信頼性が低い場合、男の子（または女の子）を選ぶことでみんなの意見が一致しても、ちがう性が生まれる可能性もある）。また、すでに男の子と女の子がいる家族がもう1人子供をつくる場合には、両方の子供を持ってみてどちらが好きだったかの「判決」を2人の子供の前で下すようなことになってしまう。

母親からバイオリンのレッスンを強要されている小柄な少年は、こんなふうに考えるかもしれない。ママが身長を犠牲にして音楽の才能を選ばなかったら、ほかの子みたいに大きくなれたかもしれないのに。ボクが大きくなってどっちがいいかを選べるようになるまで、どうして待ってくれなかったんだろう……。この少年は、君の身長はそうなるように決まっていたんだと言われても、納得しないにちがいない。なにしろ60兆もの組み合わせから選べたはずなのだから。

第7章　ホッケーのヘルメット、サマータイム
――二値選択モデル

ナショナル・ホッケー・リーグ（ＮＨＬ）ボストン・ブルーインズのテディ・グリーンが試合中にスティックの打撃で頭蓋骨骨折の重傷を負った件について、『ニューズウィーク』（１９６９年10月６日付）は次のような記事を掲載した。

ヘルメットの着用は個人の選択に委ねられており、選手たちはさまざまな理由から着用していない。シカゴ・ブラックホースのスター選手ボビー・ハルは、「かっこわるい」というごく単純な理由を挙げる。だが多くの選手は、ヘルメットがプレーの邪魔をして不利になるとまじめに考えているらしい。敵チームに馬鹿にされるからいやだという選手もいる。ヘルメットが普及するとしたら、

グリーンのような事態を選手たちが恐れるようになったときか、でなければ、着用が義務付けられたときだろう。ある選手は、多くの選手の気持ちを次のようにまとめた。「ヘルメットを着用しないのはバカだ。でもボクはかぶらない。なぜって、誰もかぶっていないからだ。たしかに無謀だとは思うよ。みんなもそう思っている。もし連盟が着用を義務付けたら、みんなかぶるし、誰もそのことは気にしなくなる。」

この記事では、ドン・アウリーの発言も紹介されている。「テディの事件を見ておそろしいと感じた……だから、これからはヘルメットをかぶることにするよ。誰が何と言おうとかまやしない。」だがチャンネル38(ボストン)を見た人は、アウリーがヘルメットをかぶっていないことに気づいたはずだ。

本章では、外部効果を伴う二値選択を扱う。二値選択とは、「あれか、これか」どちらかの選択である。また「外部効果」は、あなたが私の選択を気にするとき、または私の選択があなたの選択に影響を与えるときに生じる。あなたは私の選択がどちらでもかまわないが、どちらなのか知る必要はあるというケースがある。路上で鉢合わせしたときがそうだ。左に避けるか右に避けるか、どちらでもかまわないが、ともかくも相手の出方を知る必要がある。逆に、知る必要はないが気になるというケースもある。私が車で行くか行かないかにかかわらずあなたは車で行くが、できれば私には高速道路に乗り入れないでほしいと思うだろう(13)。

人にごちそうするかしないか、ホッケーの試合中にヘルメットをかぶるかかぶらないかは、二値選択の一例である。犬を繋ぐか繋がないか、男女平等憲法修正条項（ＥＲＡ）に賛成するかしないか、いまの場所に留まるか引っ越すか、ボイコット運動に参加するかしないか、陳情書に署名するかしないか、予防接種を受けるか受けないか、銃を携行するかしないか、損害保険に加入するかしないか、牽引ロープを車に積んでおくかおかないか、運転中にヘッドライトを上向きにするか下向きにするか、自転車で通勤するかしないか、家の前の歩道を雪かきするかしないか、サマータイムに従うか従わないか等々もそうだ。こうした二値選択で問題になるのは、誰かがどの程度するかではなく、どれだけの人がどちらを選択するか、ということである。

好き勝手をせずに「提携（coalition）」（協力関係を結んだプレーヤーの集まり）に参加するか、参加せずにしたいようにするかは二値選択である。参加した場合の制約をすべて検討するなら考慮すべき要素は多いが、すでに提携が成立しルールも定まっていたら、後はそこに加わるか加わらないかの二値選択になる。核拡散防止条約の批准や最高裁判事の審査には、多くの要素が絡んでいる。だが条約が起草され、最高裁判事が指名された時点から、通常は二値選択となる。[14]

(13)「外部効果」という言葉は本書では目新しい言葉だが、経済学ではすでに定着している。読者はこの言葉にじきに慣れるだろう。外部効果とは、企業や代理店や個人の行動が、その会社の会計や代理店の権限や個人の利害を超えて、外につまり外部に影響をおよぼすことを意味する。しかしこの外部は、誰かの会計や権限や利害の範囲内である。

(14) $n=101$の場合の複雑な相互作用について、リチャード・ハリスがカースウェル判事に対する上院の行動を例に興味深い説明をしている。ハリスが取り上げたのは、ほぼ二値選択（欠席と棄権が可能な選択肢として与えられる）であって、選択の可逆性の度合いが異なり、不完全でときに操作された情報、特別な影響力を持つ小

二値選択では、何らかの準備や配置が影響をおよぼすことがある。たとえば、読書をするには100ワットが必要だとしよう。どの人も60ワットの読書灯を持っており、隣の人の読書灯から半分すなわち30ワット分の照明が得られるとする。すると、両隣の照明が点いていれば問題なく本が読めるわけだ。そこで座席を環状に配置しておけば、誰もが隣の読書灯が点いているときは自分の読書灯も点けておくだろう（そして両隣が点いていないときは自分も点けない）。一方、座席を直線状に配置したら、両端の人はいずれにせよ読書ができない。そこで、この人たちが読書灯を消すと、全体にそれが波及することになる。

本章では、人々が同一の条件下にある状況だけを論じる。また各人にとっての結果は、自分の選択の如何にかかわらず、どちらかを選んだ人の数にのみ左右されるものとする。

他人の選択についての知識と観察

自分の選択を決めるうえで他人の選択を知る必要がある場合には、他人の選択を知ることができるかどうかが重要になってくる。周りを見回せば、どの程度の人がスノータイヤを装着しているかわかる。だが、いざというときに牽引ロープで引っ張ってくれる車が何台いるかは、周りを見回しただけではわからない。誰が予防接種をしているかは、腕まくりして見せてもらうまではわからない。だが医者ならデータを知っていて教えてくれるだろう。教員用の食堂で上着とネクタイを着用している人がどの程度いるかは、だいたいわかっている。だがパーティーとなると、実際に行ってみるまでは、何人が正装で何人がスニーカーで来るかはわからない。

連続あるいは反復する二値選択で、他人の選択が容易にわかり、かつ一方から他方へ乗り換えてもコストが発生しないのであれば、他人の選択に合わせて絶えず調整することはいともたやすいだろう。これに対して1回限りの選択は、何もわからない状況で行うことが多い。抗議運動に署名するといった類いの選択は、必然的に外から見てわかる。一方、銃の携行や予防接種の痕は、誇示することもできるが隠すこともできる。また、池や沼が汚染されているかどうかなどのように、見てもわからないだけでなく、明らかにもできないケースもある。懲罰や強制をするためには、監視できるのが個人の選択なのか、全体の結果だけなのか、それとも比率なのかが問題になる。本章ではとくに断らない限り、他人の選択を見て対応できるものとする。だがこれが、扱いやすい特殊なケースであることを忘れてはいけない。

人々が実際に「見て対応する」対象が、何らかの選択をした人数ではなく、その結果だというケースもある。たとえば、大統領に指名された最高裁判事に反対票を投じようと考えている議員は、同じ考えの議員の数そのものを気にするだろう。だが二重駐車した人は、同じことをしている車の台数自体よりも、何台やっていれば大丈夫かということを気にするにちがいない。自分の子供に予防接種をさせない親は、接種しない子供の数ではなく、他の子供が接種しているおかげで感染リスクが減っていることを認識すべきである。ところが得てして親たちは、リスクより人数にこだわる。

規模のネットワーク、参加者間の不均質な選好を伴うケースである。Richard Harris, "Annals of Politics", *The New Yorker*, December 5 and 12, 1970, and *Decision*, Ballantine Books, Inc., 1971 を参照されたい。

数それ自体とその影響との区別、さらに言えば、人々が気にすることはどちらで、人々にわかっているのはどちらかの区別は、つねに明確なわけではない。しかし本章ではだいたいにおいて、人々が選択そのものを見ることができ、かつ気にかけるものとする。

ではここに、n人で構成される母集団があるとしよう。各人には、L（左）かR（右）かの選択肢がある。この選択肢は、利得行列などを使った分析で横軸上の2方向を表すと考えてもいいし、道路の右側と左側や政治の右派と左派のように、実際の選択肢と考えてもよい。どの人にとっても、Lを選んだ場合またはRを選んだ場合の利得は、どれだけ多くの人がLを選ぶかRを選ぶかによって決まるものとする。

囚人のジレンマ

手始めに、「囚人のジレンマ」としてよく知られている状況の2人ゲームを取り上げよう。各プレーヤーの二値選択の状況は、次のように記述できる。

1　各プレーヤーには、相手の選択とは無関係に好ましい選択（無条件の選好）がある。その好ましい選択は、どのプレーヤーにとっても同じである。

2　各プレーヤーには、相手の選択に関しても、自分自身の選択とは無関係に好ましい選択（無条件の選好）がある。

列プレーヤー

行プレーヤー	1 1	2 −1
	−1 2	0 0

注：各セル内の左下の数字は行プレーヤーの利得を、右上の数字は列プレーヤーの利得を表す。

図 13

3　1と2は、相反する。すなわち、各プレーヤーにとって好ましい選択は、相手にしてほしい選択ではない。

4　これらの選好は、両者がともに自分にとって好ましい選択をしたときより、両者がともに自分にとって好ましくない選択をしたときの方が、どちらにとっても利得が大きくなる関係にある。

これを利得行列で表したのが、図13である。「行」プレーヤーのとりうる選択を行（上・下）に、「列」プレーヤーのとりうる選択を列（左・右）に示した。セル内の左下の数字は行プレーヤーにとっての利得、右上の数字は列プレーヤーにとっての利得を表す。行プレーヤーにとっては、列プレーヤーの選択とは無関係に下を選ぶことが好ましく、列プレーヤーにとっては、行プレーヤーの選択とは無関係に右を選ぶことが好ましい。しかし両者がそれぞれ自分にとって好ましい選択をすると、どちらの利得もゼロになる（右下セル）。どちらも自分にとって「好ましくない」方の選択をすれば、1ポイントずつ利得がある（左上セル）。ここでどちらのプレーヤーも、自分にとって好ましい選択に乗り換えれば、相手に2ポイント損をさせて自分は1ポイント獲得することができる。

この状況はきわめて単純で、定義しやすい。だがプレーヤーが多人数になると、そうはいかなくなる。2人ゲームでは相手は1人だが、多人数になると他のプレーヤーの間でいろいろな可能性が出てくるからだ。したがって、囚人のジレンマの考え方を損なわないように定義し直したうえで、2人ゲームとは明確に異なっているかどうか、言い換えればモデルに固有の名前をつけるに値するかどうかを判断することにしよう。

多人数ゲームへの展開

多人数の場合に、定義上問題となる点は2つある。第1に、あるプレーヤーの利得は、他のプレーヤーの中で彼らにとって好ましくない選択をする人が多いほど、つねに大きくなるのか。第2に、あるプレーヤーの選好は、他のプレーヤーの選好とは無関係に一定か。ここでは定義の目的に限り、とりあえずどちらもイエスだとしよう。さらに、選んだ人の数だけを問題にする（誰が選んだかは関係ない）。また、利得の順位はどのプレーヤーにとっても同じだとする。この同質の多人数囚人のジレンマ（a uniform multi-person prisoner's dilemma）を、以下ではＭＰＤと略称する。ＭＰＤの状況は以下のように定義できる。

1　プレーヤーはn人おり、どのプレーヤーも同一の二値選択と同一の利得を持つ。

2　各プレーヤーには、他のプレーヤーの選択とは無関係に好ましい選択がある。その好ましい選択は、どのプレーヤーにとっても同じである。

3　あるプレーヤーの選択が何であれ、他のプレーヤーの中にその人たちにとって好ましくない選択をする人が多いほど、このプレーヤーの利得は増える。

4　k人以上のプレーヤーがその人たちにとって好ましくない選択をすれば、残りのプレーヤーがその選択をしなくても、全員が好ましい選択をした場合より利得が増えるような数kが存在する。kは1より大きい。好ましくない選択をするプレーヤーがk人より少ない場合には、この限りではない。

以上4項目を、囚人のジレンマの展開形すなわち私がMPDという言葉で意味するものの定義だとすれば、一目見ただけで、重要なパラメータはkであることがわかる。kは、自分にとって好ましい選択を控えた人たちの提携が成り立つ最少人数を表す。この最少人数の提携を形成するのは自制的な人たちであり、フリーライダーに腹を立ててはいるけれども、提携に参加する人に利得をもたらしうる（ただし、参加しない人の方が利得は多い）。

では、横軸に0からnまでの目盛りをとり、2本の利得曲線（直線を含む）を描いてみよう（ここでは便宜上、母集団の人数を$n+1$人とする。こうすれば「n」は、あるプレーヤーにとっての「他の」プレーヤーの数を表すことになる）。2本のうち1本は自分にとって好ましい選択に対応し、ここでは0から出発することにする。この曲線は右に向かって増えていき、いずれ横這いになることはあっても、減ることはない。その下側のもう1本は、自分にとって好ましくない選択に対応する。こちらは0より下から出発し、右に向かって増えていき、ある点で横軸と交差する。この交点がkである。好ましい選択をL（左）、好ましくない選択をR（右）と呼ぶことにし、Rを選んだ人の数を横軸上の左端からの距離で表す。横軸のn／3の地点、すなわち左端から右端までの距離の1／3の地点では、n人の1／3がRを、したがってn人の2／3がLを選んでいる。この点における曲線Lは、n人の1／3がR、2／3がLを選んでいるときにLを選んだ人の利得を、曲線Rは、Rを選んだ人の利得を表す。

図14には、以上の定義に当てはまるグラフの例を掲げた。2本の利得曲線（直線を含む）には、それぞれの最大・最小値を垂直距離で表せること、2本とも右肩上がりで交差はしないこと、という制約を課した。図14の例を実際の状況に当てはめるのはたいへんよい訓練になるが、それは読者にお任せしよう。図中のAの例では、Lを選んだ人の利得とRを選んだ人の利得の差は、選んだ人数とは無関係に一定である。Bの例では、Lを選んだ人の利得とRを選んだ人の利得の差は、Rを選ぶ人が増えるほど大きくなり、Lを選んだ人はRを選んだ人を上回るプラスが得られる、すなわち正の外部効果を得られる。

各プレーヤーがRまたはLを選択したときに生じる「価値」は、共通の尺度で測れる場合もあれば、測れない場合もある。臭い、騒音、さまざまな刺激物に対する反応といったものは、母集団の合計を出すことはできない。罹病率、行列待ちで失われた時間、電話の話し中の時間などには共通

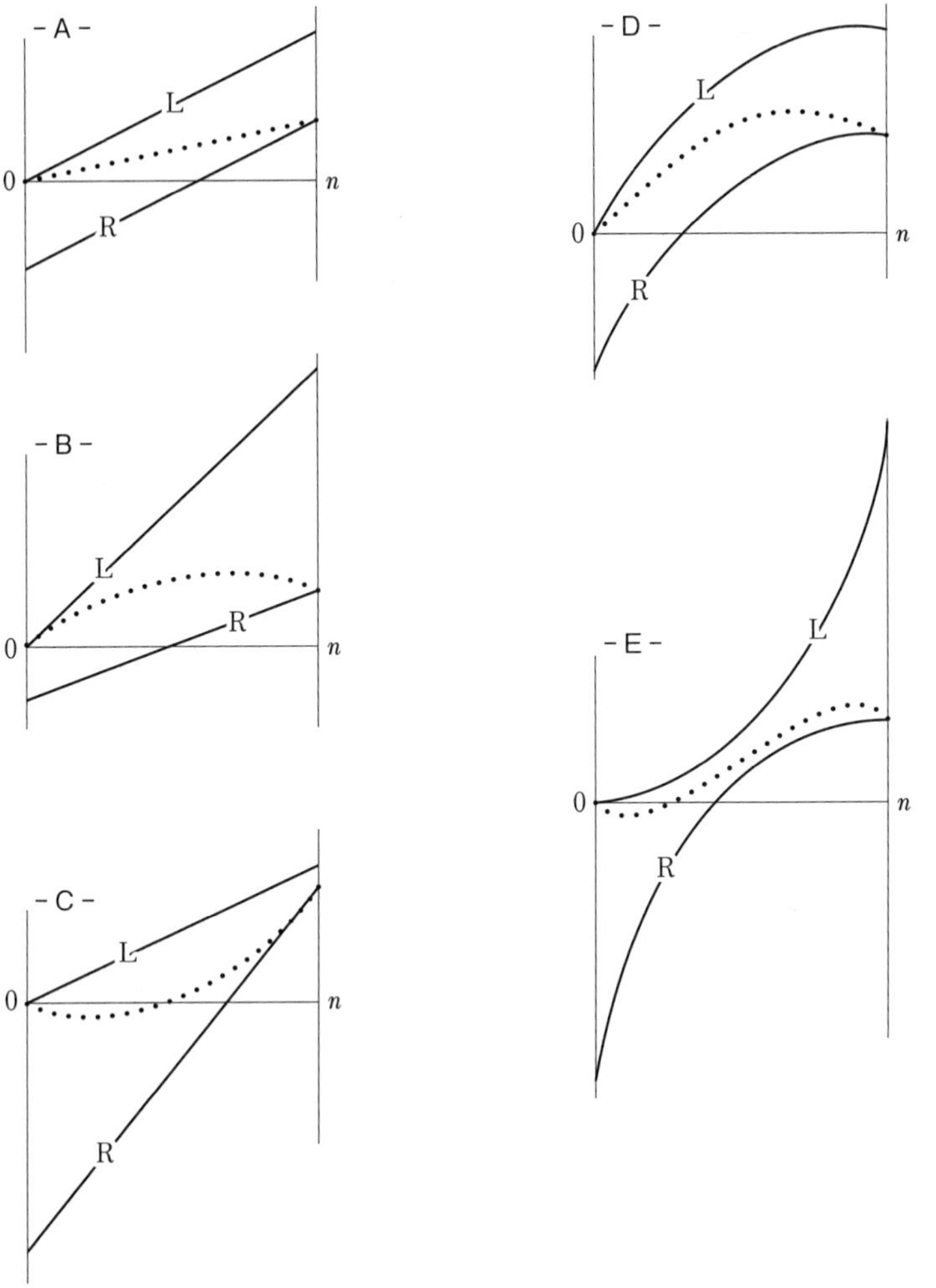

図14

の尺度は存在するが、見境なく合計したらほとんど意味のないものになってしまうだろう。だが中には、興味深い合計を出せるケースもある。私の時間とあなたの時間は価値が等しいと仮定しなくとも、あなたと私が失った時間の合計を出すことには意味があるだろう。また、単純合計が、適切に重みをつけた加重合計を表すと解釈できるケースも多い。ただし、各プレーヤーにつける重みと、それぞれに予想される選択との間に相関性のないことが条件となる。図14のグラフ中に示した点線は、Rを選んだ人数とLを選んだ人数に対応する合計価値の平均を表している。目盛りの左端では全員がLを選択しており、合計価値の平均は曲線Lと一致する。同様に、右端では曲線Rと一致する。左端と右端の中間点では、点線は2本の曲線の垂直距離の中間に位置する。横軸上の1／3の点では曲線Lから曲線Rまでの垂直距離の1／3のところに、2／3の点では垂直距離の2／3のところに位置する。

重要なパラメータ

多人数囚人のジレンマ（MPD）において第1に重要な役割を果たすパラメータは、提携を成立可能にする最少人数を表すkである。「成立可能」であるとは、二値選択においてk人の協力者がいれば、それ以外のプレーヤーの協力が得られなくとも、協力した人たちにはRを選ぶ利得があることを意味する。これは、それ自体として成り立つ最小規模の提携である。もっとも、MPD状況を記述するパラメータは1つではない。図14を見ると、kが一定でも状況は大きく変わることがわかる。さしあたりkについて論じるとしても、k／nやn－kが重要なパラメータでないかどうかも検討してみるべきである。

nが不変なら同じことだが、nが状況に応じて変化する場合には、k、k／n、n－kが決定的なパラメータかどうかは、最初の定義ではなく状況に左右される。たとえば、kが捕鯨船の数を表すとしよう。捕鯨船は、国際的に割り当てられた捕獲量を守らなければならない。この場合に重要な意味を持つのは、おそらくkではなくn－kになる。見境なしにクジラを捕る漁師が一定数以上いたら、割当を守る自制的な漁師はいなくなってしまう。高速道路に次々に車が乗り入れたら、どれほど多くの人が車で出かけるのを自重したとしても、渋滞の解消にはつながらない。ほかにも、こうした事例は多々ある。

これに対して、漁師たちが灯台をほしいと考え、その費用を負担するという話になったら、協力者の数は多いほどよい。各自の費用負担は小さくなり、払った漁師にはそれを上回る利益が灯台からもたらされるだろう。漁師一人ひとりにとっての灯台の価値が、灯台の恩恵を受ける人数と無関係だとすれば、費用負担をせずに恩恵に与るフリーライダーが何人いようと、費用負担する漁師がk人以上集まれば、元がとれるか、うまくすればお釣りが来るはずだ。

一方、非常用設備を搭載している捕鯨船の比率などのように、問題となるのが比率であれば、kはnに比例して変動することになる。このようにkがnに応じて変化する関係性が、ＭＰＤの第２のパラメータである。

第３のパラメータは、ＬとＲの価値の差である。Ｌ（＝提携しない）を選びたくなる誘因が、提携への参加人数とともに増えるケースもあれば、減るケースもある。参入規制が行われている捕鯨産業で、私がすでに捕鯨業者であれば、私以外の漁師が捕獲を控えるほど、私には提携に参加したくなくなる誘因が大きくなる。私に捕獲できるクジラの数が増えるからだ。一方、提携への参加が灯台の費用負担を意味するケースでは、参加者が増えるほど各自の負担は減る。

こうした価値の変化は、Rを選択した人数に対する2本の曲線間の垂直距離の変化に現れている。図14を見ると、一部のグラフは右に向かって距離が開いており、価値の差が拡大していることがわかる。逆に一部のグラフは距離が縮まっており、差が縮小していることがわかる。

各自の利得の価値を足し合わせると、第4の重要なパラメータが得られる。それは、合計価値が最大になるときのRを選ぶ人数である（図14では、点線上の最大値が最大価値に相当する）。捕獲量の割当が厳しすぎるケースでは、一部の漁師がLを選択したとき、全体の捕獲量または利益が最大になる。同様に、天然痘ワクチン接種では、最適人数は、ふつうは母集団全体の数より少ない。感染リスクはワクチン接種者の数に比例するが、疫学的メリットは100％に達する前に増え方が鈍化するからだ。

中には、提携の条件を適切に設定しておけば、全員がRを選択したときだけ、全体の利得を最大にできるケースもある。たとえば、ハンターの割当を1シーズン鹿1頭に制限しておいて、シーズン後に森林警備隊が鹿を撃ち殺さなければならないのはばかげているだろう。全員が割当を守ったときにハンター全員の利得が最も大きくなるように制限する方が、フリーライダーが群を全滅させることに賭けるより賢い。ただ、割当がうまくいかないこともある。たとえば、ハンター1人当たりの1シーズンの割当が鹿1＋1／3頭になる場合などがそうだ。

このようなときに、利益相反が起きる。ワクチン接種の例で考えてみよう。母集団の90％の接種が最適であり、かつ9／10だけワクチンを打つことは不可能だとすれば、誰が接種を受けるかを決めるシステムを用意しなければならない（実際には、「部分的」な接種はありうる。再接種まで時間が空きすぎて免疫がいくらか切れてしまった場合が、これに該当する）。高速道路やハンターの場合には、全員が協力したとき全体の利得が最大化するように、割当量を再調整することが可能だ。ただし端数を考慮すると、3年ごとに鹿4頭といった割当になることがあるかもしれない。

だがアメリカの天然痘ワクチン接種には、1949年以降、そうしたシステムが用意されていない。一方、世界の他の国では天然痘は絶滅したとされている。ワクチンには複雑な作用があり、1000回に1回ほどの割合でショック死やアレルギー反応を起こすことがあるため、アメリカの公衆衛生局は、いまでは幼児の接種を義務付けていない。そのうえ免疫は徐々に薄れるので、以前に接種を受けた多くの大人が、いまでは免疫が切れている。

公衆衛生局が、感染リスクとワクチン接種の危険性とを勘案した結果、アメリカ人の2／3の接種が最も望ましいと発表するとしよう。この場合、あなたは自分の子供にどちらを選ぶだろうか（母集団の2／3の接種が国全体にとっては最適だが、個人にとっては接種しない方がよいと仮定する）。

全体にとっての最大価値がkより左側で生じる場合には、利益相反は一段と大きくなる。分配の問題が解決しない限り、全体にとっての最大価値の実現は、Rを選んだ人の利得を減らすどころか、損を被らせることになるからだ。Rの選択が任意で、イエスかノーかの選択しかなく、かつ何の埋め合わせもない場合には、不必要なほど大きい規模でないと提携は成立しない。

提携は、たとえ強制された場合であっても、存在するだけで利得を変えることがある。高校のプロム（学年末のダンスパーティー）に注目したある論文では、タキシードの着用を任意にしてみたときの反応が解説されている。「ふだんは自分から進んでタキシードを着ることはなく、レンタル品を着用して出席した男子学生は、じつは強制されて着用することを喜んでいる……というのも多くの男子学生にとって、プロムは堂々と正装できる唯一の機会だからだ。」ホッケー選手のボビー・ハルが「かっこわるい」からヘルメットを着用しないと言ったことを思い出してほしい。すすんでヘルメットをかぶるのは臆病者とみなされかねない。だが野球選手がヘルメットを着用したからといって腰抜け呼ばわりする人は誰もいない。なぜなら、野球連盟がヘルメット着用を義務付けているからだ。オートバイ乗りも、ヘルメット着用が義務付けられている州では必ず着用するだろうし、おそらく喜んで着用するにちがいない。本章では引き続き、利得は選択にのみ左右され、どのように選択に至るかには影響されないことを前提とする。だが読者は、そうでない可能性があることに注意されたい。

私は、Rを選ぼうという気になった人々が成り立たせるものを「提携」と呼んできた。この人たちは、拘束力のある契約や誰かからの強制によってRを選んだのかもしれない。あるいは、自分が選べば他人も選ぶだろうし、自分が選ばなければ他人も選ばないだろうと信じて、つまり黄金律に従って選んだのかもしれない。

だが「提携」が制度的に決定されることも少なくない。しかるべき制度を備えた母集団の下位集団が、ある特定の二値選択について、構成員全員、あるいは構成員の一部、あるいは選択の対象となりうる全員のための意思決定を行う。たとえば組合、商店会、教授会、射撃クラブ、退役軍人組織のメンバーが、政治運動やルールの遵守や寄付や上位の連盟への参加について、集団としてどう行動するかを選択するケースがそうだ。こうしたケースでは、メンバー個人の選択を決定に従わせる場合と、下位集団がメンバーに代わって集団としての選択を行う場合がある。

MPDと異なる構造

これまでのところは、多人数囚人のジレンマ（MPD）だけを扱ってきた。そろそろ、利得曲線が交差し、均衡が交点または端点に成立する場合や、傾きが反対向きになるケースも考えなければならない。つまり、他の人がやることを人々がやりたがる状況、他の人がやることを人々がやりたがらない状況を考える必要がある。

だがその前に、囚人のジレンマがなぜこれほど注目を集めるのかを復習しておこう。このモデルが興味深いのは、非効率な均衡が生じることだ。非効率であるとは、他人の選択を所与としたときに、誰もが自分にとって最適の選択をすることが可能であるにもかかわらず、全員がそれとは反対の選択をする方が、全員の利得が大きくなることを意味する。このような状況では、何らかの社会的な調整や誘導が必要になるだろう。たとえば共同で選択を行う、拘束力のある取引を持ちかける、新たなインセンティブを用意するなどして、人々が自然にやろうとする行動とは反対のことをするように仕向ける。

だが人数が増えると、囚人のジレンマはこの意味での特殊なケースではなくなる。非効率な均衡をもたらすRとLのグラフを何通りも描くことができ、その形状、傾き、端点の組み合わせは、MPDとは異なるものになる。

したがって、囚人のジレンマの非効率な均衡は特殊なケースだとしても、非協調的・利己的な行動によって実現した均衡が非効率であるようなすべての状況は、ごくふつうに起こりうるものと認識すべきだろう。そのような状況では、意思決定を協調的、組織的、統率的、あるいは中央集権的に行うことによって、各自の利得またはある種の合計利得を増やせることがある。

こうした状況をよく見ると、次の2つに大別できることがわかる。第1は、まったく異なる2つの均衡のうち、望ましくない方を選ぶ可能性がある場合に、よりよい方がいったん選択されれば、それが自己拘束的になる状況である。第2は、よりよい選択がなされるためには、強制、拘束力のある契約、中央集権的な意思決定を必要とするか、各自の選択が他の全員の選択に条件付けられるようなしくみを必要とする状況である。となればMPDは、強制を必要とする状況のうち、特殊ではあるがひどく特殊とは言えない部分集合だと言える。

MPDやこれに類する状況に置かれた人たちは、選択の調整や誘導が第三者の利得にはなっても、必ずしも自分たちの利得にはならないことを念頭に置く必要がある。この「第三者」とは、沈黙を強要するゆすり屋、排斥運動を起こそうとする差別論者、独占を画策する策略家、対抗して政治集会を開く政敵でありうる。

LとRが交差するケース

MPDをより大きな分類に適合させるために、MPDの直線バージョンのうち図14のBを例にとることにしよう。そして、直線Rを図15のように上方向へ移動する。するとRは、それまで「上方」にあったLと交差することになり、Lはもはや無条件の選好ではなくなる。少数の人がRを選んでいる左端に近い部分では、Rが好ましい。何らかの秩序ある調整が行われるなら、LとRの交点で安定した均衡が得られる。(15) Rを選ぶ人がこれより多いと、Lを選ぶ方の利得が大きいため、

---

(15) より正確には、均衡の位置は以下の通りである。X人がRを選ぶとしよう（Xは整数である）。LとRはいずれも直線で、$L=aX+b$, $R=cX+d$である。LとRは、$L=R$または$X=(d-b)/(a-c)$の点で交差する（Lの傾きはRよりきつく、かつLは左端でRより下から出発し、分子、分母ともに正であるため）。均衡は、選択をLからRまたはRからLにスイッチしても何の利得もない場合に成立する。ある人がLからRにスイッチすると、Rを選んだ人数が1増えるので、最初の条件は、$aX+b \geqq c(X+1)+d$となる。この式を整理すると$X \geqq (d-b+c)/(a-c)$となり、これが交点$(d-b)/(a-c)$の右側の距離$c/(a-c)$を表す。RからLにスイッチすると、Rを選んだ人数が1減るので、最初の条件は、$a(X-1)+b \leqq cX+d$となる。この式を整理すると$X \leqq (d-b+a)/(a-c)$となり、これが交点$(d-b)/(a-c)$の右側の距離$a/(a-c)$を表す。すると均衡価値Xは、幅が1単位の範囲（上限と下限の差が$(a-c)/(a-c)$）に収まり、この範囲は$c/(a-c)$だけ交点の右側から始まる。この1単位の範囲内にXの整数値が1つだけある（両端点が隣り合う2つの整数と一致する場合を除く。この場合には2つの中立均衡が成立し、一方から他方へ移ったり戻ったりしても損も得もしない）。Lの傾きがRの2倍

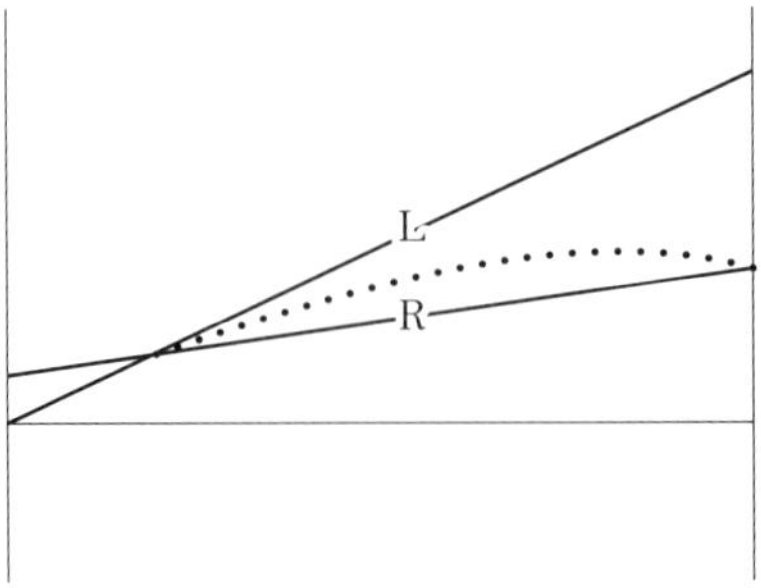

図15

人々は両者の利得が等しくなるまで、RからLに乗り換える。Rを選ぶ人が均衡時より少ないときは、Rの方の利得が大きいため、人々は両者が等しくなるまでLからRに乗り換える。

この均衡が成立するのは、全体にとっての最大価値が実現する点ではない。Lを選んでいる人がRに乗り換えれば、全員にとって利得が増えることになる。すでにRを選んでいる人は直線Rの右に移動し、LからRに乗り換えた人は、R上で「均衡」時より高い点に来る（全体にとっての最大価値は、右端よりすこし手前で実現する）。

これはMPDと大きくちがうだろうか。均衡時の合計価値が、それよりすこしでも多くの人がRを選んだときの価値を下回る点では、どちらも同じである。

MPDとのちがいは、こうだ。MPDでは、均衡が成立するときに誰もRを選んでいない。だが図15のように、LとRが右肩上がりで交差するケースでは、誰かがRを選んでいる。とはいえこのちがいは、さほど重大ではない。どちらのケースも、均衡は非効率である。均衡に集まるよりRを選ぶ方が、全員にとっての利得は増えるからだ。またどちらのケースでも、全体にとっての最大価値は、全員より少ない人数がRを選んだときに出現する。

（誰もがトランクに牽引ロープを入れておく必要はない。1台の車をもう1台が牽引するときに、ロープが2本あっても意味がないからだ。R（＝牽引ロープを積んでいる）はほぼ水平になるだろう。L（＝牽引ロープを積んでいない）はRのかなり下から出発し、曲線を描いてRと交差し、右端に向かってRと平行になる。右端では、RとLの垂直距離は、ロープを積んでおくコストに相当する。人々が車の母集団中のロープ搭載車の出現率を観察し、それに反応できるのであれば、2本の線の交点が均衡となるだろう。ロープ搭載車を表すRはほぼ水平なので、全員がロープを買って積み込んでおくのはよいことではあるが、よりよいとは言えない程度に、均衡は好ましい。全体にとってより好ましいのは、ロープ搭載車の出現率は高いが、100％にはいたらない状況である。Lは曲線なので、ロープ搭載車が均衡時を下回る状況は、Lにとって深刻なことになりかねない。）

図15では、右（大半の人がRを選んでいる）ではLの選択が、左（大半の人がLを選んでいる）ではRの選択が好ましい。両方の線が右肩上がりで交差する状態を維持するなら、両者を入れ替えることが可能だ。すなわち、右ではRが、左ではLが好ましい。これが、図16に示した状況である。図16では、全員がRを選んだときと全員がLを選んだときの2点で均衡が存在するが、外部効果を得られる前者の方が望ましい。全員がLを選んだときは、もはや誰にも他の選択をする動機がない。事態を打開するためには、十分な人数が交点の向こうに移らなければならない。

だとすれば、均衡は交点の1～2単位右側で成立する。母集団が大きい場合、均衡から交点までの距離が小さすぎて、印刷したグラフ上では重なっているように見える。

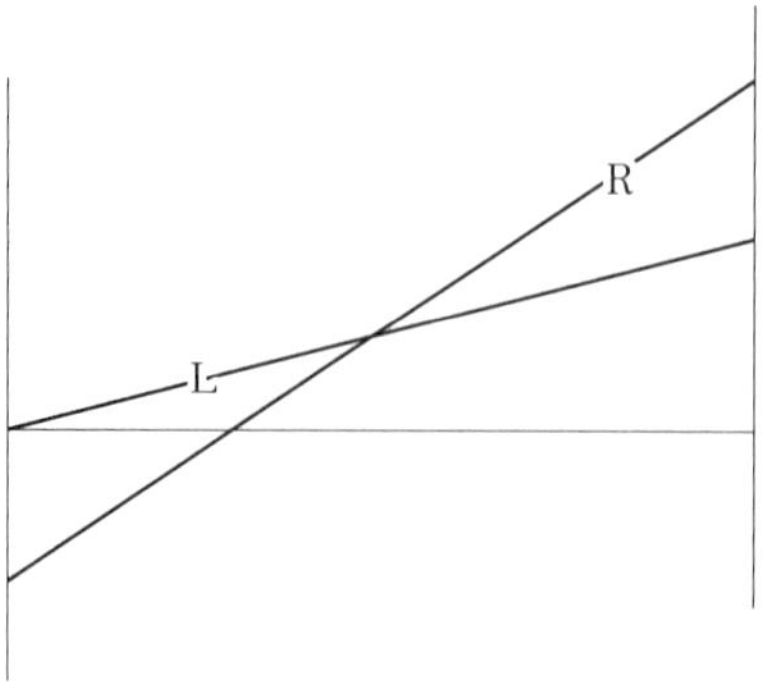

図16

図16では、Lはあからさまに銃を携行している人、Rは丸腰の人と解釈できる。私は、他の人がみな武装するなら自分も武装したいが、誰も武装しないなら、自分もしないとしよう（「個人」ではなく国家、銃ではなく核兵器と解釈してもよい）。武器が外から見えるなら、2つの効果が期待できる。LとRが図16のような関係だったら、銃が上着の下に隠されていたり、核兵器が秘密裡に開発されたりしたら、Lを選ぶにせよRを選ぶにせよ、自分がグラフ上のどの位置にいるのかわからない。さらに、外から見てわかることは、利得を変える可能性が高い。武装のリスクもメリットも、それが他人にわかるかどうかに左右されることが多いからだ（この意味で、核兵器そのものを禁止できなくても、信頼できる査察は役に立つ）。

外部効果が一定でないケース

図16の直線Rを図17のように交点を中心に時計回りに回転させ、右肩下がりにしてみよう。すると、もはや外部効果は

一定ではない。Rを選ぶ人が増えるほどLを選んだ人の利得は増え、Lを選ぶ人が増えるほどRを選んだ人の利得は増える。それでもなお均衡は存在するし、利得が計測可能な財であれば、この均衡が全体にとっての最大価値でない点も、MPDと変わらない。

MPDとのちがいは、こうだ。全体にとっての最大価値が交点より右で生じる場合には、それは必然的に、一部の人（ここではRを選んだ人）にとって均衡時より価値が減ることを意味する。何らかの補償をもらうか順番でRを選ぶようにしない限り、そうならざるをえない。このような場合には選択の調整や誘導が必要になる。

図17では、情報が果たす役割についていくつかヒントが得られる。具体的にイメージしやすいよう、高速道路で緊急事態が発生し、一般のドライバーには知られていない迂回ルートが2つあると仮定しよう。もし、道路事情に疎いドライバーたちが1：1に近い比率で無作為に2つにルートにばらけるなら、Lを選ぶにせよRを選ぶにせよ、彼らは図17で交点よりも右に位置することになる。Rを選んだドライバーは、そうと知ったらくやしがるだろう。だが全体にとっての結果は、均衡の成立する人数で分割した場合を上回る。そしてドライバーはみな、交点で利得が均等になる結果よりも、「公正な賭け」としてこちらの方を好むかもしれない。となれば、ヘリコプターから交通整理する監督官は、口をつぐんでいる方がよいことになる。無用の口出しをすれば、混雑していないルートに車を誘導して、どちらのルートも同じように混雑がひどくなりかねない（Rが水平の場合には、結果は一段と衝撃的になるだろう）。この場合にヘリコプターの監督官が、混雑したルートにいるドライバー全員に混雑していない別ルートの存在を教えたら、事態を改善できるだろうか）。

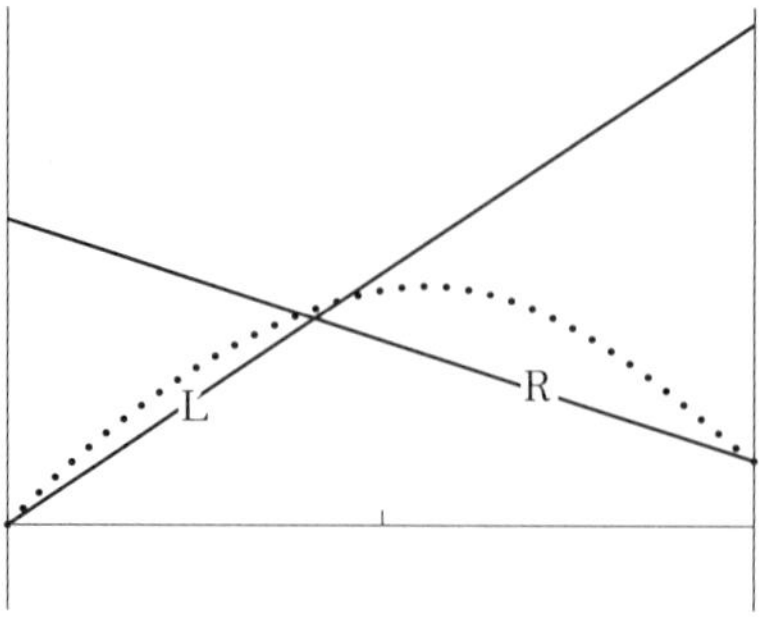

図17

次に、Rは吹雪の後に家にとどまる選択、Lは車で出かける選択だとしよう。ラジオ放送は家から出ないよう住民に注意を呼びかけており、多くの人がそれに従う。すると、無謀にも車で出かけた人は、道路が空いていて大喜びする。他の人がこれを知っていたら、まちがいなく車で出かけていただろう。その場合には、全員が直線Lの左端に集まることになる。このようにおおげさな警告は、「正しい」（すなわち自己確証的な）警告よりも最適な結果を導くことがある。ただし、人々が警告を割り引いて聞く場合（あるいは、人々が道路情報をリアルタイムで伝えてくれるサービスに加入しており、2本の線の交点に向かう場合）は、この限りではない。

続いて、直線Rの右肩下がりの傾きを維持したまますこしだけ下に移動し、図18のように直線Lより完全に下にする。この場合には、全員がLを選択したときに均衡が成立する。Rを選ぶ人が増えるほどLを選んだ人の利得は増え、Lを選ぶ人が増えるほどRを選んだ人の利得は増える。Rを選ぶ提携が何らかの埋め合わせなしには実現しない点で、この状況はMPDとは異なる。ただし、全員がLを選択したときの均衡は、やはり非効率である。左

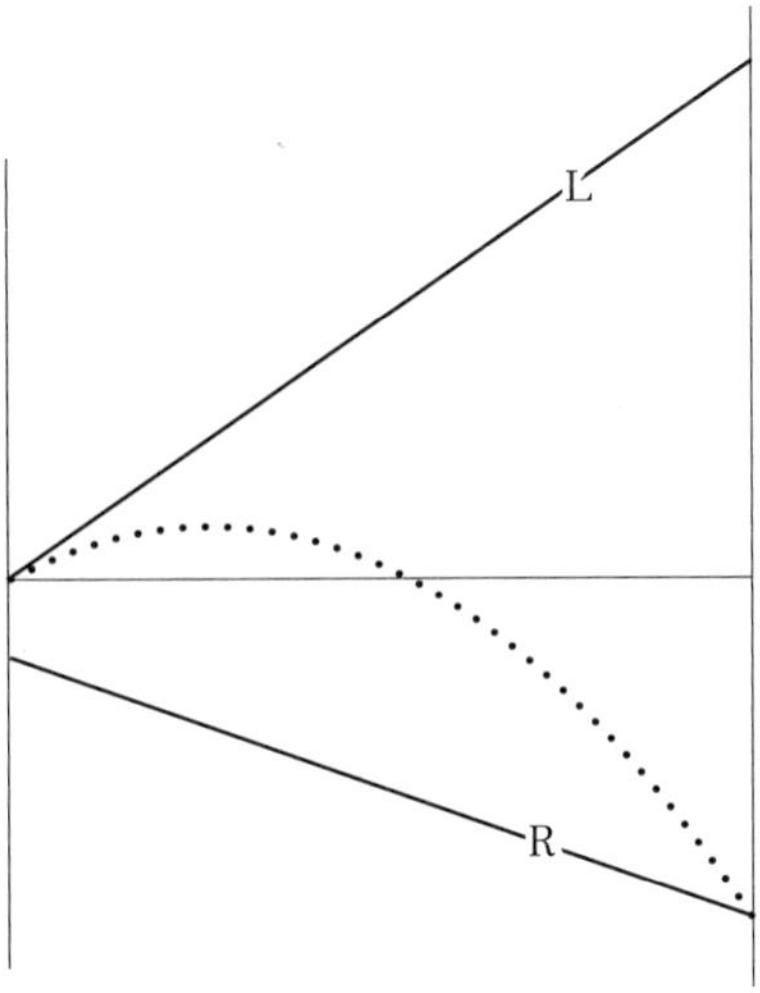

図18

端において直線Rが直線Lよりあまり下でなければ、全体にとっての最大価値は、図18に示すように、何人かがRを選択したときに出現する。合計価値を最大化するためにRの選択を促したいなら、何らかの調整や誘導が必要になる。

共有地

この状況は、おなじみの「共有地《コモンズ》」の問題と解釈することが可能だ。共有の牧草地が2つあり、誰もがどちらかで自由に牛に草を食べさせてよい。あるいは高速道路が並行して2本走っていて、誰でもどちらかを自由に通行できる。ハイウェイ2を走行する車は、ハイウェイ1の混雑を緩和するので、ハイウェイ1を走行するすべての車に利益をもたらす。しかしそれと引き換えに、ハイウェイ2の渋滞をひどくすることになる。共有地2に牛を放す人は、共有地2

を混雑させる一方で、共有地1の混雑を減らす。同一地域で2つの選択肢がある場合の混雑問題は、傾きが反対の2本の線で表せるような状況を生み出す。

均衡が2つ成り立つケース

続いて、グラフがどちらも直線で、均衡が2カ所で成り立つケースに移ろう。この場合、2通りの状況が考えられる。第1は、2本の線の傾きが反対向きで、Rが右肩上がり、Lが左肩上がりのケースである。この場合には外部効果が一定ではなく、「自己優遇的」になる。すなわち、Rを選ぶ人が増えるほどRを選んだ人の利得は増え、Lを選ぶ人が増えるほどLを選んだ人の利得は増える。第2は、どちらも右肩上がりだが、Rの傾きがLよりもきついケースである（どちらも左肩上がりでも、もちろんかまわない。RとLを入れ替えればよいので、同じことである）。どちらのケースでも、グラフの右端と左端で均衡が成り立つ。すると、望ましい方の均衡を実現することが調整や誘導の目的になる。両方の傾きが同じ向きなら、どちらの均衡が望ましいかは自ずと明らかだが、傾きが逆の場合は自明ではない。

2つの均衡が成り立つケースで望ましい方の均衡を実現するためには、最低限必要な人数の協力を取り付け、選択を乗り換えてもらうことが必要になる（そうしたければ、の話だが）。とはいえ強制や懲罰や代表者による意思決定などは必要あるまい。人々が最初に正しい選択をするように誘導するだけで十分だと考えられる。1回限りの選択の場合には、他の人はみなRを選ぶとの期待を

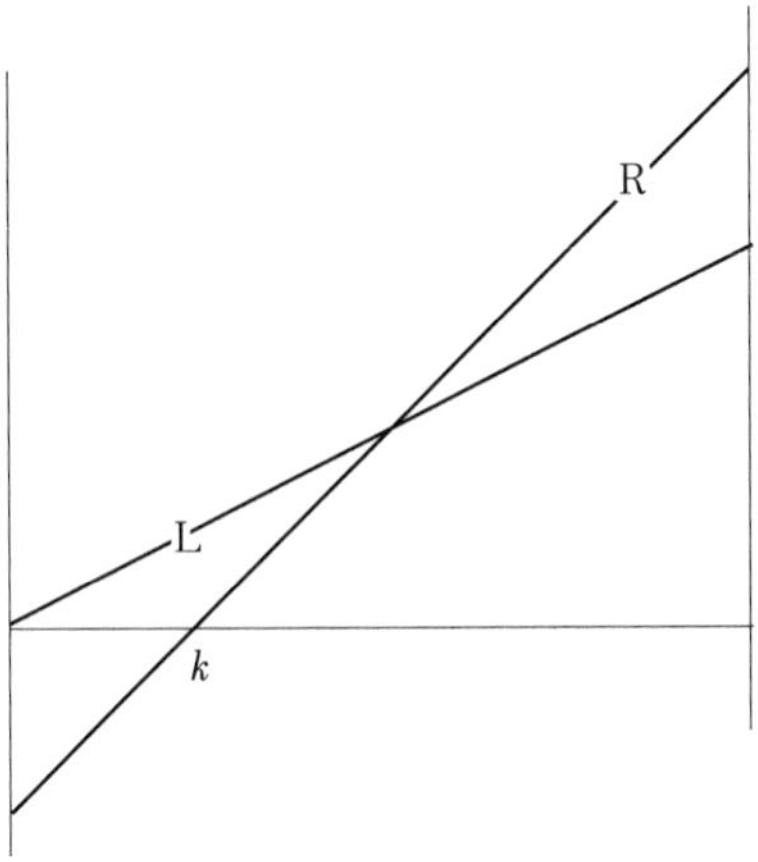

図19

抱かせればよい。このコミュニケーションだけで、期待は現実になるはずだ。というのも、みんなが協調行動をとるとわかっていれば、あえてそれをしない理由は誰にもないからである。

非効率なLの選択がいったん定着すると、他の人が乗り換えると見込めない限り、誰もRを選ばなくなる。この状況では、社会的な調整や誘導によって乗り換えてもらう必要が出てくる。たとえば一方通行や、右側（または左側）通行はその一例である。人々が非効率な均衡の罠に陥り、誰かが乗り換えるのをみなが待つような状況になることがある。そうなったら、十分な人が追随して乗り換えに利得が見込めない限り、誰も最初に乗り換えようとはしない。

ここで、2本の直線がどちらも右肩上がりの場合と、2本の傾きが逆の場合のちがいに注目してほしい。前者の場合、提携は起こりうる。残りの人にRの選択を促すには不十分な規模ながら、成立は可能だ。図19にその状況を示した。全員がLを選んでいるとき、k人がRを選べば、Rの選択が利得に転じる。ただし人数が少なすぎるため、残り全員にとってRが好ましい選択肢になるには至らない。この臨界数kが、直線Rが横軸と交差するときに現れるのは、MPDと同じである。この数を上回ると、Rを選ぶ提携が成立しうる。さらにLとRの交点に対応する人数を上回ると、他の全員に乗り換えを促すことになる。だがそこまでに至らなくても、提携は利得をもたらす。

このように均衡が2つある状況でも、MPDの要素は存在する。それは、Rを選ぶ提携が存在しうることだ。選ばない人の利得がなお多いとしても、協力者が離脱してLを選ぶ方が利得は増えるとしても、提携は成立しうる。MPDとちがうのは、協力者の数が増えてRが好ましい選択になれば、提携の人数がさらに増え、ついには残り全員に乗り換えを促すことである。

切り取られた2つの均衡

MPDと2つの均衡を持つケースとのちがいは、必ずしも母集団の規模のちがいだけではない。図20に、x人の母集団で均衡が2つあるケースを示した。kが母集団の規模とは無関係だとすれば、母集団をy人まで減らすとMPDになる。さらにz人まで減らすと、MPDではなくなる。つまりMPDは、十分な人数が乗り換えない「切り取られた2つの均衡」にほかならない（逆に言えば、2つの均衡を持つケースは、十分な人数が参加して提携を自己持続的にするような「MPDの展開形」にほかならない）。

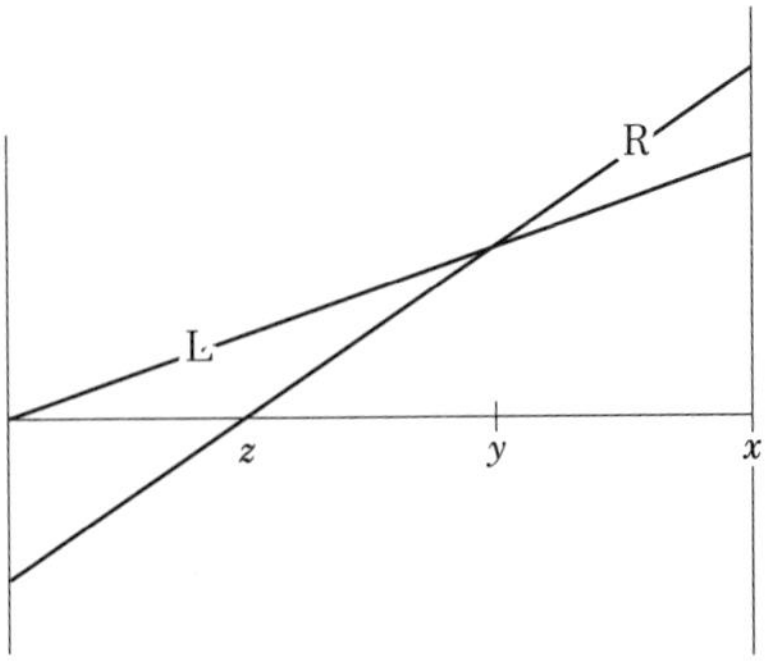

図20

曲　線

曲線LとRの形状は無限にある。だからといって、いい加減に、あるいはデザイン的に描いた形状に対応する現実の選択のペアが、どこかに必ず存在するという保証は一切ない。直線はある意味で融通が効き、単調増加・単調減少曲線群の代わりに使えることが多い。だが単純化に伴うデメリットもある。直線の場合、1度しか交差しないし、両端以外では最大値にも最小値にも達しない。外部効果が一定の限界効用を示すはずだという先入観を払拭するために、ここでいくつか曲線の例を挙げておくことにしたい。

同質性

興味深いのは、LとRがどちらもU字型曲線を描くケースだろう。図21に3通りのグラフを示した。これらのグラフの基本的な特徴は、「同質性」である。どの人にとっても、その人自身の選択にかかわらず他の全員の選択が同じである方が、どのような比率で選択が入り混じるよりも利得が多い。

図21のいちばん上の曲線では、Rを選ぶ人が十分にいればRの選択が好ましく、Lを選ぶ人が十分にいればLの選択が好ましい。ここでは2つの均衡が成り立つ。一方の均衡が他方よりよいが、いずれにせよどちらも、中間の広い範囲よりはるかによい。このグラフに当てはまる例と考えられるのは、サマータイムである。Rは、夏になったときにサマータイムを採用する人を表すとしよう。全員が採用することが最も望ましいが、全員が標準時のままだとしてもさほど困らない。困るのは、営業時間や配達時間、プログラム、ディナーの約束などに関して、みんなの時間がまちまちになることだ。さらにある人にとって最悪なのは、残り全員と時間が合わないことではなく、残り全員の時間が合っていないことである。この点が、右側通行やメートル法の採用などとちがうところだ。私がサマータイムに従っていても、他の全員が標準時に従っているなら、何とかうまくやっていくことは可能だろう。だが他人の半分がサマータイムを採用しており、その半分が誰だかわからないとなったら、じつに困ったことになる。異なる時間帯に入った旅行者は、腕時計を「自宅の時計」に合わせたままでも、うまくやっていけるだろう。だが別の旅行者と一緒に行動していて、そのうちの一部だけが「自宅の時計」に合わせていたら、厄介なことになる。

図21のまん中の曲線は、上の曲線とだいたいにおいてよく似ている。ちがいは、少数派でいることを誰もがいくらか好む一方で、他の人みなには同じ選好を望む点である。サマータイムとよく似た例を挙げるとすれば、週休4日制が普及した場合に、週末に連結して月曜または金曜のどちらを

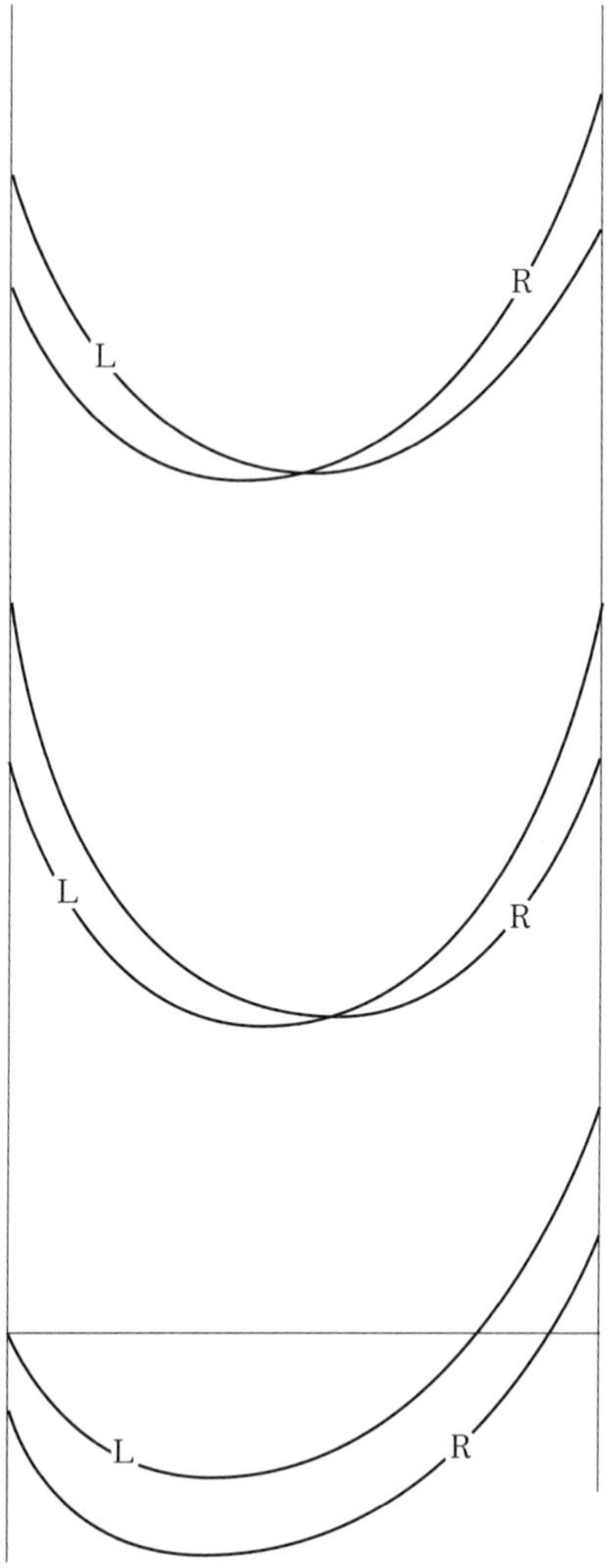

図 21

休むか、という問題が該当するだろう。混雑を避ける点から言えば、他の人がみな月曜休みを選んでドライブやゴルフに出かけるなら、自分にとっては金曜を休むことが好ましくなる（商店主だったら、ライバルの休業日に店を開くことを全員が好むだろう）。また、ゴルフ大会を開くとか友人と海へ行くといったときは、いや、どの店が開いていて誰が営業しているかがわかるというだけでも、他の人がみな同じであることが望ましい。結局のところ、自分だけ特別でも楽しくないとなれば、他のみなと一緒の方がよくなる。いずれにせよ、均衡に達することがあっても、それは満足できない均衡である。人とちがっていたいという誘惑があるときには、状況は誰にとっても不満なものになる。

図21の下の曲線では、均衡は1つである。この均衡は相対的に満足なものだが、完全に満足とは言えない（このグラフは、左端を右端より高くして、効率的な均衡を得ることも可能だった。しかし問題点を明らかにするために、あえて逆にした）。ここで、Lを10進法、Rを12進法としよう。どちらであってもうまくいくが、全体の半分が一方を使い、残り半分が他方を使ったら、混乱が生じる。しかも、10進法から12進法へ切り替えるのはむずかしい。そこで私は、後世のことを考えて他の人にはみな切り替えてほしいが、自分はたとえ時代に逆行しようと、生きているうちはいまのやり方を変えないことにする。ＭＰＤの場合のように、他の全員と取引が成立するなら、私も12進法への切り替えを受け入れるかもしれない。実際、端点だけを比較し、中間を無視するなら、このグラフはＭＰＤに相当すると言えるのではないだろうか。

補完性

次に図22のように、曲線を逆さまにしてみよう。ここでも3通りのグラフを挙げておく。今度は同質性ではなく、補完性という特徴が現れる。つまり、人々の選択にばらつきがある方が、利得が大きくなるのである。だが全体としてばらつきがあることを誰もが好んでいても、自分自身にとっては多数集団であることが好ましかったり、少数集団であることが好ましかったり、あるいは無条件の選好があったりする。

明白な補完性を持つ二値選択は、性別である。第6章の議論に沿って、生まれてくる子供の性別を選べるとしよう。厳密には、これは二値選択ではない。多くの親が1人より多い子供を持つので、その人数によって何通りか整数の組み合わせを選べるからだ。しかしここではわかりやすくするために、男の子か女の子かだけを選ぶことにする。

ほとんどの人が、母集団の男女比は1：1に近いことを好むと仮定できる。だがこれから子供を持つ親は、次の3通りのうちいずれかを好む可能性がある。

第1は、誰もが母集団の男女比は1：1に近いことを望みながら、母集団の男女比とは無関係に、女の子または男の子を望む。第2は、誰もが少ない方の性、つまり男が少なければ男の子を、女が少なければ女の子を望む。その方が、デートをするにも結婚や再婚をするにも有利だと考えるからだ。第3は、誰もが多い方の性の子供を望む。多い性は「希少価値」を上回って有利だと考えるか

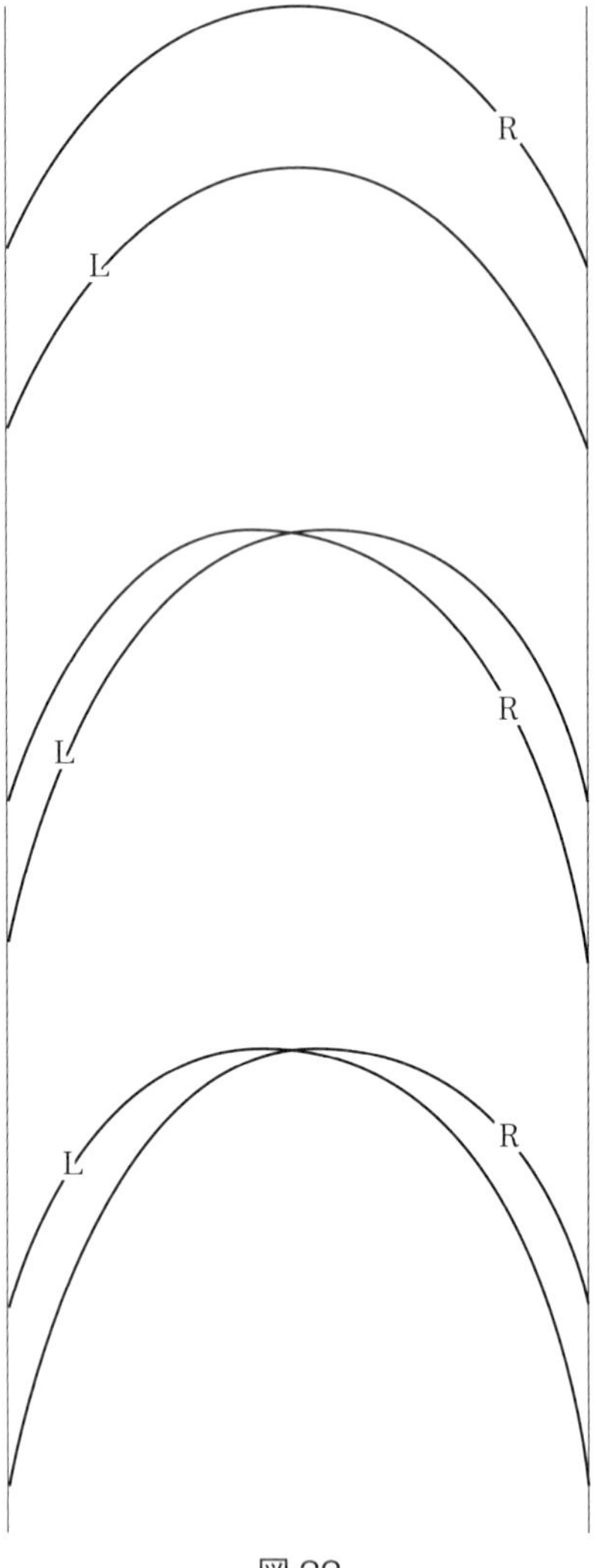

図 22

らだが、その一方で、男なり女なりが圧倒的に多い状況を憂慮している。

あるケースでは1つの満足な均衡が、別のケースでは2つの不満足な均衡が、そしてまた別のケースでは1つの不満足な均衡が成り立つ。

いちばん上のグラフの不満足な均衡では、全体の利得を最大化する提携に必要な最小限の人数 k を求めることができる。提携を実現するには、拘束力のある取り決めなどが必要になろう。

技術の力によって性別の選択が可能になり、そのことが問題を引き起こすとしても、両親が1人より多い子供を持つことで選択が二値選択でなくなれば、現実の問題は緩和される。とはいえ二値選択の例は、個人の選択が最適からかけ離れたものになりうる場合に選択を是正する賢明な方法は、そもそも選択を与えないことだと思い出させてくれる。つまり、全員を無作為の犠牲者（あるいは受益者）にしておくことだ。そうであれば、調整も誘導も不要になる。

充足性

では、図23に移ろう。このグラフでは、曲線Rが直線Lと2回交差している。両端近くでは、誰もがLを選びたがり、その中間では誰もがRを選びたがる。現実の例としては、局地的な殺虫剤の散布が該当するだろう。隣人が散布すれば、あなたは恩恵を受ける。あなた自身が散布しても、隣人も散布してくれないと効果が乏しい。隣人がほどよく散布したときにあなたも散布するのが、費用対効果にすぐれている。ほぼ全員が散布したら、害虫はほとんどいなくなって、あなたがわざわ

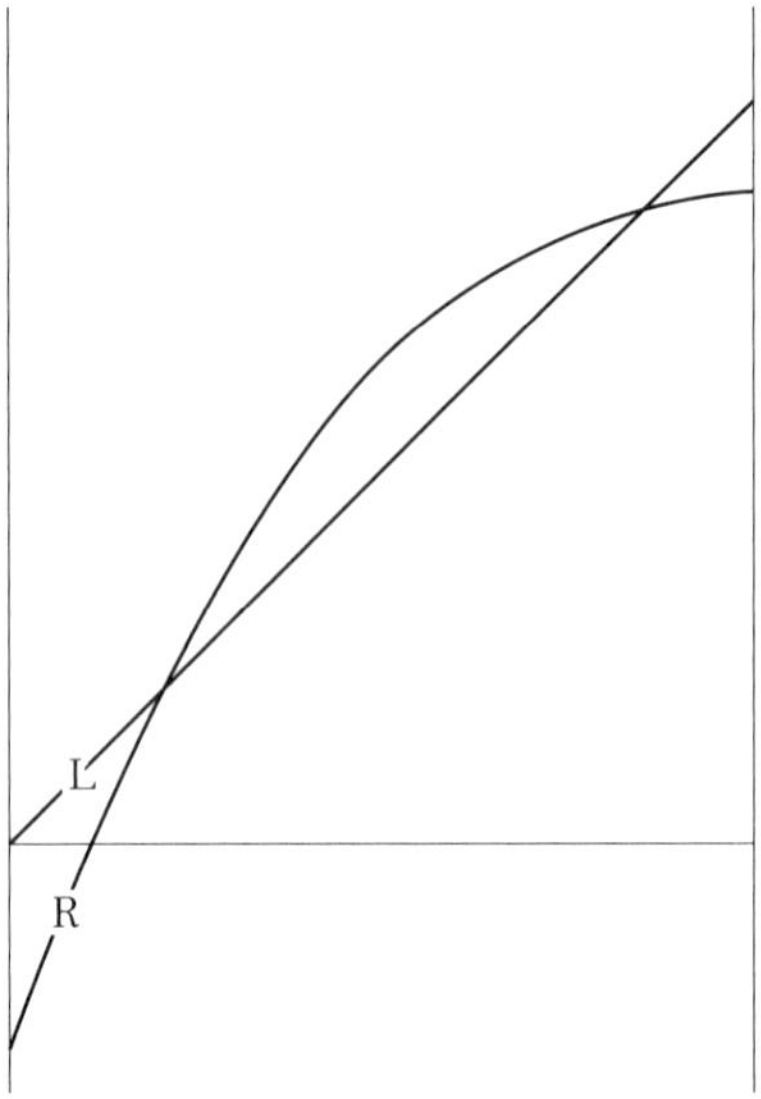

図 23

ざ散布するにはおよばない。

通信システムもこうした特性を持つことがある。市民無線用の無線機をほとんどの人が持っていないなら、誰も無線通信をしない。無線機を持っていない人より持っている人の方が、より多く外部効果の恩恵を得る。しかし持っていない人も、何らかの利益を得られる。一定数以上の人が無線機を持っていれば、ほぼ誰とでも連絡できる通信手段として、残りの人も買うようになるだろう。他の人がみなが無線機を持っているなら、あなたは友人の無線機を使わせてもらえる。緊急時には、通りすがりの人にメッセージを託せばよい。これであなた自身は買わずに済ますことができる。

もっと日常的な例として、委員会の会合が挙げられる。誰も出席しなかったらみんなが困る。だが定足数に達する見込みがないときは、出席する意味がない。出席者数が一定範囲の場合に限り、あなたの出席によって定足数が成立するかしないか、ちがいを生み出すことができる。ほぼ全員が出席するのであれば、あなた自身がわざわざ出向くにはおよばない。

こうした利得曲線では、2つの均衡が成り立つ。1つは右上の交点、もう1つは左端である（曲線の名称と解釈を変えるなら、均衡は左下の交点と右端で成り立つことになる）。

まとめ

考えられるすべての二値選択の利得曲線の組み合わせを網羅し、ここで図解し分類したいのはやまやまである。だが組み合わせは無限ではないにしても、あまりに多い。単調関数に限るとしても、凸型、凹型、S字型、平準型、漸減型等々がある。しかも言うまでもなく、単調とは限らない。また分類に値する利得曲線の形状は、何を分析対象にするかによってちがってくる。均衡の数、均衡の効率性、情報あるいは情報の不備の影響、成立しうる提携の規模、規律や拘束力のある契約の役割、母集団の規模の重要性、等々。しかも本章では、母集団のメンバー全員の利得が同じである場合のみを取り上げた。こうしたわけだから、各自の目的に適うような組み合わせを網羅して分類することは、とうてい不可能である。

だが直線で表現しうる状況の種類は限られるはずだ。すくなくとも、興味深いちがいを示す状況はかなり限られる。以下に、分類に値する状況を列挙する。

Ⅰ　1つの均衡が、全員が同じ選択をしたときに成り立つ。

A　これが、誰にとっても好ましい結果である。

B　全員が反対の選択をしたとき、誰にとっても利得が大きくなる。

B1　このとき、全体の合計利得が最大になる。

B2　一部（全員ではない）の人が反対の選択をしたとき、全体の合計利得はさらに大きくなる。一部の人の利得が他の人より増えるにしても、全員の利得が均衡時より大きくなる。

C　一部（全員ではない）の人が反対の選択をしたとき、全体の合計利得は大きくなる。ただし一部の人の利得は、均衡時より減る。

Ⅱ　1つの均衡が、一部がL、一部がRを選択したときに成り立つ。

A　全員がRを選んだとき、誰にとっても利得が大きくなる。

A1　このとき、全体の合計利得が最大になる。

A2　一部の人がLを選択したままのとき、全体の合計利得はさらに大きくなる。全員の利得が均衡時より大きくなるが、増え方は均等ではない。

B　一部（全員ではない）の人がLからRに乗り換えたとき、全体の合計利得は大きくなる。ただし、一部の人の利得は減る。

C　このとき、全体の合計利得が最大になる。

Ⅲ　2つの均衡が、どちらも全員が同じ選択をしたときに成り立つ。

A　一方の均衡は、誰にとっても好ましい結果である。

A1　好ましくない方の均衡も、2つの選択が混在した状態のほとんどよりよい。

A2　好ましくない方の均衡は、2つの選択が混在した状態のほとんど（または全部）より悪い。

B　2つの均衡は等しく満足であり、2つの選択のいかなる混在状態よりよい。

以上のケースは、図14で表すことが可能である。ケースⅠのAは、全員がRを選んだときに最大値が得られるよう直線LとRを引き直せば、図14Aで表すことができる。ケースⅠのB1は、図14Aまたは図14Cで表せる。ケースⅠのB2は図14Bで、ケースⅠのCは図18で表せる。ケースⅡのA1とA2は、直線Rの傾きに応じて図15で表すことができる。ケースⅡのBは図17で表せる。ケースⅡのCは、図17の一方の直線を回転させて最大値と交点を一致させれば、図17の特殊な形に相当する。ケースⅢのA1は、直線LとRを再定義すれば、図17で表すことができる（あるいは、交点を中心に図16の直線Lを回転させて左肩上がりにすれば、図16で表せる）。ケースⅢのA2は図16で表せる。ケースⅢのBは、直線Lの左端の高さを直線Rの右端の高さと等しくすれば、ケースⅢのA1と同じになる。

直線ではなく曲線で表すなら、言うまでもなくより多様になる。たとえば図22の下の曲線では、2つの不幸な均衡が得られる。

どのケースでも、「均衡」とは「起こりうる均衡」だと考えてほしい。本章では、選択の順序とタイミング、選択の可逆性、他人の選択に関する情報、シグナリング、取引、組織化のプロセス、習慣、前例、模倣をはじめ、他の重要な要素をとくに規定しなかった。よって、現実の選択が「起こりうる均衡」に安定的に収束するという保証はない。

この理由から、先ほどの分類は、じつは二値選択の状況の分類とは言えない。状況であれば、利得も他の特徴も大幅に変動しうる。あくまで、二値選択の結果を表すグラフの形状を分類したものである。

第8章　驚くべき60年――ヒロシマの遺産（ノーベル賞受賞講演）*

過去半世紀で最も注目すべき出来事は、起きなかった出来事である。怒りに任せて核兵器の使用に至ることが、過去60年間に一度もなかった。

なんとすばらしい成果だろう。いや、成果と言うのがおかしければ、なんとすばらしい幸運だろう。かつてイギリスの小説家チャールズ・パーシー・スノーは、核保有国が核武装を削減しない限り、10年以内に核戦争が勃発することは「数学的に確実」だと述べた。この発言は１９６０年に

＊　訳注：本講演は２００５年12月にノーベル賞受賞講演としてスウェーデン王立科学アカデミーで行われた。原題は"An Astonishing Sixty Years: The Legacy of Hiroshima"である。

『ニューヨーク・タイムズ』紙の一面に掲載されたが、当時、これを大げさだと感じた人はいなかったにちがいない。

今日では、数学的確実性は4倍以上になっている。だが核戦争は起きていない。今後60年間もこの状態を続けることができるだろうか。

核兵器の軍事的有効性にせよ、それが引き起こす潜在的恐怖にせよ、一度たりとも疑問視されたことはない。それなのに一度も使われなかったという輝かしい成果の大半は、「タブー」のおかげにちがいない。第52代国務長官を努めたジョン・フォスター・ダレスは1953年に早くもそのことを見抜き、核兵器をめぐるタブーは遺憾だと述べた。

核兵器は今日もなお呪われた兵器であり、ダレスが苛立った1950年代初め以上に呪われている。核兵器は特別な存在とされるが、その特別さのほとんどは、特別だと認識されていることに由来する。他の兵器の大半は「通常」兵器と呼ばれるが、この言葉には2つの意味がある。ひとつは「ふつうの、おなじみの、昔からある」という意味で、食べ物から着る物、住まいに至るまで何にでも使える。より興味深い意味を持つようになるのは、盟約、協定、合意などで使われる場合だ。要するに、核兵器は他の兵器とはちがうという了解が成立しているのである。

核兵器の途方もない破壊力が、通常兵器をはるかに凌ぐことはまちがいない。だがアイゼンハワー政権の終わり頃には、最大級の通常兵器を下回る程度の爆発力しか持たない核兵器も作れるようになっていた。こうした「小粒」の核兵器は、広島やビキニ級の核兵器につきまとうタブーに染まっていないと考える軍事計画担当者もいた。だがその頃にはすでに核兵器は他の兵器と峻別されており、規模が小さいというだけでは、呪いから逃れられなかったのである。

この50年の間に根を下ろしたこうした姿勢、あるいは合意、あるいは伝統は、大切に守るべき財産である。この財産がずっと守られるという保証はない。現在あるいは将来の核保有国がこの合意を共有するとは限らないのである。核兵器の使用を抑制する現在の姿勢を維持するにはどうすればよいか、これを脅かすのはどのような政策や活動か、抑制の放棄や消滅が起きるのはどのようなときか、どのような制度や取り決めが抑制を強化または弱体化するのかといった問題は、検討する価値が大いにあるだろう。そもそも、この抑制はどのようにして生まれたのか。必然だったのか、入念な構想の結果なのか、幸運の賜物なのか。また今後数十年にわたりしっかりと維持されるのか、それとも脆弱なのか。これらも検討する必要があろう。この伝統を堅持し、できればまだ核兵器を持っていない国にも広めていくことは、発効後25年が経過し、運用検討が継続的に行われている核兵器不拡散条約（ＮＰＴ）の強化に劣らず重要である。

核兵器の使用に至ったかもしれない最初の事態は、朝鮮戦争の初期段階だった。アメリカ軍と韓国軍は朝鮮半島南端の釜山の防御線まで後退を余儀なくされ、抵抗も撤退もできない窮地に陥った。アメリカでは核兵器の使用が公に議論されるようになり、イギリスから時の首相クレメント・アトリーがワシントンに飛んでくる。韓国で核兵器を使わないよう懇請するためだった。この訪問の意図は公然の事実だったし、また広く宣伝もされた。イギリスは、核兵器開発において自分たちはアメリカのパートナーだったと自認しており、アメリカの意思決定に意見を述べる正当な理由があるとイギリス議会は判断したのだった。

釜山防御線が絶望的な状況になったら核兵器を使っていたかもしれないが、仁川上陸作戦が成功したため、ひとまず問題は片付いた。だがすくなくとも核兵器の使用は議論の対象になったのであり、結果的に使われなかっただけである。

あのときに韓国で核兵器を使わなかった理由はおそらくたくさんあるのだろう。だが核兵器が「使える」兵器だと誇示し、不使用の伝統を培う可能性を摘んでしまうことにどのような影響があるのか、当時のアメリカ政府や国民が真剣に考えたという記憶はない。

朝鮮戦争では、その後に中国が参戦してアメリカ軍が後退を余儀なくされた際にも、血なまぐさい消耗戦が続いた（その結果ようやく板門店で停戦交渉が始まった）際にも、核兵器は使われなかった。戦争がもっと長引いていたら核兵器が使われたかどうか、使われたとしたらどこでどのように使われたか、北朝鮮または中国であのとき核兵器が使われたらその後の歴史はどう変わったかといったことは、言うまでもなく、推測の対象でしかない。戦場ではなく中国で核兵器を使うと脅していたら、停戦交渉に何らかの影響を与えたかどうかも、もちろんわからない。

ケネディ政権、ジョンソン政権で国家安全保障担当大統領補佐官を務めたマクジョージ・バンディの著書『危険と存続――原爆をめぐる初期50年間の選択』(16)では、核兵器の使用をめぐって、アイゼンハワー大統領とダレス国務長官の興味深いストーリーが展開される。1953年2月11日の国家安全保障会議では、「ダレス国務長官が、原爆の不使用に関する精神的な問題を論じた……核兵器の誤った特別扱いをやめるすべきだというのが彼の主張だった」(p. 241) という。どんな措置が特別扱いを打ち切ることにつながるか、また、何をすれば、あるいは何をしなければ抑制の伝統が維持・強化されるかについて、政府部内でどのような検討が行われたか、私は知らない。とはいえ、核兵器の特別扱いが誤りであるにせよ、それが現実に存在し、かつ好ましくないと国務長官が考えていたこと、さらには国家安全保障会議全体も当然ながら同意見だと信じ込んでいたことはあきらかである。

ダレス国務長官は、1953年10月7日にも「これらの兵器の使用に関するタブーを断固取り除かなければならない」(p. 249) と述べた。その数週間後にアイゼンハワー大統領は、国家安全保障会議の公式文書に「戦争行為が万一発生した場合には、アメリカは他の武器と同じく核兵器も使える状態にあるものとみなす」(p. 246) と表記することに同意した。とはいえこれは、事実の表明というよりは修辞的表現と受けとるべきだろう。タブーというものは、捨てると明言したところで消滅するわけではないからだ。明言した当人の頭の中からも、である。半年後に開かれた北大西洋条約機構(NATO)首脳会議では、アメリカは核兵器について「もはや通常兵器になったものとして扱うべきである」(p. 268) との立場をとった。とはいえこれもまた、口に出したからといってそうなるものでもない。暗黙の了解は、往々にして明示的な合意よりも排除しにくい。実際に捨てることのできる紙の上ではなく、自分でもどうにもならない意識の中に存在するからだ。

バンディによれば、核兵器を通常兵器扱いしようという意図の下での最後の公式発言は、台湾海峡危機の際になされた。1955年3月12日にアイゼンハワー大統領が、質問に答えて「いかなる

---

(16) McGeorge Bundy, *Danger and Survival: Choices about the Bomb in the First Fifty Years* (New York: Random House), 1988.

戦闘においても、厳密に軍事標的に対して厳密に軍事目的に限って使用することができるのであれば、弾丸その他を使うようには核兵器を使ってはならないとすべき理由は見当たらない」(p. 278)と述べたのである。バンディは、この発言は政策決定というよりは一種の檄文だと述べているが、そのとおりだと思う。

アイゼンハワーは、金門島ひいては台湾を守るために、本気で核兵器を使うつもりだったのだろうか。結局、使う必要はなかった。台湾向けにこれ見よがしに核弾頭が輸送されたが、これは言うまでもなく脅しのためである。はったりは危険だとダレスは考えていた。アメリカが核兵器を使わないまま中国が台湾を征服するようなことがもしあれば、タブーをいよいよ破りがたいものにしてしまうからだ。ダレスにしてみれば、金門島はタブーを一掃する絶好のチャンスだった。純粋に防御の目的で、標的を敵軍に限定し、民間人のいない海か海岸堡で短距離核弾頭を使う——それならアイゼンハワーは許可するだろうし、ヨーロッパの同盟国も容認するだろう。そして核兵器は、「弾丸その他を使うように」使える武器だということを証明できるはずだ、という胸算用である。だが中国はその機会を与えなかった。

核兵器に対するケネディ政権とジョンソン政権の姿勢は、アイゼンハワー政権とは正反対である。また、政権内での役割分担にも変化があった。第二次世界大戦後に生まれた人は、アイゼンハワー政権の国防長官チャールズ・ウィルソンの名前はほとんど覚えていないだろう。だがアメリカの歴史をちょっとでもかじった人なら、国務長官ジョン・フォスター・ダレスの名前は知っているはずだ。バンディの著書の索引を見ても両者の対比は鮮明で、ダレスは31回も登場するが、ウィルソンは2回だけだ。ところがケネディ政権とジョンソン政権になると、国務長官と国防長官の関係は逆転する。国防長官のロバート・マクナマラは42回も言及されているのに対し、国務長官のディーン・ラスクは12回にとどまっている。

ケネディ政権の核兵器使用に慎重な姿勢を主導したのは、国防総省だった。マクナマラは1962年頃から、NATO軍の通常兵器の配備に力を入れ、ヨーロッパ防衛における核依存度を下げるべきだと主張するようになる。そしてこれが、ケネディ政権の見解になった。その後ほどなくマクナマラは、核兵器は、アイゼンハワーとダレスが意図した意味では「使える」兵器ではない、と考えるようになる。1962年10月のキューバ危機を契機に、ケネディ政権の主要顧問の一部や大統領自身が核兵器に嫌悪感を抱くようになったことはまちがいない。

核兵器をめぐるアイゼンハワー政権とケネディ政権・ジョンソン政権のこの著しい対照は、ジョンソン大統領が1964年9月に発表した声明にみごとに要約されている。「はっきりさせておこう。通常の核兵器といったものは存在しない。危難に満ちたこの19年の間、原爆を他国に投下した国はひとつもなかった。いまではこれは、最高次の政治判断に委ねられている。[17]」この声明は、核兵器使用の可否を軍事的有効性に基づいて判断するという考え方をきっぱりと否定した。また、「他の武器と同じく核兵器も使える状態にある」のではなく「最高次の政治判断」に委ねられるとすることによって、「特別扱いは誤り」だとするダレスの主張も退けた。

「危難に満ちた19年」という言葉に私は強い印象を受けた。ジョンソンはこの表現を使って、核

(17) *New York Times*, September 8, 1964, p. 18.

兵器に関してダレスがアメリカに望んでいたことをやってしまう誘惑に対して、この国が19年間にわたり抵抗してきたことを示唆した。アメリカが、もっと言えばアメリカをはじめとする核保有国が、核兵器の不使用という財産への投資をしてきたこと、19年にわたりこの財産を蓄積してきたことを示唆した。そして核兵器を遠ざけてきたこの19年の歳月は、この兵器の使用に関するいかなる決定も最高次の政治判断に委ねたことのひとつの結果だと示唆したのである。

ここで一休みして、「通常の核兵器といったもの」が文字通り何を意味するのか、考えてみたい。とくに問題にしたいのは、第二次世界大戦中に使われた最大級の大型爆弾ほど大きくない原子爆弾が、なぜ通常兵器とみなされないのか、ということである。深海で潜水艦を攻撃する中程度の爆発力の核弾頭や、戦車の進撃を食い止めたり山道で土砂崩れを誘発したりする目的で使用する核地雷が通常兵器とみなされないのは、なぜだろうか。ディエンビエンフーで包囲されたフランス軍を救うために「小型の」原子爆弾を3発ほど使うことが当時検討されたが、この作戦のどこがそれほどおぞましいのだろうか。台湾海峡に侵攻した中国軍に対して、沿岸防御の目的で核兵器を使うことのどこがまちがっているのだろうか。

こうした質問に対しては2通りの答がありうる。一方はおおむね直観的な答で、他方はいくらか分析的な答だ。だがどちらも、核兵器はとにかくちがう、別物なのだという信念や分析不能な感情にねざしている。直観的な答を一言で表すなら「そんな質問をするようでは、こちらが答えても理解できないだろう」ということになろうか。核と名がつけばすべて野蛮である、そんなことは自明であって、分析など無駄だし不要だ、と。

分析的な答の方は、法律や外交や交渉理論や規律論（自己規律を含む）などに依拠している。こちらを主張する人は、いわゆる「滑りやすい坂道」論を展開し、通常兵器との峻別が必要だと主張し、伝統や暗黙の了解が形成された経緯を強調する（アルコール依存症から回復途上の人が口にしがちな「一杯ぐらいどうってことない」という主張との類似性がよく指摘される）。最初に使う兵器がどれほど小型でも、不可避的にエスカレートし、止まるところを知らないのだという主張もあれば、どんな武器であれ、いったん使用を許可したら軍の暴走を止めることは不可能なのだから、軍隊は規律に従わせる必要があるという主張もある。

わかりやすい例が「中性子爆弾」だ。中性子爆弾は爆弾の一種である。正確には、爆弾になりうるものである。きわめて小型で爆風や熱線は比較的小さいが、「即効性」のある中性子線を発し、遠距離からでも人体に対する殺傷力が高い。宣伝文句によれば、建造物を破壊せずに中にいる人間を殺すことができる。カーター政権時代にこの爆弾の製造・配備が計画されたが、激しい反対運動に遭っていったん棚上げされた。だがそれより15年前にすでに、その同じ爆弾、すくなくとも同じ発想が活発な議論の対象になったことがあり、そのときの主張が１９７０年代に繰り返されたのだった。それはごく単純明快な主張であり、決定的とはいえないにしても、いまなお有効である。要するに、核兵器と通常兵器の間の境界線（当時は「防火壁」と呼ばれた）を曖昧にするな、ということである。威力が小さかろうと、殺傷力が「おだやか」であろうと、核兵器は核兵器だ。本来なら容認されないようなケースでこの兵器を使う誘惑が強まり、いったん使えば心理的な抵抗線は破られ、境界線はあいまいになり、徐々に核の使用がエスカレートする、というのである。

この主張は、平和的核爆発（ＰＮＥ）と呼ばれる核利用（土木工事や掘削などへの核爆発の平和利用）への反論と基本的には同じである。ＰＮＥに反対する決定的な論拠は、これを繰り返していれば世界は核爆発に慣れてしまい、それが本質的な悪であると考えなくなるだろう、そしてしまいには核兵器の使用を抑制する姿勢も失せ消えてしまうだろう、というものである。ロシア北部の河川敷の爆破、ナイル川のバイパス運河建設、開発途上国の港湾建設などへの応用が見込まれたことから、核爆発の「合法化」に対する懸念が深まったのだった。

こうした懸念や嫌悪感は、１９７０年代にクリーン・エネルギー開発の一環として、地下の空洞で小型の熱核反応爆弾を爆発させて水蒸気を発生させる計画が提案されたときに顕著に表れた。軍当局もエネルギー政策アナリストも、満場一致でこの提案を拒絶したのである。この案が議論もされずにゴミ箱行きになるのを、私は目の当たりにした。まるで、却下するに決まっているから話す必要もない、と全員が思っているようだった。拒絶の理由はいつも同じだ。「よい」熱核反応爆発といえどもやはり悪であり、ずっと悪のままにしておかなければならない、ということである（アイゼンハワー大統領が「いかなるエネルギー危機においても、厳密に民間施設において厳密に民生目的に限って使用することができるのであれば、石油その他を使うようには核反応を使ってはならないとすべき理由は見当たらない」と述べ、ダレスが「これらのクリーンな熱核反応爆弾の使用に関するタブーを断固取り除かなければならない」と主張する様子が目に浮かぶようだ）。

とはいえ、核兵器だけが、数量や規模とは無関係に本質的に別扱いをされていたわけではない。第二次世界大戦では、毒ガスは使用されなかった。アイゼンハワーとダレスの主張は、毒ガスに当てはめることもできたはずだ。「いかなる戦闘においても、厳密に軍事標的に対して厳密に軍事目的に限って使用することができるのであれば、弾丸その他を使うようには毒ガスを使ってはならないとすべき理由は見当たらない。」だが、連合国遠征軍最高司令官としてのアイゼンハワー陸軍大将は、私たちの知る限りでは、けっしてそのような方針は採用しなかった。おそらく、検討はしてみただろう。そして、毒ガスは絶対に使うべきでないとは思わないが、すくなくとも弾丸とは別物であって、使うとなれば新たな戦略上の問題が持ち上がるという結論に達したのだろう。アイゼンハワーはこのときの論理展開を思い出して、毒ガスに関してやらなかったことを、10年後に核兵器に関して国務長官にやらせようとしたのかもしれない。

このほかにも、戦争にはこうしたオール・オア・ナッシングの性質を持つものがある。国家の関与はそのひとつだ。中国人は、大軍を投じる時期が来るまでは、朝鮮戦争にいっさい介入しなかった。アメリカの軍事支援スタッフは、戦闘と解釈される可能性のあることにアメリカ人が関与したと見られないよう、細心の注意を払う。ひとつの疑わしい行為が国家を巻き込みかねないからだ。ディエンビエンフーの戦いでは、アメリカはインドシナへの介入を検討したが、地上からではなく、空からである。空軍の関与の中でも、偵察なら爆撃ほどの「介入」には当たらないとみなされている。同様に、武器の供与は、兵員の提供に比べ介入の度合いが小さいとされる。アメリカはイスラエルに武器を与え、戦時であっても銃弾を供給した。それでも、アメリカ歩兵部隊の一個中隊を送り込む方が、50億ドル相当の燃料、弾薬、部品の供給よりも介入の度合いが大きいとみなされたことだろう。

こうした判断に見られる感覚的かつ象徴的な要素は、根強く繰り返し現れるもので、核兵器をめぐる現象の解明に役立つ。感覚的な制約や抑制が文化のちがいを越えて見受けられるのは、興味深い。朝鮮戦争に中国が参戦してからも、アメリカは中国の空軍基地を爆撃しなかった。中国軍機は北朝鮮から出撃するという「ルール」があり、中国軍機はこのルールを守るために、満州から発進しても北朝鮮の滑走路に一度タッチダウンしてからアメリカ軍の爆撃に向かったからである。このことから、国家の領土は国家の関与と質的に似ていると言えよう。北朝鮮と中国の間を流れる鴨緑江を、地上からであれ空からであれ越えるときには、質的な断絶がある。仮にマッカーサーが北朝鮮全土の制圧に成功したとしても、「ほんのすこし」なら問題にならないから「ほんのすこし」だけ中国領土に侵入しようと提案することはできなかったにちがいない。

とはいえ、こうした質的なオール・オア・ナッシングの分岐点は、しばしば破られる。タブーなどなければよいと考えるダレスのような人間は、タブーが強力な場合にはうまくすり抜けようとするし、さほどでない場合には根絶やしにすべく知恵を絞る。排除できるうちにしておかないと、いずれ打破できないほど強力になりかねないと予想するからだ。バンディによれば、ディエンビエンフーの防御で原爆を使う可能性を検討したとき、ダレスと統合参謀本部議長のラドフォード大将はインドシナ半島の価値がどの程度かをちゃんと承知していたという。そして、「原爆の使用を国際的に認めさせる」という両人の野望のためにディエンビエンフーを利用するのだということも、十分に承知していた。

核兵器に対する嫌悪感は拒絶感と呼んでもよいほどのものであり、それが次第に強まると、とくに分析されず、意識もされないうちに軍事政策の大前提になることがある。たとえばケネディ政権は通常兵器によるヨーロッパ防衛を強く主張したが、これは、核兵器は絶対に使うべきではないし、たとえヨーロッパで戦争が勃発しても使わない、という立場からだった。またソ連は1960年代を通じて、公式には非核三原則への参加を否定する一方で、ヨーロッパにおける非核戦闘能力の強化に巨額の予算を投じた。とくに力を入れたのが、通常の爆弾を投下する爆撃機の開発である。この高価な代物は、いったん核戦争が始まったら即座に無用の長物となるにちがいない。それでも開発したのは、次のような暗黙の了解からだ。米ソがともに非核戦争を戦う能力を持ち、戦争を核抜きにしておくことは、双方にとって巨額の予算を投じる価値がある。よって非核戦争の遂行能力を備えることが戦争を非核にするのだ、と。

軍縮は、多くの場合に兵器の保有・展開の制限と同一視されている。このため、いま挙げた非核武装能力への相互投資も軍縮の一種であることが見落とされがちだ。この種の投資は、そうとは認識されないが双方に利益をもたらし、核兵器使用の歯止めとなりうると同時に、非核戦争を遂行できる兵器構成を実現する。核兵器の「先制不使用」は宣言せずとも効果的であり、相手国が自国もそれに同調していることを認めようとしない状況でも、なお効果的なのである。

弾道弾迎撃ミサイル制限条約以外では、ヨーロッパにおけるこうした通常兵器の配備強化こそが、ソ連崩壊に至るまでの東西両陣営の軍縮において最も重要な役割を果たしたと言えるだろう。それは目立たないように行われ、隠されることもあったが、真の意味での軍縮だった。言うなれば、核戦争回避のために巨額の資金と人員を通常兵器の配備に投じることを義務付けた条約に、両陣営が署名したような効果があった。このように核兵器の使用を抑制する投資には、象徴的な意味合いだけでなく、現実的な意義があったと言えよう。

ソ連がこうした抑制を受け入れていたことは、アフガニスタン侵攻の際に顕著に表れた。この軍事作戦は泥沼化し、山岳の連なる荒々しい国で多大な犠牲を伴う屈辱的な敗戦を強いられた。だがこの結末を避けるために、ソ連は核兵器不使用の伝統を覆すのではないかという見方は聞いたこともないし、公に論じられたこともない。核兵器の不使用は世界の共通認識であり、そのことを誰もが確信していた。だから、もしアフガニスタンで核兵器を使ったら世界中から非難されたにちがいないが、そもそも誰もそんなことを考えもしなかったのだった。

こうした状況が生まれた一因は、ジョンソン大統領が言及した19年におよぶ核兵器不使用が、40年、さらには50年と続いたことにある。その結果、この問題の関係者はみな、こうして守られてきた伝統は共有の財産だと認識するようになった。となれば、この伝統が万一破られた場合に自ずと修復されるのだろうか、と問わねばなるまい。中国が朝鮮戦争に参戦したときにトルーマンが核兵器を使っていたら、ジョンソンが1964年に感慨深く述べた19年におよぶ核兵器不使用の伝統を、ニクソンは1970年代に誇ることができただろうか。ニクソンが1969年か70年にベトナムで核兵器を使っていたら、第四次中東戦争が勃発した1973年に、イスラエルはエジプトの海岸堡に核弾頭を打ち込む誘惑に抵抗できただろうか。

もちろん答はわからない。広島と長崎の悲惨さを人々が思い出し、核兵器の呪いを改めて重大に受けとめた可能性はある。その一方で、長年の不使用の伝統がついに破られ、核兵器が軍事的に効果の高い手段と位置付けられるようになった可能性もある。とくに、核兵器を持たない相手に対して一方的に使用した場合、ちょうど広島のときのように、敵味方双方の犠牲を減らすことができたと評価されたかもしれない。どちらになるかは、軍事標的に限定するよう配慮がなされたか、示威的な「防衛」手段としての使用を意図したかによって、大きくちがってくる。

1991年の湾岸戦争の際には、アメリカは核使用の誘惑を免れた。イラクは「非通常」兵器である化学兵器を保有し、かつ使う意志があるとされていた。壊滅的な威力を持つ化学兵器がアメリカ軍に対して使用されていたら、適切な対応策として核兵器の使用が浮上していた可能性はある。そうした状況で、大統領が通常兵器戦からエスカレートすることが必須だと考えたとしたら、核地雷や核砲弾などの戦場核の使用が軍事的選択肢に入っていたにちがいない。陸海空軍はともに核兵器を装備し、使う訓練も受けている。気象条件や地形が変われば効果がどうなるかも十分理解している。軍人は伝統的に毒ガスの使用を嫌うので、使い方をよく知っている非通常兵器で対抗する誘惑は強かっただろう。その誘惑に負けていたら、危機に満ちた45年の伝統を断ち切ることになる。大統領が「最高次の政治判断」を迫られるような事態には、ぜひともならないでほしいものだ。だがどの大統領も、自分はいつだって最高次の政治判断をしているのだと言うにちがいない。

核兵器の現在の位置付けと、ここに至るまでの経緯に、私は深い関心を寄せてきた。核兵器がどう扱われるかということは、核兵器そのものの開発に劣らず重要だと考えるからだ。核兵器の開発、製造、配備に関する拡散防止の努力は、大方の政府の予想を上回る成功を収めてきた。核兵器の使用を躊躇させるような伝統の重みが積み上がってきたことは、きわめて貴重だし、感慨深い。核拡散防止の決め手となるのは、製造・配備を制限する国がもっと増えることだ。核兵器は使わないという姿勢を世界各国が共有することも欠かせない。こうした抑制を維持するとともに、現時点では共通認識を持っていない文化圏や地域にも拡大していくことが、今後の核兵器政策の焦点となろう。

ここで、広島と長崎への原爆投下から40周年の節目に、著名な原子物理学者アルビン・ワインバーグが『ブレティン・オブ・ザ・アトミック・サイエンティスト』誌に寄稿した論文から一節を引用したい。ワインバーグは、原爆投下によって多くのアメリカ人と日本人の命が救われたことはまちがいないと述べたうえで、広島は幸運だった（長崎はそうではない）と考える理由を付け加えている。「広島は次第に神聖化され、あの町で起きたことは何か神秘的な出来事として昇華し、最終的には聖書の中の出来事のように宗教的な力を持つようになるのではないだろうか。それを証明することは私にはできないが、広島の40周年は、広く関心を呼び、大規模なデモを巻き起こし、大々的に報道されたという点でも重要な宗教的祝日の儀式に似ていると考えられる。……広島のこのような神聖化は、原子力時代において大きな希望の星となる出来事のひとつである。」

ワインバーグが優雅に語った本能的な反核感情が「西洋」文化に固有のものなのかどうかは、きわめて重大な点である。核兵器に関する姿勢や期待は、先進国の国民と指導層にはまちがいなく広く行き渡っていると考えられる。だが北朝鮮やイランなどがこの伝統をしっかり受け継ぐとは思えず、いずれは核兵器の使用国となりそうに見える。それでもひとつ心強いのは、かつてソ連の指導者も伝統を受け継いだようには見えなかったし、伝統を培う気もなさそうに見えたことだ。ソ連があたかも核兵器など存在しないかのようにアフガニスタンで戦った挙げ句に敗退するなど、

1950年代、60年代の多くの人にとっては思いも寄らないことだった。

アフガニスタンであのようにふるまい、核兵器を使わずに終わった戦争の記録をひとつ追加したことに対して、私たちはソ連に感謝せねばなるまい。40年前には大半の人が、ソ連の指導者はワインバーグが表明したような広島への思いに無関心だと考えていた。またダレスが眉をひそめた反核感情にも、ジョンソン大統領が感嘆した危難に満ちた年月の重みにも、無関心だと考えていた。核開発の活発化が懸念されている地域に西側の姿勢が伝わるかどうかを推測するうえで、ソ連が西側のイデオロギーを受け入れたこの注目すべき事例は、信頼できる出発点となるだろう。

ここで直ちに浮上するのは、ではインドとパキスタンの指導者は、自国が保有する核兵器の重大性を十分わかっていると期待してよいだろうか、という疑問である。望ましい可能性は2つある。第1は、彼らもタブーを守り、核兵器の使用を抑制することだ。第2は、アメリカやソ連と同じく、核兵器による報復の可能性を考えれば、核戦争を始めるのは狂気の沙汰だと気づくことである。

これまで私が述べてきた核兵器の不使用は、すべて相手が核を持っていないことを想定していた。これに対してアメリカとソ連の不使用は、動機がちがう。核兵器による報復の可能性がある場合には、最悪の緊急事態を別として、戦争を始めること自体が賢明ではない。そしてそのような緊急事態の際に核兵器を使う誘惑が起きたことは、これまではなかった。米ソ対決は、最も危険なのは核兵器の限定的な使用をそのかすような緊急事態であることを、インドとパキスタンに印象付けたと考えられる。何と言っても、使用したら次に何が起きるか、語るべき歴史を誰も持ち合わせていないのだから。

最近になって、イランと北朝鮮が小型の核爆弾の開発に成功しそうだ、あるいはすでに成功したとの懸念が高まってきた（リビアは核開発競争から撤退したようである）。開発を断念するよう誘導し圧力をかけるには、高度な外交術と国際協力が必要となろう。さらに、核兵器の使用を抑制するような期待の形成や制度設計には、一段と高度なスキルが求められる。

ジョンソンが語った19年は、いまや60年に延びた。アイゼンハワーはタブーを排除しようとし、すくなくとも排除するふりをしたが、その10年後にジョンソンは畏敬の念をもってタブーを扱い、やがてそれは強固な伝統として定着し、ほぼすべての国が尊重するようになった。

次に核兵器を保有するのは、イランと北朝鮮、そしておそらくは一部のテロ組織だろう。核兵器の使用を自重してきた世界各国の姿勢を、彼らも踏襲すると期待していいだろうか。あるいは、すくなくともタブーが世界中で守られていることを知って、使用を控えると期待していいだろうか。

答の一部は、アメリカが自らの抑制をきちんと認識し、それを誇るべき財産として一層大切にし、守り抜くか、それともかつてのダレスのように「これらの兵器の使用に関するタブーを断固取り除かなければならない」考えるかどうかに懸かっている。

近年では、「抑止力」はもはや用済みで、アメリカの安全保障にさして寄与していないという議論をよく耳にする。牽制すべきソ連はもう存在しない。ロシアはいまやアメリカよりチェチェンに気をとられているし、フルシチョフがベルリンを重視したほどには中国は台湾を重視していない。それにいずれにせよ、テロリストに核使用を思いとどまらせることはできまい。彼らの価値観がわからないし、そもそも相手が誰でどこにいるのかもわからない、というわけだ。

私自身は、抑止が改めて尊重されるようになると予想している。外交努力や経済制裁にもかかわらずイランが核兵器の入手に成功した場合でも、イランもまた抑止をする国ではなく、される国になるだろう（たとえばＮＡＴＯは、１９５６年にはハンガリーへ、１９６８年にはチェコスロヴァキアへの介入を抑止された）。イランの指導者が文民であれ軍人であれ、抑止の意味にまだ気づいていないなら、この機に十分に考えることが望まれる。

イランがわずかばかりの核弾頭を入手した場合に、自国を破壊する以外にできることは何だろうか。核兵器はあまりに高価なので、捨てたり売ったりはできないし、そこらの人を殺傷するために無駄遣いもできない。よって、いつまでも保管しておくべきである。そうすれば、アメリカもソ連も、いやすべての国が、イランに対して軍事行動を起こすことを躊躇するだろう。この60年にわたり、核兵器が何に効果的に使われてきたかと言えば、戦場での戦闘でも人間の標的に対してでもなく、影響力の行使に使われてきたのである。

では、テロリストはどうだろう。テロ組織が爆弾を作れるだけの核物質を手に入れたとしても、高度な知識を持つ科学者や技術者や機械工が、人里離れた場所で、家族からも引き離されて、長期にわたって作業しなければなるまい。その間に話すことと言えば、この爆弾は何の役に立つのか、それは誰のためか、ということばかりにちがいない。たぶん彼らは、これだけ貢献したのだから、爆弾の使用をめぐる意思決定にいくらかでも関与する権利を持つことは当然だと感じるだろう（１９５０年のイギリス議会がそうだったことを思い出してほしい。原爆の開発に協力したイギリスは、朝鮮戦争での使用可能性についてトルーマン大統領に物申す権利があると考えた）。

テロリストたちは長い時間をかけた討論の末に、自分たちの立場からして核爆弾の最も効果的な使い道は、影響力の行使だという結論に達するだろう――そうなってほしいと願っている。使える核兵器を保有することは、それを立証できるなら、国家の地位に何かを付け加えることになる。彼らが実際に爆発させずに立証することを願うばかりだ。軍事標的に向けて発射するぞと脅し、その脅しが成功したら使わずにおく方が、実際に使って破壊行為におよぶよりも効果的である。テロリストといえども、むやみに人を殺すより、主要国を釘付けにしておく方が得策だと考えるはずだ。

核弾頭は、保管に細心の注意を要する代物である。事故、いたずら、盗難、破壊工作が起きないよう、さらには『博士の異常な愛情』のような予想外の事態が出来しないよう、厳重な監視下に置かねばならない。そのことを、アメリカは遅まきながら1961年のキューバ危機で、つまり核を保有してから15年後にようやく学んだ。とはいえ、安全な保管にはつねにジレンマがつきまとう。核拡散防止条約に違反した国に、核弾頭の適切な保管技術を教えてやるべきか、技術を秘匿して兵器を無防備にしておくべきか。思うに核クラブの新会員には、アメリカが核を保有した当初に理解していなかった基本事項ぐらいは、最低でも教えておくよう努力すべきだろう。

包括的核実験禁止条約（CTBT）には核兵器に対する嫌悪感を一段と強める働きがあり、そのことがこの条約に賛成する最大の理由となっている。アメリカの上院は1999年に批准を否決したが、名目上は実験を禁じるだけのこの条約に200近い国が署名したことには、象徴的な効果がある。この効果は、核兵器は使ってはならないし、使った国は広島から続く伝統の違反者とみなされるという慣習に無視できない重みを加えるはずだ。ところがアメリカでは、この条約をめぐる議論で、賛否どちらの側もこの論拠を挙げていない。この条約が、願わくは上院に再提出された暁には、ぜひともこの重要な価値に気づいてほしいものである。

アメリカ政府にとって核兵器をめぐる最も重大な疑問は、世界に浸透している核兵器の使用に関するタブーと抑制は、アメリカに有利に作用するのか、それとも不利なのか、ということだ。アメリカにとって有利だと私は信じる。この見方が正しいとすれば、アメリカの継続的な核兵器依存を宣伝することの意味をよく考えるべきだろう。敵に対して使うことは言うまでもなく、つねに使う用意があり、新たな核装備（および新たな核実験）を必要とすると言い続けることのメリットと、60年にわたる抑制を通じて培われてきた世界各国の核兵器に対する姿勢を損ねかねないデメリットを、天秤にかけてみるべきである。

索　引

サ　行

タ　行

ナ　行

ハ　行

マ　行

ヤ　行

ラ　行

ワ　行

著者紹介

トーマス・シェリング（Thomas Schelling）

2005年ノーベル経済学賞受賞。ハーバード大学政治経済学教授を経て、現在、メリーランド大学経済学・公共政策特別教授。他の著書に、*The Strategy of Conflict, Choice and Consequence, Arms and Influence* がある。

訳者紹介

村井章子（むらい・あきこ）

翻訳家。上智大学卒業。訳書に『機械との競争』『国家は破綻する』『大暴落1929』『資本主義と自由』『ファスト＆スロー』『LEAN IN』『帳簿の世界史』ほか。

ミクロ動機とマクロ行動

2016年11月20日　第1版第1刷発行

著　者　トーマス・シェリング

訳　者　村《むら》井《い》章《あき》子《こ》

発行者　井　村　寿　人

発行所　株式会社　勁《けい》草《そう》書　房

112-0005　東京都文京区水道2-1-1　振替　00150-2-175253
（編集）電話　03-3815-5277／FAX　03-3814-6968
（営業）電話　03-3814-6861／FAX　03-3814-6854
三秀舎・松岳社

ISBN978-4-326-55076-0　Printed in Japan

http://www.keisoshobo.co.jp

トーマス・シェリング／河野　勝　監訳

紛争の戦略　ゲーム理論のエッセンス

本書は、ゲーム理論を用いて戦略的意思決定のさまざまな問題を解き明かした古典的名著である。核抑止、限定戦争、奇襲攻撃といったなまなましい国際政治上の問題をつきつめて分析すると同時に、交渉、コミットメント、脅し、約束など、人間社会に普遍的な問題についても、いくつもの重要な知見を提供する。

A5判３８００円
30161-4

＊表示価格は 2016 年 11 月現在。消費税は含まれておりません。